O desafio
latino-americano

Bernardo Sorj e Danilo Martuccelli

O desafio latino-americano

Coesão social e democracia

Tradução de
Renata Telles

CIVILIZAÇÃO BRASILEIRA

Rio de Janeiro
2008

COPYRIGHT © 2008, Bernardo Sorj e Danilo Martuccelli

CIP-BRASIL. CATALOGAÇÃO-NA-FONTE
SINDICATO NACIONAL DOS EDITORES DE LIVROS, RJ

	Sorj, Bernardo
S691d	O desafio latino-americano: coesão social e democracia / Bernardo Sorj e Danilo Martuccelli. – Rio de Janeiro: Civilização Brasileira, 2008.

Anexos
Inclui bibliografia
ISBN 978-85-200-0873-7

1. Sociedade civil – América Latina. 2. Desenvolvimento social – América Latina. 3. Democracia – América Latina. I. Martuccelli, Danilo. II. Título.

08-2231 CDD – 301
CDU – 316

Todos os direitos reservados. Proibida a reprodução, armazenamento ou transmissão de partes deste livro, através de quaisquer meios, sem prévia autorização por escrito.

Direitos desta tradução adquiridos pela
EDITORA CIVILIZAÇÃO BRASILEIRA
um selo da
EDITORA RECORD LTDA.
Rua Argentina 171 – 20921-380 – Rio de Janeiro, RJ – Tel.: 2585-2000

PEDIDOS PELO REEMBOLSO POSTAL
Caixa Postal 23.052 – Rio de Janeiro, RJ – 20922-970

Impresso no Brasil
2008

Este trabalho foi escrito como contribuição ao projeto *Nova agenda de coesão social para América Latina,* realizado pelo iFHC — Instituto Fernando Henrique Cardoso e pelo CIEPLAN — Corporación de Estudios para Latinoamérica. O projeto foi realizado graças ao apoio da União Européia e do Programa das Nações Unidas para o Desenvolvimento (PNUD). As informações e opiniões apresentadas pelos autores são de responsabilidade pessoal e não comprometem as instituições associadas ao projeto.

Coordenadores do projeto: Bernardo Sorj e Eugenio Tironi.
Equipe executiva: Eduardo Valenzuela, Patricio Meller, Sergio Fausto e Simon Schwartzman.

Sumário

INTRODUÇÃO
COESÃO SOCIAL E DEMOCRACIA: ENTRE *VOICE* E *EXIT*   11

CAPÍTULO I
As transformações do laço social
1. INTRODUÇÃO   *33*
2. RELIGIÃO E RELIGIOSIDADE   *38*
   O universo de afiliações religiosas   40
   Religião e Estado   44
   Religião e política   47
   Religião, democracia e coesão social   48
3. RELAÇÕES INTERÉTNICAS E DEMOCRATIZAÇÃO   *50*
   Das dinâmicas societais às aspirações individuais   51
   Desigualdade social, laço social e questão étnica no mundo andino   53
4. ESPAÇOS E DINÂMICAS URBANAS   *57*
   A cidade como espaço de modernização e de fragmentação cultural   58
   A cidade e a exclusão social   60
   Espaço urbano e espaços virtuais de comunicação   64
   A cidade, a reticência e a coesão social   69
5. MEIOS DE COMUNICAÇÃO, INDÚSTRIA CULTURAL E COESÃO SOCIAL   *73*
   Um novo ligamento para a coesão social?   73
   As identidades e a coesão dos jovens na era dos meios   81
6. EMIGRAÇÕES   *86*
   A emigração: alguns dados   87
   Migrações e fluxos de indivíduos, redes e culturas   90
   Emigração e coesão social   93
   Os desafios políticos das migrações   94

7. CONCLUSÕES   *97*

CAPÍTULO II
Atores coletivos e formas de representação
1. INTRODUÇÃO: RUÍDOS NA FORMAÇÃO DE *VOICE*   *103*
2. SINDICATOS   *105*
   Introdução   105
   As reformas estruturais e a debilitação dos sindicatos   107
   Situação atual   113
   Perspectivas   119
3. PARTIDOS POLÍTICOS   *121*
   Da crise de representação ao reformismo institucional   121
   Um enfoque sobre o mal-estar com os partidos   124
   Para além dos partidos políticos?   127
4. SOCIEDADE CIVIL   *129*
   Sociedade civil e sistema político   130
   As ONGs na América Latina   133
5. A MUDANÇA DOS PERFIS MILITANTES   *135*
   O fim do militante histórico   136
   O ativista pragmático   138
6. A EMERGÊNCIA DO PÚBLICO   *141*
   A opinião pública   141
   O espaço público   144
   A esfera pública   147
7. CONCLUSÕES   *150*

CAPÍTULO III
Problemas e promessas: economia informal, crime e corrupção, normas e direitos
1. INTRODUÇÃO: UMA CULTURA DE TRANSGRESSÃO   *157*
2. VIOLÊNCIA URBANA ARMADA NA AMÉRICA LATINA   *162*
   O crescimento da violência   163
   "Vitimização" e grupos de risco   167
3. DROGAS, CRIME ORGANIZADO E ESTADO   *171*
   Tráfico de drogas e deslegitimação   171

SUMÁRIO

O crime organizado e a perversão da coesão social   175
Crime organizado e patrimonialização do Estado   177

4. AS AMEAÇAS DA CORRUPÇÃO   179
Corrupção econômica e desenvolvimento   180
Corrupção política e democracia   182
Corrupção, normas e coesão social   184

5. A QUESTÃO JUDICIAL   186
As reformas do Judiciário   187
O Judiciário como espaço da política   191
Justiça e coesão social   194

6. CONCLUSÕES   195

CAPÍTULO IV
Estado, Nação e política(s) na aurora do século XXI

1. INTRODUÇÃO: ESTADO E SOCIEDADE, UMA RELAÇÃO PRISMÁTICA   201
2. O ESTADO: CONTINUIDADES E DESAFIOS   204
O longo percurso do Estado na América Latina   204
O Estado na encruzilhada da globalização   209
Desafios do Estado de bem-estar na América Latina   211

3. CONSUMO: BENS INDIVIDUAIS E COLETIVOS   214
Mercado e antimercado na América Latina   215
Consumo individual e dinâmica política   218
Bens públicos e democracia   222

4. NOVOS DISCURSOS POLÍTICOS E DEMOCRACIA: RETORNO DO POPULISMO?   227
A trajetória do governo Hugo Chávez   227
Um novo modelo para a América Latina?   231
Crise de representação, populismo e democracia   235

5. A NAÇÃO E O DESAFIO DAS IDENTIDADES   242
A nação e os desafios do século XXI: uma introdução   242
Políticas étnicas e cidadania   247
Multiculturalismo e democracia: para além da retórica da diversidade   254
A "racialização" do Brasil?   260

6. CONCLUSÕES: DO REFORMISMO TECNOCRÁTICO AO
REFORMISMO DEMOCRÁTICO?   263

CONCLUSÕES GERAIS *269*

ANEXO 1: ANOTAÇÕES SOBRE O CONCEITO DE COESÃO SOCIAL *287*

ANEXO 2: LISTA DE CONTRIBUIÇÕES *297*

BIBLIOGRAFIA *299*

Introdução

Coesão social e democracia: entre *voice* e *exit*

Entender a dinâmica por meio da qual se constrói a coesão social[1] na América Latina supõe uma inversão de perspectiva diante da tendência dominante, que enfatiza os problemas sociais que afligem o continente. Se desconhecer essas dificuldades seria cair em apologias conservadoras, para entender como nossas sociedades geram coesão social, não podemos deixar de identificar igualmente os enormes recursos positivos de integração e de criatividade sociocultural existentes em nossas sociedades. Somos um continente onde de maneira geral não há fortes tensões entre o Estado e a cultura nacional, e, comparados à maioria das regiões do mundo, temos uma grande homogeneidade lingüística e religiosa, e uma arraigada tradição secular e de convivência inter-religiosa. A conquista primeiro e os estados nacionais depois destruíram as bases políticas e religiosas sobre as quais poderiam surgir movimentos político-culturais alternativos aos valores da modernidade, e na maioria dos países as populações se definem e se vêem como mestiças, o que não exclui a existência de racismo. Não existem lutas fratricidas entre comunidades étnicas ou religiosas, e, no século XX, as guerras interestatais foram marginais e grande parte dos conflitos de fronteira foi resolvida. A maioria dos países possui consciências nacionais consolidadas e associadas a formas de sociabilidade, de estilos de vida e de gostos comuns.

Poucas regiões no mundo poderiam apresentar *acquis* socioculturais similares. Mesmo em nível econômico, as baixas taxas de crescimento de

---

[1]Para uma discussão sobre o uso do conceito de coesão social no contexto latino-americano, ver o Anexo 1 "Anotações sobre o conceito de coesão social".

renda *per capita* na segunda metade do século XX não refletem o enorme esforço de aumento da produção realizado por muitos países que no meio do século quadruplicaram sua população. Ainda mais que esses países tinham, em geral, populações pobres com taxas de fertilidade muito superiores à média, o que significa que a manutenção de índices de desigualdade encobre processos de mobilidade social e de distribuição de riquezas importantes.

Junto com esses fatores de coesão social de larga duração, devemos compreender como na atualidade os indivíduos, a partir de seus contextos e condições de vida específicas, inclusive de pobreza e de limitadas oportunidades, são produtores de sentido e de estratégias individuais e formas de solidariedade inovadoras, que não estão inscritas *a priori* na história ou nas estruturas sociais. A perspectiva que defendemos pode ser interpretada erroneamente como afirmação de um individualismo ingênuo, quando se trata na verdade de ir além do velho determinismo estruturalista. Reconhecendo a existência de vetores de poder e de condicionantes sociais dentro e a partir dos quais as pessoas definem suas estratégias e sentido de vida, a análise social deve descobrir como os indivíduos constantemente reorganizam suas percepções e práticas, criando novas alternativas e possibilidades. Em suma, trata-se de aceitar a indeterminação como parte da vida das sociedades modernas e, portanto, que a análise social desvenda o passado, tateia o presente, mas desconhece o futuro.

A ênfase colocada na compreensão dos novos processos sociais pelos quais passam as sociedades do continente, realçando a riqueza e a vitalidade de inclusão do tecido social, nos permitirá compreender as dinâmicas contraditórias, tanto do ponto de vista da coesão social como da democracia que elas geram. Para isso, torna-se necessária uma advertência em relação à avaliação normativa que se faz dos avanços, retrocessos e insuficiências de nossas sociedades. Todos eles coexistem na América Latina. Se o triunfalismo é obviamente cego ante os graves problemas do continente, a ênfase unilateral em nossas carências, sem considerar as realizações — igualmente presentes apesar de insuficientes —, gera uma cultura de fracasso e frustração coletiva que contribui para o abandono do espaço público e fomenta discursos demagógicos.

INTRODUÇÃO

O conceito de coesão social é comparativo, o que implica confrontar a situação atual com o passado e com outras sociedades. As comparações com os modelos (geralmente estilizados e um pouco idealizados) europeu e norte-americano são inevitáveis, mas devemos tomar cuidado para que a comparação não se transforme em explicação por carências: somos o que somos porque nos "faltariam" certas qualidades (Sorj, 2005a). A comparação com o passado também é inevitável. Aqui o perigo, como bem sabemos, é idealizar o passado e, sobretudo, deixar de entender os novos mecanismos que os diversos atores sociais, e particularmente os jovens, constroem para dar sentido a suas vidas.

Manter uma sensibilidade equilibrada diante das forças de mudança e de continuidade que atravessam as sociedades é o grande desafio intelectual e político no qual nós, cientistas sociais, estamos condenados a navegar. Isso é particularmente importante quando tratamos do tema da cultura, no qual tendências de longa duração são permanentemente atualizadas e modificadas pelas transformações em curso. Enfatizar somente o novo ou afirmar a permanência do velho com nova roupagem é uma decisão extremamente difícil. Na nossa investigação enfatizamos a importância da ação individual autônoma, em parte à margem das (ou não diretamente subordinada às) grandes instituições socializadoras e político-culturais tradicionais, como geradora de novas estratégias de sobrevivência e de universos de sentido. Ao mesmo tempo, não deixamos de assinalar que o espaço de iniciativa individual tanto afeta como é afetado pelos determinantes estruturais e institucionais.

Por último, e mesmo sabendo do risco de generalização abusiva que ele inevitavelmente implica, neste trabalho falaremos em América Latina. Décadas atrás a referência à América Latina, além de sublinhar uma óbvia identidade lingüístico-cultural, era mais fácil porque a evocação refletia tanto um momento do continente, em que ideologias políticas de transformação social simplificavam e homogeneizavam o mundo, como um estado particular das ciências sociais e uma insuficiência real dos conhecimentos disponíveis. Hoje, a situação é inversa. As ideologias políticas que cercam reivindicações de grupos específicos fragmentam a percepção social, e assistimos paulatinamente à inevitável e necessária especialização dos estudos nas ciências sociais. Neste novo contexto, falar de América Latina parece perder toda a pertinência. Nosso projeto, em sua vontade de continuar o que julgamos ser o melhor do pensamento social da região, se insurge no entanto contra esse desmantelamento. E isso por duas razões: porque acreditamos que a comparação regional é decisiva para a inteligência comum dos problemas de nossa sociedade e porque estamos convencidos de que em um mundo globalizado mostrar como os diversos países, apesar da diversidade nacional, compartilham processos e tendências comuns é parte de nosso compromisso como cientistas sociais com o futuro da região.

COESÃO SOCIAL, ESTRATÉGIAS INDIVIDUAIS E INSTITUIÇÕES

Boa parte das análises sobre a coesão social nas sociedades contemporâneas enfatiza as mudanças que estão dando lugar a um mundo fragmentado e de individualização autocentrada — associadas à perda de sentido de pertencimento à comunidade nacional e à falta de sensibilidade para o bem comum, à erosão das referências tradicionais, à expansão de sistemas de informação e ao desejo de acesso a uma gama cada vez maior de bens de consumo. O que coloca no centro do debate o tema da explosão das expectativas e a capacidade de resposta que os sistemas distributivos (em particular o Estado e o mercado) têm perante elas.

A forma em que essas expectativas são elaboradas pelos atores sociais e as estratégias individuais e coletivas para realizá-las não se expressam de forma mecânica ou exclusivamente em termos de demandas ao sistema político. *Se assim fosse, considerando os índices de desigualdade e pobreza na região, os sistemas democráticos já teriam sido amplamente desbordados.* Para compreender as relações entre a situação objetiva e as estratégias seguidas pelos atores sociais, devemos levar em consideração a variedade de iniciativas e a multiplicação de mediações sociais, universos simbólicos e associativos, que explicam a relação complexa entre os indivíduos e os sistemas mais abstratos constituídos pelo mercado e pelo Estado.

INTRODUÇÃO

No passado, diante dos reiterados e evidentes bloqueios econômicos e políticos que enfrentavam, os atores se associavam ao calor de certas identidades de classe, de gênero ou étnicas a fim de fazer valer ou defender seus interesses — o que Hirschman sintetizou brilhantemente com o termo *voice*. A chegada maciça de migrantes das zonas rurais às grandes cidades e as transformações urbano-industriais dos anos 1950 produziram um aumento de expectativas que, não podendo ser satisfeitas pela ordem social (em termos de inserção trabalhista e habitacional, participação política ou inclusão simbólica), criaram uma "sobrecarga" de demandas sociais que deram lugar a patologias autoritárias ou a "desbordamentos" que conduziram a diversas formas de desorganização social. Neste contexto, as mobilizações coletivas eram, ao mesmo tempo, um apoio possível e uma ameaça real para a coesão social.

Na atualidade os processos de democratização não se expressam, em geral, como uma maior pressão sobre o sistema político, não só porque as formas tradicionais de participação coletiva sofreram uma forte erosão e as novas formas têm uma efetividade limitada, como também porque boa parte das iniciativas se dá à *margem* (no campo da intimidade, do consumo individual ou de eventos coletivos fora do sistema político), *contra* o espaço público (formas de delinqüência) ou *abandonando* o país. A dialética *voice* (expressão/participação no espaço público) e *exit* (retração do espaço público) permeia, portanto, nossa análise. Enquanto a tradição latino-americana de análise social na segunda metade do século passado focalizou os processos de formação de *voice*, hoje nos encontramos diante da necessidade crescente de compreender as múltiplas dinâmicas de *exit*.

Em todo o caso, esta a tese que defenderemos nos próximos capítulos, é indispensável ler de maneira conjunta *voice* e *exit* para compreender o estado real de mobilização na América Latina hoje. E isso porque entre um e outro é provável que exista mais de um vaso comunicante: a debilidade dos atores coletivos precipita a busca de saídas individuais para problemas sociais. Por exemplo, a inscrição da emigração no imaginário coletivo desmotiva a participação coletiva, o que permite compreender como o incremento das iniciativas individuais vem, ao mesmo tempo, preencher certas insuficiências institucionais e abrir outras. Razão pela qual, na falta de uma inscrição e tradução institucionais, é grande o risco de que esses fatores terminem incidindo negativamente sobre a coesão social e a estabilidade das democracias. Mas no momento atual, como não sublinhá-lo, são eles também a promessa de outra coesão social, mais democrática e horizontal.

Se a individualização é um processo que permeia o conjunto das sociedades latino-americanas, os ritmos de penetração e as formas nas quais se expressa são diferentes entre gêneros, meio urbano ou rural, classes sociais, nível educacional, gerações e países. Um mapeamento mais exaustivo da diversidade de formas sob as quais ela se apresenta na América Latina, e suas relações com variáveis específicas, exigirá novas investigações. Neste trabalho, nos limitamos a indicar exemplos de como as possibilidades e suportes sobre os quais se constrói a individualização são fortemente afetados pelas condições materiais de vida, pela desigualdade social e educacional e pela fragilidade institucional.

A maior individualização implica um aumento de autonomia e iniciativa individual, um questionamento e uma negociação constante das relações sociais, o que acarreta, ao mesmo tempo, o aumento da opacidade entre o mundo subjetivo individual e a sociedade, analisada sob ângulos diversos pelos fundadores da sociologia (alienação, anomia e desencantamento). Essa opacidade, geradora de angústia e de uma ampla indústria terapêutica (da psicanálise a produtos químico-farmacêuticos), de consumo de álcool e drogas, também se expressa na busca constante de novas formas de associativismo e de expressão coletiva (música/bailes, religião ou torcida esportiva). Essas dinâmicas não são recentes, mas sua importância foi minimizada pelas ciências sociais em prol dos grandes aglutinadores sociais do século XX: o mundo do trabalho, os sindicatos, os partidos e ideologias. Com a perda de peso relativa desses fatores, o reconhecimento e a compreensão de outros espaços de sociabilidade e de sentido passam a ser uma questão fundamental para entender a coesão social em nossas sociedades.

A ampliação do campo da ação individual não significa, no entanto, que as instituições deixaram de funcionar. Ao contrário, dado o enfraquecimento das normas, valores e laços tradicionais de solidariedade, a regulamentação pública é cada vez mais exigida em domínios que anteriormente eram considerados do âmbito da vida privada. *Aqui se encontra talvez o núcleo central do drama das sociedades latino-americanas contemporâneas: na medida em que o social, cada vez mais penetrado pelo mercado, não se sustenta mais nos laços sociais de dependência, favoritismo, paternalismo e hierarquia, o Estado deve assumir o papel de fiador do pacto social entre cidadãos livres e iguais, através da imposição da lei e da proteção social.* Mas a resposta do Estado a essa nova realidade social se realizou em geral muito mal na maioria dos países do continente. Não só a transformação social foi mais rápida e profunda do que a do Estado, mas também, em muitos países, inclusive as instituições públicas e o sistema político parecem ser o principal refúgio da tradição clientelística e nepotista.

Da mesma maneira, a ênfase na crescente individualização dos atores sociais não exclui em absoluto a necessidade de discursos coletivos com os quais os indivíduos possam identificar-se e encontrar um sentimento de reconhecimento e dignidade. A individualização, portanto, não exclui nem o Estado nem a existência de discursos políticos capazes de transmitir aos atores uma valorização de suas capacidades e de seu papel na sociedade. A individualização sublinha que os indivíduos, nos contextos em que lhes é dado viver, são cada vez mais os atores de sua própria sociedade, o que exige por sua vez um discurso e uma política adequados aos novos tempos.

No entanto, e diante dessa individualização em curso, a sociabilidade patrimonialista enraizada no Estado possui ainda uma enorme força, o que coloca em risco a credibilidade das instituições democráticas, pois por um lado gera apatia, frustração e repúdio pela política, e, por outro, fortalece em certos setores a visão de que o Estado é um grande cofre, e que a única coisa que se deve esperar é a chegada de algum líder com um discurso de Robin Hood que proponha dividir uma parte da pilhagem com os pobres. Em todo o caso, o reverso dessa incapacidade do Estado de regular as relações sociais se expressa, como veremos em detalhe mais adiante, na expansão de um enorme espaço de atividades econômicas não legais que favorecem uma cultura de *state failure*. E essas estratégias orientadas para a ilegalidade ou para a apatia diante da política têm efeitos corrosivos igualmente importantes sobre a democracia.

O desbordamento de expectativas não significa um desbordamento político. Ele pode levar igualmente a configurações que canalizam/traduzem/dão forma a inquietudes e expectativas individuais em universos de sentido construídos à margem do sistema político, na ilegalidade ou no abandono do país (emigração). A famosa tese de Huntington de que as democracias dos países em desenvolvimento são desbordadas pelo excesso de demandas sociais,[2] e que Gino Germani já havia de alguma maneira antecipado na sua análise do caso argentino, só se aplica nos casos em que essas demandas encontram canais político-ideológicos capazes de pressionar e colocar em xeque o sistema político. Como veremos nos próximos capítulos, isso não é senão parcialmente verdadeiro hoje em dia na América Latina, fundamentalmente porque não só se modificaram os antigos sistemas associativos, mas também porque os atores sociais possuem novas e inéditas margens de iniciativas pessoais.

Talvez não seja demais apresentar sinteticamente as etapas da argumentação que desenvolveremos progressivamente neste texto:

— Apesar da permanência de importantes desigualdades sociais nos diversos países da região, a América Latina está permeada por exigências crescentes de igualdade e de individualização na sociedade cotidiana e no nível das expectativas. Futuros trabalhos deverão mapear como esses processos de individualização adquirem características e ritmos específicos de acordo com países, regiões, contextos urbanos e rurais, gerações e, particularmente, as condições materiais de vida, formação educativa e renda;

— O item anterior está associado à erosão dos mecanismos tradicionais de agregação social em que estavam presentes os valores de hierarquia, distância social e clientelismo;

— Essa tendência se expressa de forma múltipla: em parte ela não é, como veremos, canalizada em expressões coletivas, nem em demandas diretas ao sistema político, dirigindo-se ao mundo privado, ao consumo, à violência, à emigração, ou a estratégias individuais de construção de sentido e de sobrevivência. Mas essa tendência também se expressa em

---

[2] A tese básica de Huntington de que as mudanças sociais e econômicas precedem as transformações institucionais é paradoxalmente uma aplicação do pensamento marxista sobre a relação entre infra-estrutura e superestrutura, por um pensador de direita.

INTRODUÇÃO

demandas por um Estado mais transparente, políticas sociais mais solidárias e por instituições jurídicas mais eficazes e universais;

— Esse conjunto de mudanças exige uma releitura da maneira como habitualmente se pensa a realidade latino-americana: a atual revolução democrática deve ser lida primordialmente a partir das transformações estruturais na sociedade e na cultura. A dinâmica política e institucional deve ser interpretada a partir dessas mudanças.

O ESPAÇO ANALÍTICO DA COESÃO SOCIAL

Tudo o que foi dito até aqui pede o desenvolvimento de uma argumentação capaz de dar conta, em uma perspectiva histórica, das mudanças produzidas na coesão social na América Latina. Para tanto, a partir das dinâmicas sociais e culturais nas quais se centram os próximos capítulos, é necessário recordar as maneiras como a coesão social foi tradicionalmente pensada no continente, através de quatro grandes mecanismos, antes de observar a situação atual. Cada um desses mecanismos engendrou, além disso, patologias e temores específicos que, ciclicamente, foram — e são — recorrentes na região. Não é demais apresentar brevemente cada um deles.

Em primeiro lugar, o *laço social* foi, sem dúvida, o principal veículo da coesão social latino-americana. Regressaremos a este ponto, mas a transformação atual é tal que não é demais falar em fim de uma era. Com efeito, durante muito tempo se pensou a coesão social sendo auto-sustentada a partir da própria sociabilidade. Supunha-se a existência de um tipo de especificidade do laço social na América Latina que, com diferença notória do que acontecia nas sociedades desenvolvidas, era capaz de se sustentar sem necessidade de ser articulado por instituições políticas modernas. No fundo, esse laço social foi concebido sendo menos que o vínculo comunitário e mais do que a associação societal. Menos do que a primeira, porque, apesar da nostalgia por uma relação "natural" entre os atores, unicamente baseada na tradição, a presença de laços sociais também atravessados pela política e pelo Estado era evidente (tutelagens, clientelismos e patronagens diversos). Mais do que a segunda, porque o caráter contratual, e, portanto "artificial" e "frio" das relações sociais, sempre era contrastado com a expectativa de uma dimensão pessoal e subjetiva nas relações interpessoais, apesar das diferenças sociais e econômicas.

Com certeza, as versões foram diferentes de acordo com os países, mas todos os lados destacaram a força de um laço social e de uma sociabilidade cuja tenacidade se fincava em uma herança cultural própria a nossa história passada, seja nas reflexões de Gilberto Freyre, de Octavio Paz, seja nos trabalhos feitos no Chile em torno do imaginário da Hacienda. Nesse contexto, o elogio da mestiçagem não foi somente uma maneira enviesada de negar o racismo, foi também uma vontade de afirmar a permanência do laço social sobre outras bases. Obviamente que nesse marco tudo aquilo que conspirava contra essa sociabilidade "substancial" era visto como uma ameaça maior à coesão social, começando pela fragmentação ou violência, e terminando na marca que ainda hoje tem no imaginário da região o perigo do retorno da "barbárie" pela "invasão" das massas.

Em segundo lugar, a coesão social foi pensada a partir do papel dos *conflitos*, particularmente das classes sociais. Toda sociedade requer, para assegurar sua coesão, mecanismos que lhe permitam processar seus conflitos sociais e organizar a representação dos interesses antagônicos, o que reforça o papel dos atores sociais, e, nas últimas décadas, da opinião pública. Na América Latina foram os partidos políticos e os sindicatos, mais tarde os chamados novos movimentos sociais ou a sociedade civil, sem esquecer em um período mais recente as ONGs, os grandes atores sucessivos que dariam sustentação à (re)construção das relações sociais.

Nesse marco, a tentativa de construir uma nova e autêntica coesão social desde seus inícios não cessou de ser atravessada, de forma cíclica, por entusiasmos e decepções. Cada nova geração e período eram portadores de uma esperança de democratização ou "redenção nacional" que, junto a um ator coletivo marcante, conhecia, não obstante, progressivamente, uma série de impasses práticos. Enquanto em outras regiões do mundo a institucionalização da ação coletiva foi concebida como um elemento indispensável da vida democrática, na América Latina esse processo, sempre inconcluso devido à tendência dos Estados de engolirem a autonomia dos atores sociais, foi visto sucessivamente como uma promessa seguida de uma traição. Assim, não é estranho que nesse contexto tenha sido o perigo da degradação dos atores da coesão social o que mais prendeu a atenção dos analistas, em função, sobretudo, de sua subordinação reiterada a líderes autoritários ou a diversas formas de cooptação pelo Estado. Mas aqui também se consolida uma novidade de peso. A democratização e a individualização em curso obrigam os atores a dar uma maior atenção à opinião pública, que, por sua vez, e na medida em que esta se inscreve num universo de horizontalidade cidadã, transforma a maneira como representam os interesses e negociam os conflitos.

Em terceiro lugar, e desta vez como em outras regiões, a coesão social foi pensada na região a partir do sistema normativo, ou, para sermos mais precisos, a partir da vigência das *normas e do direito*. Enunciar a tese é compreender sua limitação sempiterna. Com efeito, ao contrário de outras sociedades, sobretudo a dos Estados Unidos, onde as normas de conduta (e sua particular sustentação na religião) são, desde a fundação do país, o verdadeiro cimento da sociedade, na América Latina a vigência das normas foi durante muito tempo pensada somente através de suas limitações e insuficiências. Isso gerou um discurso que insistia na força de uma cultura de transgressão, presente em todas as relações sociais, e que impedia que se encontrasse nelas o apoio da coesão social. No fundo, esse discurso, ao contrário do que sucedeu com o laço social no qual se tendeu a exaltar um certo narcisismo coletivo (a "simpatia" e o "calor humano" dos latino-americanos), foi fortemente autocrítico, pois colocava em relevo o não-respeito aos acordos e aos compromissos (e isso tanto na esfera pública como no âmbito privado).

Em quarto lugar, o *Estado* e, sobretudo, as políticas públicas e suas formas de intervenção foram um horizonte maior da coesão social na região. Ainda mais que os estados nacionais puderam apoiar-se, desde seus inícios, ou bem sobre um forte sentimento de pertencimento nacional, ou bem sobre a debilidade de reivindicações regionais alternativas. Se houve um "nós" na América Latina, esse foi durante muito tempo de índole nacional e estatal. Tanto que o Estado foi durante a maior parte do século XX o principal ator das sociedades latino-americanas.

No entanto, e apesar do que foi dito anteriormente, tanto o Estado como a nação tinham fragilidades que hoje em dia são seriamente questionadas. Por um lado, porque as reivindicações étnicas, nos países com contingentes importantes de populações nativas, nunca deixaram de atuar e porque a identidade nacional, detrás de uma aparente fachada comum, nunca cessou de ser o teatro de formulações diversas e inclusive antagônicas. Por outro lado, porque, apesar de ser o ator principal da cena pública, o Estado na maioria dos países se caracterizou por suas insuficiências, por sua limitada capacidade de intervenção e pelo peso da burocracia de uma administração muitas vezes sem recursos ou capacidade de gasto social. A relativa ineficiência do aparato estatal foi uma constante, e por trás dela, os riscos de uma desarticulação social associada seja a um retorno à anarquia, seja ao desgoverno.

A importância e o peso desses mecanismos foram tantos na região que o debate político se estruturou muito ao redor deles. Com efeito, as grandes famílias políticas, além de suas divisões internas, podem ser lidas, a partir da problemática que é aqui a nossa, como uma combinação particular desses mecanismos de coesão social. No final das contas, se a coesão social é indissociável de uma visão da política, a política é por sua vez inseparável de uma certa conceitualização das relações sociais e de poder. Se seguirmos a ordem proposta, e com risco de certo esquematismo, cada uma delas aparece no cruzamento de dois destes mecanismos:

— Os "conservadores" no continente são portadores de uma visão das relações sociais que tende a baseá-las na sociabilidade "originária" e que outorga, nesse marco, uma importância decisiva ao acordo normativo (mais do que ao recurso ao direito);

— Os "liberais", por seu lado, insistiram na importância das liberdades e por isso tiveram que apostar (na teoria mais do que na prática) na necessária associação entre a regulação normativo-institucional e a existência de atores sociais autônomos;

— Os "populistas", pelo contrário, e quase de maneira antitética, sublinharam a necessidade de recriar sobre novas bases o velho laço social tutelado (isto é, fundado em relações assimétricas, hierárquicas e verticais) em torno da figura do "povo", e isso graças ao vigor de um Estado nacional centralizador;

— Por último, os "socialistas", ao longo do século XX, e com variantes importantes segundo o país, se definiram, no que se refere à coesão

INTRODUÇÃO

social, essencialmente pela busca de uma combinação viável entre o Estado e as mobilizações coletivas.

Como vemos, um diagnóstico desse tipo não faz justiça a um conjunto de outros fatores que são portadores, ao menos virtualmente, de uma promessa de coesão social crescente na América Latina no marco da democracia: um conjunto diverso de estratégias individuais que os torna agentes ativos na constituição de universos de sentido e que não podem reduzir-se aos mecanismos anteriormente mencionados.

A RECOMPOSIÇÃO DA COESÃO SOCIAL

O próprio da América Latina é que, dadas as insuficiências do Estado e o déficit de autonomia observável nas mobilizações coletivas, ou as limitações das normas e do direito, foi em torno da auto-sustentabilidade do laço social (e de certa nostalgia conservadora) e à margem das organizações públicas que se pensou durante muito tempo nossa forma particular de coesão social. De alguma maneira, e apesar do esquematismo, aí reside uma parte da especificidade intelectual das ciências sociais na região. Ao contrário de um país como os Estados Unidos, onde o peso fundador das normas transmite às instituições um papel central e nunca desmentido, ou de uma Europa continental que, segundo o caso, optou historicamente por um modelo de coesão social baseado em um Estado republicano e jacobino ou em um modelo social-democrata ou social-cristão de compromissos e negociação, na América Latina a coesão social se assentou fundamentalmente no laço social. O melhor do ensaísmo latino-americano — quaisquer que sejam suas limitações — reteve esse imaginário e no fundo defendeu essa tese.

Em um contexto no qual, como veremos em detalhe no Capítulo 1, essa concepção do laço social está em crise, que substituto analítico devemos ressaltar para dar conta da coesão social que observamos no continente? O enfraquecimento dos grandes mecanismos sociais, culturais e políticos de integração social nos convida a apostar na direção das capacidades de ação e das iniciativas do indivíduo e seu impacto benéfico potencial sobre as instituições. Por mais paradoxal que isso pareça num primeiro momento, o indivíduo e a busca de sua autonomia, e a ênfase que isso supõe na iniciativa pessoal em detrimento da noção de resignação, são cada vez mais o cimento da sociedade. Com a condição de compreender claramente que esse indivíduo não está, como pensa a tradição liberal, na origem da sociedade, mas que é, pelo contrário, o resultado de um modo específico de fazer sociedade (Martuccelli, 2007). Se sua presença está longe de ser uma novidade radical na região, sua ausência foi no entanto patente no nível das representações, a tal ponto que os atores sociais foram pensados no passado quase exclusivamente a partir de considerações coletivas ou políticas. Nesse sentido, o indivíduo é uma idéia nova na América Latina que permite curiosamente reexaminar com outro olhar o passado de nossas sociedades, uma vez que abre ao reconhecimento um conjunto de novas possibilidades de coesão social sobretudo no marco da democracia.

Precisemos melhor a afirmação, que pode parecer paradoxal a muitos. Durante muito tempo, as ciências sociais da região supuseram que "indivíduos" existiam nos países do Norte, nos Estados Unidos e na Europa, que, ao amparo justamente de instituições e de representações sociais, lhes davam sua razão de ser. Na América Latina, pelo contrário, o peso atribuído aos coletivos e à comunidade, mas também a insistência de um olhar analítico que se centrou quase exclusivamente no domínio político, levou à negligência, incluindo a simples negação (em termos do reconhecimento teórico), da existência de "indivíduos" em nossas sociedades. Este estudo parte da premissa do erro radical de uma leitura desse tipo. Com certeza os indivíduos que se afirmam na América Latina são fruto de um processo particular e distinto de individuação, mas nem por isso os atores deixam de ser menos indivíduos. Ao contrário, como veremos em detalhe, em muitos domínios e sob muitos aspectos, podem também ser vistos sendo "mais" indivíduos do que os atores presentes em tantas outras sociedades — a tanto que os atores devem enfrentar e resolver por si mesmos problemas sociais que em outras latitudes são processados por instituições.

No que se segue, esforçar-nos-emos em mostrar a fecundidade desse ponto de vista, retomando para isso cada um dos grandes mecanismos de coesão social na região. Os diferentes capítulos que compõem este livro estarão por essa razão animados por uma mesma lógica de exposição em três tempos: (a) uma vez recordadas, na introdução, as características específicas de cada um deles, (b) nós nos dedicaremos a mostrar seus problemas e promessas no contexto atual usando exemplos específicos, (c) antes de concluir assinalando as formas de recomposição observáveis a partir das práticas individuais. Mas talvez não seja demais indicar, rapidamente e como guia inicial de leitura, as principais linhas de fuga que iremos detalhar:

— A crise da conceitualização do laço social como sociabilidade tutelada abre um novo espaço de reconhecimento para os vínculos interpessoais que, insuficientes em si mesmos, permitem no entanto compreender como se desenha uma geografia de ajuda mútua e de solidariedade de um novo tipo, que não se baseia mais somente em laços comunitários ou identidades coletivas fixas, mas o faz também cada vez mais sobre vínculos afetivos, eletivos ou tradicionais revisitados (família, jovens, imigrantes, etc.), nos quais as novas tecnologias têm uma função importante. Sobretudo, a saída do imaginário do laço social obriga a aceitar a importância crescente das relações sociais horizontais na região;

— O relativo enfraquecimento dos atores sociais convida a que, sem abandonar o registro da tradicional participação contestatória ou associativa, se pense igualmente nas novas iniciativas do indivíduo. Estas não devem ser pensadas em oposição à ação dos movimentos sociais de antigamente, mas como uma recomposição mais ou menos direta desses (como é em parte o caso das ONGs) e através da consolidação de novos perfis militantes que desenham sobre novas bases o vínculo entre o público e o privado. Mas isso também implica reconhecer o peso crescente, e, portanto inédito, que adquire a opinião pública na representação e na negociação de conflitos sociais;

— No que concerne à vigência das normas, nós nos esforçaremos por mostrar como, apesar do reconhecimento de suas limitações (a presença dos sentimentos de abuso e o menosprezo do sistema judiciário são constantes e intensos em muitos contextos nacionais), existe, no entanto, uma tendência que não pára de se acentuar e que passa, cada vez mais, por um recurso renovado ao direito. Aqui também, e sem que isso seja privativo dos indivíduos, posto que muitos atores coletivos direcionem suas mobilizações nesse sentido, o fato de que os cidadãos exijam direitos é um processo de alta importância (cuja expressão mais nobre hoje em dia o constitui, comparando a experiência latino-americana à de outras regiões do mundo, à luta contra a corrupção e à defesa dos direitos humanos);

— Por último, e no que concerne ao Estado, veremos como o momento atual se inscreve na continuidade dos avatares tradicionais do Estado-nação e da democracia na região, e como os novos desafios que eles devem enfrentar em termos de liberdades, de políticas ou de regulamentação econômica, convocam igualmente a uma transição na qual progressivamente se passa de uma lógica exclusiva de participação ou representação para uma lógica generalizada de acesso aos serviços públicos, bens de consumo e inclusão simbólica.

Isso nos permite explicitar melhor o eixo central deste trabalho. Durante muito tempo, o indivíduo e suas expectativas crescentes só foram levados em consideração na região, na maior parte das vezes, enquanto ameaça para a coesão social. O argumento era o seguinte: submetidas a um conjunto de influências culturais forasteiras, as sociedades latino-americanas engendravam expectativas individuais e coletivas que, incapazes de ser satisfeitas, davam lugar a fenômenos de desbordamento do sistema político e a frustrações sociais diversas. Em resumo, a revolução das expectativas propiciava anseios e desejos subjetivos entre os atores que a sociedade era incapaz de regular e que iam de encontro às possibilidades objetivas reais de cada um deles.

O nosso trabalho ressalta que, pelo contrário, no contexto atual essa revolução de expectativas é acompanhada por um incremento real das iniciativas dos indivíduos que hoje em dia é a principal força de democratização da sociedade. Com certeza, isso não quer dizer que os indivíduos possam ser concebidos como se estivessem "fora" ou "contra" a sociedade, já que, justamente, suas iniciativas exigem recursos culturais e institucionais para poder ser atualizadas. Mas, por outro lado, as insuficiências das instituições ou das políticas públicas podem levar a que essas iniciativas se realizem às vezes à margem, contra ou desgastando as próprias instituições.

Em resumo: a revolução das expectativas e a irrupção das massas que a acompanhou foram vistas no passado, ao mesmo tempo, como um fator de democratização e como um risco bem real para a coesão social na democracia. Hoje, o incremento das iniciativas dos indivíduos, sempre no quadro de um aumento de expectativas, introduz outra dialética entre as instituições e os atores: se por um lado as iniciativas individuais dependem

INTRODUÇÃO

de recursos institucionais, por outro, essas iniciativas as corrigem e completam, se bem que também podem reproduzir e aumentar as insuficiências institucionais. Não é sempre, portanto, um círculo virtuoso. Mas é, sem dúvida, uma forma ativa de geração de novas formas de coesão social.

CONCLUSÕES

O tema da coesão supõe um enorme desafio para os cientistas sociais da região. Nas últimas décadas foi dominante nas ciências sociais a ênfase no conflito social como fonte de progresso e de mudança social — visto como associado a grandes transformações da estrutura da sociedade. Mas progressivamente se descobre que a democracia não avança por saltos, mas pela acumulação de pequenas mudanças e que tão importante quanto o conflito são as normas comuns de convivência.

As classes sociais perderam a centralidade nas novas formas de conflito social, e as relações entre Estado e cidadãos não possuem a aparente transparência que os esquemas ideológicos de então nos transmitiam. Novas redes sociais extremamente plásticas se expandem junto com organizações da sociedade civil cada vez mais atuantes, mas de eficácia nem sempre óbvia. As formas de atuação do poder (econômico, político, cultural) perderam nitidez assim como capacidade de transmitir ou impor valores ou decisões, o que significa que desapareceram. Assim, temos uma dinâmica complexa entre centros de poder e redes sociais que se comunicam de forma oblíqua, e que a análise tem dificuldades de desvendar.

O impacto de uma maior especialização temática e disciplinar levou as ciências sociais da região a um maior rigor empírico, mas também ao abandono da tradição clássica do pensamento social latino-americano sensível à diversidade das trajetórias nacionais e aos estudos comparados, à necessidade de um diálogo entre disciplinas para compreender a complexidade das dinâmicas sociais e disposta a lançar novos conceitos e hipóteses que dêem sentido às realidades locais. Parte do esforço de nossa investigação é recuperar essa tradição e, na medida de nossas possibilidades, fazer uso de uma maior ousadia intelectual, o que inclui, às vezes, o ensaísmo como estilo intelectual.

Na última década, através do conceito de modernidades múltiplas, se consolidou nas ciências sociais a noção de que a modernização não implica um caminho unilinear ou um único ponto de chegada. Essa visão, que já estava presente nos melhores trabalhos associados à teoria da dependência, tem a virtude de reconhecer a importância da diversidade de trajetórias históricas e das formas particulares pelas quais cada sociedade integra as inovações políticas e culturais do mundo contemporâneo. No entanto, mesmo assim o conceito de modernidades múltiplas não deixa de apresentar problemas específicos, em particular o de levar a um relativismo generalizado, em que em nome do respeito à diversidade se afirma que todas as expressões cultuais são equivalentes ou, em sua versão oposta e simétrica, se "essencializa" a cultura e se conclui que a democracia só é viável em contextos muito particulares.

Com o relativo fracasso das reformas estruturais na redução da desigualdade e na transformação das instituições, a problemática das modernidades múltiplas começou a penetrar o mundo dos *policy makers*. Assim, as agências internacionais se viram obrigadas a reconhecer a importância da diversidade e a especificidade dos contextos históricos e socioculturais. Mas esse reconhecimento até o momento só se traduziu em tímidos esforços analíticos. A perspectiva que assumimos é a de que na América Latina existe um amplo consenso sobre o mundo desejável (uma ordem democrática que assegure as liberdades, a ordem pública, que reduza a extrema desigualdade e a pobreza, que aumente a transparência no uso dos recursos públicos), mas que a construção dessa nova ordem não pode desconhecer as trajetórias históricas e os padrões sociais, políticos e culturais dominantes. Nesse sentido, trata-se de renovar uma agenda clássica do pensamento social latino-americano; de compreender como as tendências dominantes no sistema internacional se atualizam em nossas sociedades para identificar os problemas e desafios que separam o que somos do que gostaríamos de ser, reconhecendo a tensão inevitável entre a realidade e o mundo desejado, entre as grandes tendências históricas que emergem nos centros hegemônicos e as formas em que elas se atualizam na região.

A visão da coesão social como um conceito a ser construído em diálogo entre as disciplinas (economia, sociologia, ciência política, antropologia e história) aumenta a diversidade e a complexidade dos temas a serem tratados, assim como a necessária atenção que se deve outorgar às diferentes realidades nacionais. *O objetivo deste estudo é avançar uma perspectiva analítica sobre as sociedades latino-americanas contemporâneas, sem pretender ser um estudo sistemático e exaustivo dos múltiplos aspectos da vida social na região.* Neste livro, certos temas, como, por exemplo, os movimentos sociais, foram tratados pontualmente e deverão ser integrados no futuro em estudos mais completos. Enfatizamos alguns temas associados a tendências emergentes que são fundamentais para a coesão social e, geralmente, são insuficientemente considerados, porque não possuem a nitidez e a transparência aparente que apresentam as organizações associadas a discursos políticos ou ideológicos. E nesses pontos tivemos que nos limitar a alguns exemplos, deixando de lado áreas que são fundamentais para a coesão social, como as transformações na família e as relações de gênero, a educação, o mundo do trabalho (que só tratamos sob o ângulo do sindicalismo), o setor informal, os novos heróis da cultura midiática, a formação das elites intelectuais e empresariais — que estão passando por processos acelerados de internacionalização —, e o esporte, muitas vezes o principal meio de expressão dos sentimentos de identificação nacional.

A globalização atravessa cada um dos temas, por isso não lhe dedicamos uma seção particular. As relações internacionais só foram tratadas na análise das redes do crime organizado, da emigração ou do novo populismo. Não estudamos, além disso, os temas emergentes nas relações interestados, uma área particularmente relevante, pois novas tensões começam a ocorrer no continente, colocando em questão a relativa paz à qual nos acostumou o século XX. A crescente interdependência de infra-estruturas, de fontes energéticas e das economias que por um lado fortalece a integração regional, por outro lado também gera formas crescentes de tensão. Se até pouco tempo atrás as nacionalizações significavam desapropriação e enfrentamentos com empresas e países desenvolvidos, cada vez mais as empresas nacionalizadas pertencem a um país vizinho, latino-americano. A dependência de países limítrofes em relação a recursos energéticos tem sido utilizada com objetivos políticos, como no caso da recusa da Bolívia em vender gás para o Chile, ou a mobilização de sentimentos de animosidade ante o vizinho mais poderoso, como no caso da Bolívia ou do Paraguai em relação ao Brasil. Muitas regiões fronteiriças se transformaram em fontes de conflito em função de movimentos migratórios ou de contrabando, e o tema da proteção do meio ambiente está gerando conflitos entre países, o mais notável sendo o da indústria de papel, entre a Argentina e o Uruguai. Em suma, a América Latina poderá perder um de seus grandes recursos como região: a convivência harmônica entre os países, com o uso da xenofobia perante os vizinhos como recurso político.

Nos próximos capítulos, apresentaremos uma visão da dinâmica social do continente, conscientes de que se trata de uma primeira aproximação. O nosso texto foi possível graças à elaboração de vinte trabalhos, escritos especialmente para este projeto, devidamente citados em cada seção.[3] Ainda que essas contribuições tenham sido fundamentais na elaboração do nosso texto, os autores não são responsáveis pela sua edição e uso, que muitas vezes retoma literalmente suas próprias palavras, em outras prolonga suas análises, mas em várias outras ocasiões modifica o argumento original. A eles nosso agradecimento e total desresponsabilização por eventuais erros ou discrepâncias de interpretação. Sem sua colaboração, este estudo não teria se realizado. Hoje em dia, a massa de conhecimentos disponível e necessária para um esforço desse tipo é tal, que o projeto de oferecer uma imagem sintética das mudanças na coesão social da região excede, em muito, a capacidade de todo pesquisador individual (ou de dois pesquisadores). Em cada uma das seções abordadas, apoiamo-nos muitas vezes em seus juízos e avaliações, mas sobretudo nos conhecimentos que trouxeram como especialistas reconhecidos de cada uma das áreas tratadas.

Finalmente, gostaríamos de agradecer a Juan Carlos Torres, Sergio Fausto e Simon Schwartzman os comentários a uma primeira versão deste trabalho e aos participantes dos seminários organizados, em Santiago do Chile, pela CIEPLAN e, em Buenos Aires, pela Representação da Universidade de Bologna, e, em particular, aos debatedores as críticas que contribuíram para a elaboração da versão final do livro.

---

[3]A lista dos artigos se encontra no Anexo 2, e os textos estão disponíveis no site www.plataformademocratica.org

CAPÍTULO I   As transformações do laço social

1. INTRODUÇÃO

Apesar da importância das divisões sociais e culturais, e das desigualdades, a América Latina foi durante muito tempo pensada como possuidora de uma forma particular de coesão social, assentada na maneira em que construiu o laço social. A característica desse tipo de laço social foi uma tensão estrutural entre a hierarquia e a igualdade (Martuccelli, 2002). Em uma concepção ingenuamente evolucionista, ele apareceria como se estabelecido a meio caminho entre a "comunidade" e a "sociedade", mas na verdade tratou-se de uma experiência inovadora, surgida dentro de um contexto particular de expansão do capitalismo e de formação das sociedades modernas. Ao contrário de uma aspiração mais homogênea à interação igualitária e seu ideal de horizontalidade, em um regime dual desse tipo os indivíduos não cessavam, simultaneamente, de, por um lado, mostrar uma aspiração igualitária e de afirmação da autonomia individual, e, por outro lado, de corroborar a permanência "natural" de elementos hierárquicos e de dependência pessoal. Assim, os países da América Latina construíram desde a sua independência formas originais de hierarquia e igualitarismo, de individuação e dependência.

Sem referência a um status aristocrático herdado ou meritocrático, a hierarquia se sustentava sobretudo no poder econômico e político, enquanto o individualismo se expressava mais através da transgressão da norma do que pela afirmação dos direitos individuais afirmados na constituição e nos sistemas legais. Esse foi um universo de ambigüidades que a rica literatura latino-americana descreveu admiravelmente, particularmente em relação ao mundo rural, e que o tango "Cambalache" projetou, na primeira cidade cosmopolita da região, para o mundo urbano.

Sem ser exclusiva da América Latina, essa forma de laço social teve uma forte vigência tanto prática como imaginária no continente (a tal ponto que foi ao redor dessa tensão que não se parou de pensar a herança das experiências da conquista e da colonização). No entanto, embora se trate de um modelo que pode ser visto como produto de uma mescla de tensões estruturais, ele não foi resultado de simples adaptações funcionais às demandas contraditórias de individuação e hierarquia. Elas representam formas originais e criativas de sociabilidade, estilos de ser e de se relacionar que são valorizados enquanto traços de identidade nacional e que em cada país adquiriram perfis próprios, que Darcy Ribeiro denominou "novas formas civilizatórias".

Nada expressa melhor a força desse modelo do que o fato de que, apesar da tensão que o constitui, ele tenha podido servir como suposição sobre a qual se assentou uma concepção auto-sustentada do laço social. Todas as relações sociais foram marcadas pelo seu sinal. As relações hierárquicas no mundo do trabalho com certeza (e isso tanto no âmbito das relações de patronagem como nas mais modernas relações trabalhistas no setor formal e no sindicalismo), as relações entre os gêneros e as gerações, ou entre os grupos étnicos — principalmente —, às quais haveria que acrescentar as interações que se podiam produzir nos âmbitos público e citadino, sem esquecer, obviamente, os elementos propriamente religiosos e tradicionais que o sustentavam simbolicamente.

Em todas elas havia um jogo específico por meio do qual se construiria o futuro. Em todas as relações se tratava de lograr, em um único e mesmo movimento, preservar uma certa verticalidade hierárquica e, ao mesmo tempo, avançar no estabelecimento de relações mais horizontais e igualitárias. No geral, essa tensão foi resolvida por uma mescla entre momentos de cordialidade e processos de forte e visível subordinação, normalmente com rasgos paternalistas (Nugent,1998). Estranhamente, esse laço social dual foi vivido como estável e sólido e, ao mesmo tempo, como permanentemente em xeque e em transformação. As relações sociais foram irrigadas em uma tensão interativa surda, por meio da busca de uma convivência constante entre o abuso aberto e o desafio obstinado. Por trás do aparente respeito à hierarquia escondia-se na verdade uma miríade de atitudes de questionamento cotidiano.

Apesar da diversidade nacional e regional que esse modelo adquiriu, o importante é que essa sociabilidade, prenhe de elementos contraditórios e, ao mesmo tempo, de domesticidade assumida e de igualdade ansiada, deu lugar a um laço social que se percebeu, durante muito tempo, sendo particularmente sólido. Repitamo-lo: se a coesão social foi um problema na América Latina, ela o foi essencialmente sob a dupla ameaça paradoxal da "barbárie" (o medo de seu rompimento pelos setores populares) e da "civilização" (o individualismo e o contratualismo impulsionado pelos setores da elite). Era no entremeio, ali onde cada um guardava seu lugar "natural", que a sociedade era possível.

Evidentemente, as variantes nacionais são consideráveis. Em certos países ou regiões, o laço social se encontra mais ou menos eqüidistante dessas duas exigências, como é o caso do Brasil, onde a vida social se desenvolveu em meio a uma ambigüidade irredutível (Da Matta, 1978; Buarque de Holanda, 2006), pelo menos até recentemente (Sorj, 2000). Em outros, pelo contrário, o vínculo social se inclina de preferência para formas verticais (os países andinos), e nelas a presença de um "duplo código" nas relações sociais permite ao mesmo tempo a expressão da discriminação e do desafio (PNUD, 2000). Às vezes, a tensão se inscreve em um padrão que, apesar de ser essencialmente igualitário, apresenta ainda, como na Argentina, elementos hierárquicos. Aqui o famoso "você não sabe com quem está falando", diante do qual inclusive a resposta "e eu com isso?/ e o que isso me interessa?" assinalam bem a tensão na qual está inserida a relação social (O'Donnell, 1984). Finalmente, em países como o Chile ou o Uruguai, tende a se acentuar, em todo o caso como ideal relacional, a importância do respeito à lei e à norma (Araújo, 2006).

Essa eqüidistância relativa entre a igualdade e a hierarquia, entre individualismo e laços de dependência pessoal, foi se transformando no decorrer da história latino-americana com a crescente urbanização e educação da população, com o impacto dos movimentos dos trabalhadores e as ideologias socialistas, com os sistemas de comunicação e o desenvolvimento das grandes metrópoles com seu anonimato e subculturas. Mas se as sociedades latino-americanas mostravam uma capacidade enorme de mudar e simultaneamente manter seus traços ambíguos, nas últimas décadas os equilíbrios se desfazem aceleradamente e cedem lugar progressivamente, mas, sem dúvida, sem possibilidade de retorno a um incremento das demandas de igualdade e de individuação.

A América Latina vive na atualidade um processo ativo de democratização (de demandas de igualdade e de individuação) em *todas* as relações sociais. A horizontalidade do laço social se converte, em toda a parte, em uma exigência central. As razões são múltiplas e vão desde o aporte inquestionável que lhe advém da expansão da educação ou dos meios de comunicação até a consolidação de um anseio igualitário transmitido pela cidade, a afirmação do discurso dos direitos humanos como o campo semântico dominante, o movimento feminista e a afirmação cultural das mulheres, as minorias étnicas ou os jovens, sem esquecer, com certeza, os efeitos produzidos — como veremos em um capítulo posterior — pela cultura de consumo de massas e pelas mudanças políticas. Aqui devem também ser incluídos tanto as recentes lutas pela democratização como o novo modelo econômico que, ao enfatizar o papel do mercado na geração de riquezas e a responsabilidade fiscal, aumentou a consciência de que os cidadãos são a fonte dos recursos do Estado, deslegitimando o universo de relações clientelistas sustentadas em um Estado cuja aura passava por cima da sociedade. *Trata-se provavelmente de uma das maiores transformações que o continente conheceu em sua história.*

Essa verdadeira e profunda revolução democrática, no entanto, não se expressa essencialmente, no momento, em todo o caso, no nível das instituições. Como veremos, o sistema político é, em certos países, particularmente frágil, e a irrupção desse anseio democrático desestabiliza mais de uma de nossas instituições. Daí a dificuldade de todos aqueles que, centrando-se nessa esfera, não conseguem apreender a importância da mudança em curso. No momento, essa democratização começa e muitas vezes termina no indivíduo — em suas expectativas e em suas iniciativas. É sem dúvida insuficiente e, na falta de uma inscrição e tradução institucionais, é grande o risco de que esses fatores terminem incidindo negativamente sobre a coesão social e a estabilidade das democracias. Mas no momento atual, como não ressaltá-lo, são também a promessa de outra coesão social mais democrática e horizontal.

Em todo o caso, o resultado dessa revolução democrática silenciosa não se faz esperar. As transformações são visíveis em muitos âmbitos sociais (começando pelas relações de gênero como tão justamente se tem insistido nas últimas décadas, razão pela qual, neste trabalho, lhe daremos menos atenção), como pela revolução de expectativas, e sua paradoxal força igualitária, que tem produzido o consumo dos últimos anos.

A seguir, esboçaremos as principais conseqüências dessa transformação do laço social na religião, nas relações interétnicas ou raciais, nas dinâmicas urbanas, na cultura e no imaginário transmitido pelos meios de comunicação e na emigração. Em todos eles, como veremos, faz-se patente, também de maneira distinta e por vezes contraditória, a afirmação de um desejo crescente de igualdade. Processo que engendra leituras ambivalentes. Por um lado, essa exigência igualitária — cujos principais portadores são hoje em dia os atores individuais — desestabiliza as antigas relações tuteladas e o peso da hierarquia que nelas recaía. Desse ponto de vista, o laço social deixa de ser esse âmbito de co-presenças a partir do qual era possível pensar a coesão social como auto-sustentando-se. Por outro lado, esse projeto igualitário exige, para além de novos espaços institucionais ou contratuais, a formação de uma nova sociabilidade entre indivíduos, mais horizontal e menos abusiva do que a que o continente conheceu até um passado muito próximo.

2. RELIGIÃO E RELIGIOSIDADE[1]

Na América Latina, a religião, ou melhor, a religiosidade constitui possivelmente a principal fonte de segurança ontológica, apoio moral e esperança, em particular dos grupos mais pobres da população. Dificilmente se poderia entender a capacidade de suportar adversidades, manter padrões éticos, confiar em um futuro melhor, se não nos referimos às crenças religiosas. Mas, no geral, trata-se de formas de religiosidades particulares, isto é, de crenças que sustentam os indivíduos em versões personalizadas (a proteção de um certo santo, de uma forma de marianismo, de formas muitas vezes sincréticas ou híbridas) mais do que participação ativa e obediente às formas e poderes institucionalizados. O catolicismo, a religião hegemônica do continente imposta aos indígenas e escravos africanos, demonstrou uma enorme capacidade de absorção e sincretismo com os cultos locais, apesar dos esforços de repressão e extirpação que estiveram presentes e que, de forma mais tênue, persistem. Aspecto vernacular da religiosidade na América Latina, o tradicional sincretismo religioso entre cultos é hoje em dia, no entanto, objeto de uma nova volta do parafuso: se antes foi animado quase exclusivamente a partir de lógicas de grandes grupos sociais, a reelaboração espiritual é cada vez mais objeto de recomposições que tendem a individualizar-se.

A religião institucional e a religiosidade latino-americana se constituem em fonte fundamental da coesão social, não só como suporte individual, mas também por seu lugar na construção da cultura e da política. Como sua própria acepção etimológica o recorda, a religião (*religare*) é um poderoso fator de ligação nas sociedades latino-americanas. A base cultural da América mestiça se sustenta, ainda hoje, em formas de religiosidade popular que mesclam cristianismo com crenças e ritos ancestrais, sejam de origem quéchua, mapuche, sejam de origem maya, passando por uma variedade de cultos africanos. Nas igrejas católicas e nas praças ou

---

[1] Essa seção se apóia em Ari Pedro Oro, "Religião, coesão social e sistema político na América Latina".

nas praias (onde na passagem do ano milhões de pessoas fazem oferendas a Iemanjá), a mescla de tradições criou um fenômeno cultural único de um substrato religioso comum no qual convivem, de forma muitas vezes pacífica, as mais diversas versões e tradições.

Essa convivência particular com a diversidade foi acompanhada por outro processo benéfico que é a secularização bem-sucedida das relações entre Igreja e Estado. Sem dúvida, não se trata de um processo homogêneo, como o atestam as "Cristiadas" nos anos 1920 no México, que matou mais gente do que a Revolução na década anterior, ou a forte presença da hierarquia da Igreja Católica na política argentina durante o século XX, mas em geral as sociedades latino-americanas não tiveram guerras religiosas, e a separação entre a Igreja e o Estado e a secularização da política se encontram bem estabelecidas.

Nas últimas décadas, esse universo se transformou com a presença crescente de igrejas evangélicas, muitas delas originárias da região, que demonstraram uma enorme capacidade de proselitismo e de empreendedorismo, implantando-se em outros continentes e criando impérios de comunicação. Junto com a presença crescente dos cultos evangélicos, em particular nas classes populares, temos a disseminação de religiões "orientais", movimentos espirituais e de auto-ajuda, em particular entre as classes médias. Surgem assim fenômenos novos, como a presença maciça de "brancos" nos cultos afro-brasileiros ou o predomínio evangélico entre os índios mexicanos e guatemaltecos. Essa transformação se sustenta na erosão da tradição como fonte de formação da identidade e a conseqüente transferência a cada indivíduo da definição do que seja sua identidade religiosa.

Na hora de avaliar o papel da religião na coesão social de nossos países, é preciso levar em consideração esse movimento em seu conjunto, e com todas as suas arestas. Por essa razão, no que se segue, desenvolveremos uma argumentação circular. Partiremos em um primeiro momento da vitalidade da afiliação religiosa a fim de ressaltar, ao mesmo tempo, a vigência e a força da religião católica e a diferenciação religiosa crescente, antes de nos interessar pelos estímulos das relações entre o Estado e a religião, e seu papel político. Somente depois de apresentar esse conjunto de fatores, ainda que rapidamente, é que será possível extrair, na última seção, as conseqüências para a coesão social na democracia.

O *universo de afiliações religiosas*

Na América Latina, historicamente e no presente, falar de religião é se referir, principalmente, ao cristianismo. Com efeito, o cristianismo está impregnado nas sociedades latino-americanas; integra o tecido social cotidiano do subcontinente, pois um bom número de eventos e de atividades coletivas, de feriados nacionais, regionais e locais, assim como a ostentação de símbolos religiosos, mesmo em espaços públicos, se inscreve, em boa medida, dentro de sua tradição e são pautados pelo seu calendário litúrgico. Mas, para além do cristianismo, nas sociedades latino-americanas são reproduzidas outras práticas rituais, associadas às religiões populares, de transes mediúnicos, esotéricos, neopagãos e outros, todos configurando uma territorialidade sagrada particular, composta dos tradicionais espaços sagrados (igrejas, templos, centros, oratórios, capelas, locais de peregrinação e romaria, cemitérios), e dos espaços privados que cumprem uma função religiosa. É o caso das casas de curandeiros e rezadeiras, de pastores de pequenas igrejas pentecostais, de líderes ou membros de agrupamentos evangélicos, "células de igreja", de centros mediúnicos, espíritas ou terapêuticos, de grupos de oração carismáticos e de meditação.

No entanto, pode-se sustentar, na esteira de Maurice Halbwachs, que todas as celebrações e rituais religiosos, incluindo as festas, assim como toda a geografia religiosa mencionada, constituem importantes momentos de fortalecimento da memória religiosa coletiva, mas, ao mesmo tempo, de atração de pessoas, contribuindo para a integração social e, assim, para a coesão dos grupos sociais. Ou seja, além de fortalecer os universos simbólicos compartilhados coletivamente, as práticas religiosas e os aspectos sagrados desempenham também a função de espaços de agregação social, de fortalecimento dos laços sociais. O aspecto integrador da religiosidade latino-americana também aparece nas inumeráveis práticas assistenciais — nos âmbitos educacional, da saúde, de atenção aos órfãos, idosos, sem-teto, pobres, migrantes, desfavorecidos em geral — promovidas por diversas associações religiosas, muitas vezes em parceria com os poderes públicos, buscando a promoção da solidariedade social e a solução dos problemas dos mais necessitados.

A análise das identificações religiosas vigentes em vinte países latino-americanos estudados revela que o catolicismo e o cristianismo continuam mantendo as taxas mais altas. De fato, o catolicismo reúne hoje 70% das auto-identificações religiosas ao mesmo tempo que se apresenta como a instituição na qual os latino-americanos têm maior confiança. Inclusive, segundo a empresa Latinobarómetro, o grau de confiança aumentou de 62% para 71%, entre os anos 2003 e 2004.

As igrejas evangélicas alcançam 12% das identificações religiosas dos latino-americanos, sendo 70% do segmento pentecostal. Guatemala, com 39% da população, e Honduras, com 28,7%, aparecem como os países mais evangélicos do continente. Assim, atualmente, catolicismo e cristianismo não são mais, como outrora, sinônimos nessa região. No entanto, o conjunto do campo cristão alcança 91% das identificações religiosas dos indivíduos latino-americanos. As reduzidas porcentagens restantes são completadas pelas religiões mediúnicas (afro-americanas, espíritas, ayahuasqueras), orientais, religião judaica, religiões místico-esotéricas e por aqueles que não têm religião.

A extraordinária expansão do pentecostalismo constitui um dos fenômenos religiosos mais importantes dos últimos trinta anos na América Latina. De origem norte-americana, mas possuidor de uma capacidade de adaptação às realidades religiosas, sociais e culturais do subcontinente, o pentecostalismo se abriu em direção às diferentes camadas sociais, mesmo que os mais pobres e desfavorecidos das áreas urbanas componham sua clientela predominante. Por ser uma religião de proselitismo, ela incide profundamente sobre as subjetividades de seus fiéis, que tendem a adotar um novo estilo de vida e a encontrar um novo sentido para a existência. Ainda que isso ocorra em grau variado, segundo as exigências de cada igreja, a maioria delas defende um comportamento puritano de seus fiéis que implica a abstenção dos "prazeres do mundo", como: o cigarro, a bebida alcoólica, as festas profanas, e uma nova moral que prega a condenação do aborto, do adultério e da homossexualidade, tudo isso participando de uma ruptura simbólica com o "mundo".

Entre os vários efeitos resultantes da condição de pentecostal — originário ou convertido — se destacam certas eficácias terapêuticas, a superação do alcoolismo e da droga, uma "ética da família e do trabalho" associada à poupança e à valorização do êxito e do ganho de dinheiro com a "ajuda de Deus", tudo o que produz alguma mudança nas relações de gênero e um novo estilo de sociabilidade. As redes sociais relacionadas com a igreja se transformam em uma importante fonte de informação sobre oportunidades de emprego, inclusive no exterior, onde muitas vezes católicos se "convertem" ao pentecostalismo para se aproximar de igrejas pentecostais, onde se reúnem seus compatriotas e onde se tecem redes de solidariedade.

Esse último item é importante: a prática religiosa pentecostal, mas não apenas ela, não se restringe à esfera da subjetividade; também se projeta na vida cotidiana com implicações sociais, gerando solidariedade e sendo portadora de sentido e de identificação coletiva. Em muitos casos, no entanto, esse aspecto mundano e extremamente moderno no uso de meios de comunicação é associado a uma visão externa negativa, pela demanda sistemática do dízimo que permitiu, em determinados casos, o enriquecimento de pastores, que algumas vezes acumularam verdadeiras fortunas. Esses aspectos, mesmo que estejam presentes em algumas denominações, não podem obscurecer a enorme importância que, em muitos países, a ascensão dos grupos pentecostais teve no disciplinamento e na integração dos setores pobres da população.

Quadro religioso dos países latino-americanos

Países	Católicos	Evangélicos	Outros	Não religiosos
Argentina	88	8	2	2
Bolívia	93	7		
Brasil	73,6	15,4	3,6	7,4
Chile	89	11		
Colômbia	81,7	15	1,4	1,9
Costa Rica	76,3	15,7	4,8	3,2
Cuba	40	3	7	50
El Salvador	83	17		
Equador	94	3	3	
Guatemala	60	39	1	
Haiti	80	16	3	1
Honduras	60,3	28,7	11	
México	88	7	5	
Nicarágua	72,9	16,7	1,9	8,5
Panamá	85	15		
Paraguai	90	10		
Peru	88	8-10	1-2	
República Dominicana	95		5	
Uruguai	52	2	11	35
Venezuela	96	2	2	

Fonte: Elaborado por A.P. Oro, *op. cit.*, a partir de: Ministère des Affaires Etrangères — France, http://www.diplomatie.gouv.fr/, CIA — The World Fact Book. http://www.cia.gov/cia/publications/factbook/fields/2122, US Department of State, http://www.state.gov/g/drl/rls/irf/2001/5594.

As outras religiões que constam em vários países latino-americanos são o islamismo, o judaísmo, as religiões indígenas, as religiões orientais, as religiões afro-americanas (candomblé, **umbanda**, santeria, vodu, etc.), as espíritas e um conjunto de religiosidades que a literatura denomina "religiões populares" e "práticas místico-esotéricas" ou de "novos movimentos religiosos". São religiões minoritárias, do ponto de vista político e demográfico, algumas experimentando certa diminuição de fiéis (afro-americanas), outras recorrendo aos sincretismos como estratégia para se manter como religiões relativamente autônomas (espíritas, orientais e, claro, também as afro-americanas) e, ainda, outras alcançando mais seguidores (místico-esotéricas), mas que, em função da sua baixa porcentagem, têm resultados estatisticamente insignificantes no conjunto do campo religioso.

Religião e Estado

Embora a análise das relações entre religião e política na América Latina mostre uma variedade de relações entre Igreja, Estado e sociedade, a presença do religioso no espaço público na maioria dos países, e inclusive na instância política em alguns deles, estaria indicando que as sociedades e culturas latino-americanas seriam possuidoras de uma lógica que admite, tolera e reconhece a religião e as religiosidades enquanto instâncias de mobilização e formação do social, ao contrário das modernas repúblicas européias secularizadas, onde se verifica a tendência de restringir o religioso à esfera da subjetividade e do privado.

Conseqüentemente, na América Latina a religião constituiria ainda hoje uma instância de produção e/ou reprodução de coesão social — ao lado de outras que se desempenham com esse mesmo sentido — e de incidência no campo político, ainda que isso ocorra de forma diferente conforme os países e as religiões. Em alguns casos, segundo certos estudos, a conexão entre o religioso e o político seria tão estreita que suas fronteiras se tornaram porosas.

A diversidade das relações institucionais entre Igreja e Estado na América Latina aparece na análise das constituições nacionais, que revelam a existência de três ordenamentos jurídicos diferentes: países que adotam o regime de Igrejas de Estado (Argentina, Bolívia e Costa Rica, em todos eles se trata, obviamente, da Igreja Católica); países que sustentam a separação Igreja-Estado, com dispositivos particulares em relação à Igreja Católica (Guatemala, El Salvador, Panamá, República Dominicana, Peru, Paraguai e Uruguai); e países que adotam o modelo de separação Igreja-Estado (México, Haiti, Honduras, Nicarágua, Cuba, Colômbia, Venezuela, Equador, Brasil e Chile).[2]

Regimes de relação Igreja-Estado na América Latina

Possuem Igrejas de Estado	Deus na Constituição	Separação Igreja-Estado com algum privilégio para a Igreja Católica	Deus na Constituição	Separação Igreja-Estado	Deus na Constituição
Argentina	Sim	Guatemala	Sim	Venezuela	Sim
Bolívia	Sim	El Salvador	Sim	Equador	Sim
Costa Rica	Sim	Panamá	Sim	Honduras	Sim
		Peru	Sim	Nicarágua	Sim
		Paraguai	Sim	Brasil	Sim
		República Dominicana	Não	Colômbia	Não
		Uruguai	Não	Chile	Não
				Cuba	Não
				México	Não
				Haiti	Não
Total 3	S = 3 N = 0	7	S = 5 N = 2	10	S = 5 N = 5

[2]Em muitos países da Europa Ocidental, a religião tem uma vinculação muito mais forte com o Estado do que na América Latina. Na Irlanda, todas as escolas dirigidas pela Igreja Católica são subvencionadas pelo governo. Também na Holanda, as religiões participam da oferta de educação pública. Na Inglaterra, a Igreja, claro, é nacional-anglicana, sem mencionar a Rússia com sua forte aproximação entre o Estado e a Igreja ortodoxa russa.

Pelo menos a metade dos países latino-americanos se apresenta, portanto, legalmente como Estados laicos, modernos e liberais, que se propõem a conferir um mesmo status jurídico a todos os grupos religiosos, a conceder um tratamento isonômico a todas as organizações religiosas e a assegurar a liberdade de crença a todos os cidadãos. Tudo isso, no entanto, como se sabe, constitui mais um ideal a ser alcançado do que uma realidade observada, pois a presença do catolicismo atravessa a cultura.

A diversidade das relações entre Igreja e Estado, entre religiosidade e política, e as representações acerca da religião aparecem claramente na análise de cinco países latino-americanos, a partir de dados obtidos essencialmente entre as camadas populares. Brevemente, nota-se que no imaginário popular argentino vigora uma associação entre religião e nação, e o catolicismo sendo considerado um "bem" nacional. Além do mais, o cristianismo de muitos argentinos é prático e sua prática é política; quer dizer, procura incidir na ordem social, revelando assim que nesse país representações políticas e religiosas se encontram e se associam. Semelhante aproximação dos imaginários políticos e religiosos é também observável no Brasil, onde se expressa em linguagem política o que se crê no plano religioso e, inversamente, se manifesta em termos religiosos a maneira como se vê a organização política da sociedade. Além do mais, em ambos os países o religioso — oficial ou não — conduz a uma interação coletiva devido ao forte aspecto ritualístico das práticas religiosas e das redes sociais e assistencialistas que elas engendram.

A situação é, em parte, diferente no México, onde a impregnação tanto dos imaginários religiosos instituídos como dos imaginários políticos é débil, sobretudo nas camadas desfavorecidas, o que indica a existência de uma desconfiança social tanto em relação ao religioso quanto ao político. Nesse sentido, a Venezuela se encontra no lado oposto ao do México, já que naquele país são elevadas a credibilidade nas religiões e a confiança depositada nas instituições políticas e no Estado. Assim, não por acaso, a Venezuela é um dos países mais católicos da América Latina e mais sensível a um discurso político que mobiliza imagens e símbolos religiosos. A situação do Uruguai é próxima da do México, ainda que o país platense tenha suas próprias peculiaridades, já que passou de um amplo e profundo processo de laicização, que se caracterizou pela "descatolização" de todos os símbolos no âmbito público, a uma relação mais recente de reconfiguração do espaço público que hoje admite, de forma limitada, símbolos e práticas religiosas.

Religião e política

Na América Latina a religião não somente integra a cultura e freqüenta o espaço público, mas também cumpre um papel de agregação social. Na realidade, freqüentando a cena pública, a religião também se aproxima do político, sendo essa relação bastante variada segundo o país e as instituições religiosas. Historicamente foi principalmente a Igreja Católica quem mais se aproximou do político, e isso através das mais variadas tendências ideológicas. No entanto, recentemente, fruto da resolução de sua cúpula, a Igreja tende a se retirar do político, exceto quando está em jogo a defesa de princípios ético-religiosos fundamentais (tema do aborto, uso de anticoncepcionais) ou os direitos humanos. A doutrina social da Igreja deveria ser a fonte inspiradora da Igreja e dos políticos católicos na busca da justiça social e na defesa dos direitos humanos.

Diferente é a situação dos evangélicos e sua relação atual com a política em alguns países latino-americanos (Brasil, Chile, Guatemala, Peru), onde alguns movimentos, principalmente pentecostais, se inserem de tal maneira no político-institucional que os partidos não podem deixar de considerá-los.

Escudados em razões de ordem simbólico-discursiva (exorcizar o "demônio" que impera na política e que acarretaria, por exemplo, a corrupção e os desvios de fundos públicos) e de ordem prática (receber benefícios institucionalmente), os evangélicos, sobretudo os pentecostais, assumem algumas características da cultura política latino-americana, como a ação política "em nome das bases" e o clientelismo político. Desta maneira, os pentecostais reproduzem na política um modelo de ação que colocam em prática cotidianamente no âmbito religioso — no qual prevalece uma grande competência em razão do "mercado religioso" que se instalou na América Latina. A principal conseqüência desse "mercado" é a quase impossibilidade que têm as religiões de tornar-se instituintes do político, salvo, como indicamos, em algumas questões específicas de ordem moral. Esse fato aponta para duas direções. A primeira deixa sem efeito as suspeitas de que estaria acontecendo uma tentativa "fundamentalista" de "religiozação" do político; a segunda considera que as igrejas se tornam, até certo ponto, espaços de aprendizagem política sem constituir uma ameaça ou uma desqualificação para a democracia.

Religião, democracia e coesão social

Nas sociedades latino-americanas a religião continua sendo pois um dos aspectos iniludíveis da vida social, em graus variáveis segundo a maior ou a menor densidade da cultura religiosa em cada país. Ou seja, a tendência predominante na América Latina é a de que as crenças não se limitam à esfera da subjetividade. Elas não são exclusivas da ordem do crer, inscrevem-se também na ordem da experiência e da ação. Por isso, são compartilhadas coletivamente por cada uma das religiões independentemente de sua condição jurídica ou institucional. Desse modo, as religiões produzem não só filiações simbólicas, mas também vínculos sociais, ambos decisivos para a configuração do sentido de coesão social. Tal sentido, no entanto, acompanha e ocorre paralelamente a outras práticas, instituições e instâncias sociais, que também se desempenham com esse significado, em diversos graus, segundo os grupos sociais e suas circunstâncias, como: a família, a política, a escola, a arte, o esporte, a ciência, as instituições, etc.

Isto é, em geral na América Latina, na raiz de suas peculiaridades históricas e culturais, não se reproduz o modelo republicano secular europeu, construído sobre a separação quase radical entre a instância privada (na qual se insere a religiosidade) e a pública (na qual impera o político), apesar da manutenção de diferentes relações institucionalizadas. Na região, as relações entre esfera pública e esfera privada, e entre política e religião, são marcadas por atravessamentos, passagens, aproximações e compensações mútuas, o que implica a possibilidade e/ou a existência de uma democracia que deve levar em consideração o campo religioso em geral e as instituições religiosas em particular. Nos cinco países mencionados, de uma forma ou de outra, religião e política se relacionam. Elas se associam, na Argentina; se recobrem, no Brasil; se separam e se reconhecem mutuamente, no Uruguai; se aproximam através de uma visão imanente do político e do religioso, no México; se aproximam por uma visão transcendente do religioso e do político, na Venezuela. Essas relações a conduzem ao espaço público, incidindo sobre as sociabilidades e interagindo com as demais instâncias sociais, e também com a política.[3]

Mas as continuidades escondem importantes rupturas. Principalmente se levamos em consideração o impacto político que a religião nunca deixou de ter no continente. Três delas merecem ser ressaltadas. Em primeiro lugar, diante do sincretismo religioso tradicional, que assegurava a hegemonia do catolicismo, surge uma competição mais ou menos aberta entre igrejas, o que constitui um fenômeno relativamente inédito na América Latina. Em segundo lugar, no período recente a associação de diferentes igrejas com processos autoritários ou democratizantes depende mais de circunstâncias políticas nacionais do que de alinhamentos automáticos entre sistemas de crenças e posições ideológicas. Em terceiro lugar, e como em tantos outros lugares, a religião tende apesar de tudo a privatizar-se, dando lugar a práticas mais individualizadas. Os crentes se subtraem em muitos aspectos da autoridade de suas igrejas (separação/contracepção), e os indivíduos (e já não apenas os grupos sociais) adotam formas espirituais mais singularizadas, através de combinatórias cada vez mais personalizadas. Na verdade, e contra o que se supôs no passado, a religiosidade terminou englobando a religião. Essa religiosidade é um misto de crenças mais ou menos personalizadas, de dogmas eclesiásticos aceitos, mesmo de manifestações "encantadas" do mundo, diria Weber, de intensas experiências comuns e de formas de vinculação (e de sustentação) importantes em sociedades nas quais a vulnerabilidade é maciça.

Mas no que diz respeito ao tema deste capítulo, o laço social, um aspecto é fundamental. A religião na América Latina nunca foi um âmbito

---

[3]Seria necessário agregar o caso do Chile, onde a Igreja Católica tem um forte papel institucional, existe um importante partido democrata cristão e a Universidade Católica recebe subvenção do governo similar à da universidade pública.

paralelo ao Estado, pois a sua função é matricial na cultura do continente, e sua presença permanente no domínio político. E, no entanto, e apesar disso, a religião aparece hoje em dia como amplamente atravessada, ela também, pela revolução democrática.

Se antigamente a "naturalização" das hierarquias e a ordem social encontraram na religião um sólido aliado (sobretudo nas zonas rurais), progressivamente a matriz religiosa se abriu à influência da igualdade. Isso não exclui, como já lembramos, apoios políticos que alguns de seus representantes podem acordar com regimes autoritários, e da intenção visível nos últimos anos de representantes religiosos que tratam de orientar a consciência e as práticas morais dos indivíduos através de formas que recordam mecanismos da antiga ordem (este último é particularmente visível no âmbito das políticas em torno da sexualidade). Mas é impossível não concluir a profundidade da mudança operada. Ao abrigo, persistente e atual, da mais sólida normalização das relações entre a religião e o Estado, a forma do laço social não é mais transmitida pelas crenças religiosas (e a naturalização pelo menos implícita que realizaram da hierarquia), mas pela matriz política da democracia. Não é mais a primeira que define o sentido da última; é, pelo contrário, a política que traça o espaço — a igualdade — no qual se inscreve a religião.

3. RELAÇÕES INTERÉTNICAS E DEMOCRATIZAÇÃO

A transformação do laço social é particularmente visível no marco das relações interétnicas. Indissociável de um conjunto plural de políticas públicas que são, por sua vez, causa e conseqüência dessas transformações (e que abordaremos em um capítulo posterior), o declínio do laço social dual e o incremento de aspirações igualitárias têm nesse setor, e no âmbito da sociabilidade cotidiana, implicações maiores. No que se segue, nós nos concentraremos especificamente na questão indígena e na reivindicação de direitos da qual ela é objeto, principalmente no marco dos países andinos.

AS TRANSFORMAÇÕES DO LAÇO SOCIAL

Das dinâmicas societais às aspirações individuais[4]

A eclosão de movimentos indígenas, à parte das diferenças de contextos específicos, foi catalisada nas últimas décadas pelas transformações que, no plano econômico e no político, seguiram a crise sistêmica do modelo nacional desenvolvimentista. Nesse sentido, o fenômeno reitera uma correlação que se verifica historicamente entre movimentos indígenas e reformas modernizadoras no transcurso da história da América Latina, e ao qual retornaremos em um próximo capítulo. No entanto, quando se comparam as reformas de inspiração liberal dos séculos XIX com as mais recentes do século XX se constatam algumas diferenças importantes.

As reformas e demandas atuais, além de promover direitos baseados em concepções individualistas, abrem, no interior de suas propostas, um amplo espaço para a legitimação de formas tradicionais de exercício da autoridade e para práticas de justiça comunal e de representação coletiva. Por outro lado, o ideário reformista contempla a descentralização da estrutura estatal, possibilitando a acomodação de velhas demandas por maior autonomia. Essa agenda incrementou, sem dúvida, a adesão das populações indígenas ao novo modelo de Estado, uma vez que passou a ser visto como fiador de um pacto ancestral no que se refere à legitimação de usos e costumes.

No caso da Bolívia, por exemplo, o efeito combinado de processos que remontam à Revolução de 1952 e das reformas associadas à globalização incorporou a população indígena à vida política ativa e expôs as comunidades tradicionais ao impacto frontal das crises nacionais. Cabe destacar, nesse sentido, a migração de indivíduos preeminentes, em número importante, de comunidades indígenas, os quais não só continuam mantendo vínculos sociais, econômicos e familiares com o país de origem, mas também exigem das autoridades a proteção de seus direitos no exterior. É igualmente importante recordar o papel desempenhado pela cooperação internacional e pelas ONGs internacionais na promoção dos

---

[4]Esta seção se apóia no texto de Antonio Mitre, "Estado, Modernización y Movimientos Étnicos en América Latina".

grupos indígenas, que muitas vezes têm nos foros internacionais uma plataforma de expressão que nem sempre encontram nas próprias sociedades.

A modernização afeta hoje o conjunto da população indígena, cujas expectativas e demandas, acentuadas pelo efeito-demonstração, se organizam também a partir de novos horizontes de consumo e de participação política. Fenômenos dessa natureza, inseridos em uma dinâmica global, aumentaram a dependência da população indígena em relação aos recursos e canais institucionais do Estado. Não há dúvida de que essa dependência representa uma fronteira que dificilmente poderá ser transposta pelos caudilhos, sejam étnicos, sejam regionais, que reivindicam maior autonomia para suas comunidades ou que, no limite, cultivam objetivos separatistas.

Tanto que a necessidade de processar a explosão de demandas, cada vez mais diversificadas e heterogêneas, terminará por reforçar a centralidade do Estado e seu papel nos planos nacional e internacional. A questão étnica, nesse contexto, continuará sendo ativada, como um recurso político, pelas distintas forças em conflito; no entanto, é provável que perca relevância enquanto questão nacional, especialmente para os movimentos indígenas, na medida em que se intensifique a incorporação dessa população à matriz estatal e se amplie seu acesso à esfera cidadã, da qual foi excluída desde o nascimento das Repúblicas. O que não impede que, na medida em que as identidades étnicas se transformem em fonte de benefícios específicos, estas não se consolidem e gerem interesses de auto-reprodução.

É importante assinalar que as reivindicações dos grupos indígenas afetam uma parte importante da população somente em alguns países e que sua solução adequada em outros é apenas uma parte, embora importante, do processo da construção democrática. Da mesma maneira que não pode ser sobrevalorizado como um véu sobre os problemas mais amplos de construção de um projeto de nação no século XXI, no qual se reconheçam os vários setores sociais.

Mas essas transformações estruturais, às quais, como afirmamos, voltaremos depois, não apenas têm incidências políticas importantes. Também geram uma série de mudanças decisivas nas relações sociais, uma vez que a antiga verticalidade do laço social (essa mescla inexpugnável de desigualdade econômica e de menosprezo racial) se vê submetida a novas pressões democratizadoras.

Desigualdade social, laço social e questão étnica no mundo andino[5]

As sociedades andinas são altamente heterogêneas, tanto cultural quanto socioeconomicamente. Tal heterogeneidade é um traço histórico sobre o qual se foram construindo "argumentos" para fundamentar a exclusão e a desigualdade que hoje são um obstáculo para a democracia e para a coesão social.

A desigualdade, no plano da cultura política e das relações sociais cotidianas, é reforçada mutuamente pela desigualdade socioeconômica. A ênfase nas dimensões culturais não supõe, no entanto, uma visão naturalizada ou culturalmente determinada da desigualdade. Na realidade, a persistência de padrões e dinâmicas de comportamento sumamente complexos "reinventa" formas e mecanismos de desigualdade de acordo com os contextos históricos. Trata-se sobretudo de padrões de comportamento social que têm uma forte carga discriminatória tanto no âmbito das relações sociais como no plano das intervenções institucionais.

Se já bem antes da colônia as sociedades andinas eram extremamente heterogêneas e diferenciadas culturalmente, com relações de dominação entre os grupos étnicos, foi com a colonização que o pertencimento étnico se tornou uma argumentação central para a exclusão, a arbitrariedade e a desigualdade; e essa "razão" étnico-racial se mantém até os nossos dias expressando-se de diversas maneiras nessas sociedades.

A discriminação contra indígenas e mestiços se naturalizou desde o pensamento racista do poder colonial e da *hacienda*, que inferiorizava esses grupos majoritários pela sua origem étnica para explorá-los econo-

---

[5]Essa seção se apóia em Alicia Szmukler, "Culturas de desigualdad, democracia y cohesión social en la región andina".

micamente. O preconceito contra as identidades diversas, e diferentes da branca, espanhola e nativa, foi a base para legitimar o abuso econômico e cultural desses grupos. Nesse contexto se estabeleceram relações verdadeiramente hierárquicas e "racializadas".

A desigualdade pela origem étnica foi adquirindo novas características, mas ainda subsiste. As revoluções nacionais e os governos nacionalistas da segunda metade do século XX abriram, em todo o caso, um caminho para a superação de muitos fatores de desigualdade para esses grupos majoritários de mestiços e indígenas nas sociedades andinas. Os governos democráticos a partir do começo da década de 80 ampliaram com maior força a cidadania e hoje o reconhecimento da igualdade jurídica desses grupos é um fato e um êxito evidente do aprofundamento democrático e da luta dos movimentos indigenistas e culturais. No entanto, a desigualdade se mantém nas interações e práticas sociais cotidianas, assim como na cultura política.

A revolução nacional na Bolívia e os governos nacional-populares no Peru e no Equador, na segunda metade do século passado, impulsionaram um modelo econômico desenvolvimentista que incorporou politicamente amplos setores da população até então carentes de direitos de cidadania e estenderam seus direitos sociais. Essas políticas favoreceram em particular os setores camponeses que eram também indígenas. No entanto, a categoria identitária foi subsumida à de classe e, portanto, se subestimou a heterogeneidade cultural em função da unidade nacional. Além do mais, e apesar do valor que esses regimes tiveram em termos de avanço da igualdade social e cultural, eles foram reproduzindo mecanismos de exclusão através da rejeição de quem pensava diferente e de quem se distanciava de uma lógica clientelar com a qual os partidos governistas ganhavam aliados em troca de postos e prebendas.

Nos últimos anos, a condição de pobreza e as capacidades e possibilidades de acessar os mercados foram configurando uma nova cara para a desigualdade nos vínculos cotidianos. Os altos níveis de desigualdade econômica na região andina constituem o substrato objetivo da rejeição ao "outro", e o aumento do acesso ao consumo e aos bens públicos (estimulado pelos processos de globalização, a extensão dos meios de comunicação e informação de massas e o aumento da cobertura educativa) encontra limites rígidos às possibilidades efetivas de realizá-lo e de alcançar mobilidade social.

Mas, apesar de tudo, do ponto de vista do laço social a transformação é profunda. De relações amplamente hierárquicas se passou por toda a parte a relações verdadeiramente duais, tensionadas entre a hierarquia e a igualdade, e observa-se também, cada vez mais, o surgimento de interações propriamente igualitárias. Com certeza, essa última aspiração assume formas culturais concretas, seja pela afirmação de uma identidade nacional-indígena sustentada pelo Estado (como é em parte o caso da Bolívia), seja como resultado de uma nova cultura urbana, mestiça e popular (como é o caso da experiência *chola* no Peru).

Com certeza, dada a heterogeneidade cultural e social dessas sociedades e os ranços de hierarquia que ainda afetam as relações sociais cotidianas e a cultura política, cabe perguntar-se: que condições existem para aprofundar laços mais democráticos e pluralistas que permitam acordos baseados em renovados princípios de coesão social?

Dentro dessa dinâmica, parece necessário propor novos princípios a partir dos quais seja possível reconstruir uma idéia de nação e um sentimento de pertencimento. O princípio de eqüidade na diferença é a base sobre a qual se busca, no momento atual, não sem dificuldades e contradições, encontrar uma resposta para as reivindicações de justiça dentro dos princípios do Estado democrático.

Apesar da permanência de enormes dificuldades é preciso destacar, no entanto, os avanços em termos de igualdade jurídica e cidadania. Nesse sentido, Bolívia, Equador e Peru, com alta porcentagem de população indígena e mestiça, conseguiram importantes resultados em matéria de reconhecimento legal dos direitos indígenas e de gênero, como conseqüência da mobilização e da reorganização política dos atores sociais, e, nesse caso particular, de indígenas e de mulheres. Mas também, esses resultados em termos de direito, assim como de possibilidades de expressão da diversidade de atores que os impulsionam, se vinculam com o aprofundamento do regime democrático na região. E em todo o caso, tanto um como outro terminam por incidir, de forma concreta e visível, nas interações sociais cotidianas, nas quais o questionamento do abuso dos "superiores" aumenta, ao lado da ampliação dos sentimentos de "abuso" dos quais esses últimos se dizem vítimas por parte dos "subalternos" (por exemplo, as repetidas denúncias contra a cultura de "achoramiento" na sociedade limenha). Por mais paradoxal que pareça, não se deve esquecer que nesse contexto a desregulamentação e a generalização de conflitos interétnicos, inclusive com matizes racistas, são *também* uma forma de democratização do cotidiano social.

Sem dúvida, os planos distinguidos não são isomorfos. As condições que produzem relações de igualdades não mudam unicamente com os avanços jurídicos, e estes, apesar de sua importância principalmente em termos de inclusão simbólica e política, não dissolvem da noite para o dia representações e preconceitos centenários. Entre as soluções jurídicas e as reivindicações indígenas e a renúncia do laço social dual a dialética é mais sutil e sem dúvida mais lenta do que alguns gostariam. Com certeza, sem que se superponham, a legislação a favor das identidades étnicas indígenas produz uma maior consciência de direitos particulares e joga uma nova luz sobre as situações de desigualdade que afetam esses grupos. E por sua vez a busca de relações sociais mais igualitárias na vida cotidiana alimenta novas aspirações jurídicas e políticas. Razão pela qual se o reconhecimento legal, ainda que absolutamente necessário, é insuficiente para estabelecer laços sociais de igualdade, a afirmação dos direitos, pelo contrário, participa ativamente da democratização das relações sociais. As transformações culturais e a democratização da vida cotidiana passam por canais mais lentos, suportando tensões e conflitos, como todo processo de mudança. Mas a ruptura do laço social dual é, aqui também, patente.

4. ESPAÇOS E DINÂMICAS URBANAS[6]

Vivemos em um momento particular que alguns autores caracterizaram como o de uma mutação simbólica e, ainda quando ninguém pode saber aonde nos leva exatamente, é possível assinalar algumas de suas novas formas de expressão. A um desses fenômenos Manuel Castells (1998) denominou processo de "desterritorialização" e lhe atribuiu, com razão, uma importância estratégica. A mudança de época inclui de maneira fundamental a crise dos territórios modernos. Territórios que não se reduzem à geografia de um Estado-nação, isto é, a fronteiras materiais que os países fixaram, mas abrangem também suas instituições, valores, crenças, ideologias e os espaços públicos e privados que delimitaram o território político, social e da intimidade familiar ou pessoal. O certo é que as referências comuns que davam forma à sociedade, quer dizer, a seus marcos simbólicos de referência e de compreensão, sem terem sido dissolvidos por completo, deixaram, sim, de ser estáveis, e isso é especialmente visível nos meios urbanos metropolitanos.

Na América Latina, os avanços (e os recuos) do processo de modernização/globalização são vividos com mal-estar, um mal-estar às vezes mais explícito, às vezes mais difuso, mas persistente ao longo do tempo, em particular nas grandes cidades. Os indivíduos se tornam mutuamente desconfiados. Segundo algumas interpretações, esse processo faz com que o "outro" seja visualizado como uma ameaça. Em todos os âmbitos da vida social a palavra-chave pareceria ser a mesma: "insegurança". As ameaças seriam múltiplas. A "erosão das normas de civilidade" (Lechner, 1999), conseqüência de uma modernização/globalização que aumenta a diferenciação social, uma vez que debilita a noção de ordem coletiva, modificaria as condutas e as percepções, afetando a própria convivência social, em particular pelo medo da violência, como indicam os resultados da pesquisa Ecossocial.

---

[6]Esta seção se apóia em Luis Alberto Quevedo, "Identidades, jóvenes y sociabilidad — una vuelta sobre el lazo social en democracia"; George Yúdice, "Médios de comunicación e industrias culturales, identidades colectivas e cohesión social"; Ruben Katzman y Luis César de Queiroz Ribeiro, "Metrópoles e Sociabilidade: reflexões sobre os impactos das transformações socioterritoriais das grandes cidades na coesão social dos países da América Latina"; Enrique Rodríguez Larreta, "Cohesión social, globalización y culturas de la democracia en América Latina."

Vitimização e uso de arma de fogo (centros urbanos)

Nos últimos 12 meses	Argentina	Brasil	Chile	Colômbia	Guatemala	México	Peru	Total
Alguém entrou em sua casa para roubar	13,7%	9,8%	18,9%	11,9%	12,2%	12,2%	19,7%	14%
Alguém o roubou na rua	25,4%	24,3%	28,7%	23%	35,2%	24,8%	41,%	28,6%
Foi atacado fisicamente por alguém	6,9%	4,4%	10,4%	9,1%	10,6%	10,4%	15,5%	9,4%
Foi ameaçado por arma de fogo	17%	7%	13,2%	16%	24,8%	14,9%	16,3%	15,2%
Acredita que se justifica ter uma arma de fogo em casa para defender-se	33,5%	15,1%	43,4%	29,3%	41%	41,2%	43,1%	34,6%

Fonte: Ecossocial, 2007.

Antes de avançar sobre esse ponto tão importante, faremos um resumo de certas transformações atuais no mundo urbano.

A cidade como espaço de modernização e a fragmentação cultural

Hoje, mais de 70% da população da América Latina é urbana, composta de grupos culturalmente híbridos, fragmentados residencialmente, desestabilizados e homogeneizados pela informação que os meios de comunicação produzem. A modernidade contemporânea, a cultura do capitalismo pós-moderno, se preferirem, impregna todos os processos de hibridização cultural, verificados principalmente nas cidades.

AS TRANSFORMAÇÕES DO LAÇO SOCIAL

Um circuito sensual e de prazer alimentado pelo dinheiro é um dos pólos mais evidentes das grandes cidades latino-americanas, foco de encontro de turistas e das classes médias que têm acesso aos restaurantes da moda, à vida noturna e à diversão. Cidades midiáticas altamente concentradas, nas quais a diversão tem também sua geografia. Os restaurantes, bares, cinemas, teatros e salas de concerto ficam no entanto limitados a uma faixa estreita da cidade.

Essa diversidade crescente é acompanhada pelo surgimento de tensões múltiplas e cotidianas. A consolidação de importantes fenômenos de violência urbana (que abordaremos em outro capítulo), frustrações e expectativas de consumo, um desencantamento surdo com a política, as escassas alternativas de vastos setores da juventude urbana que cria seus novos espaços de diversão, particularmente em torno da música, vêm se transformando em traços permanentes das novas cidades latino-americanas, inclusive em sociedades com uma tradição de vida urbana relativamente mais integrada, como Montevidéu e Buenos Aires.

Os modos de sociabilidade adquirem significações diferentes nesses novos contextos. A família como modelo privilegiado da vida social continua presente tanto nas ideologias do cotidiano quanto no imaginário social da região. Mas, devido, especialmente, à influência dos novos meios de comunicação, as hierarquias internas e as identidades do gênero sofrem mudanças significativas. A economia moral da família muda com os processos de diferenciação social e de individuação derivados da modernização. O acesso a novos universos de educação e consumo, comparação e distinção, não destrói a socialização através da família como modelo moral e de infra-estrutura material, mas a transforma significativamente.

Deixando para trás momentos mais harmônicos e homogêneos de integração cultural nacional, é necessário reconhecer um espaço urbano que reflete sociedades diferenciadas e heterogêneas. Esse espaço não chega, no entanto, a constituir-se em verdadeiro espaço público, pois muitas vezes as práticas se encontram à margem da aplicação da lei. Isso não só se expressa nos casos óbvios de controle de gangues ou crime organizado, mas também em expressões coletivas como bailes realizados em bairros pobres, onde em certos casos a música continua até a madrugada em níveis insuportáveis para vizinhos que desejam dormir.

As cidades latino-americanas têm em todo o caso um papel central a definir em função de seu novo lugar na produção cultural e nas formas de sociabilidade, no marco da globalização. Além do controle social do espaço urbano, é necessário reconhecer a existência de uma heterogeneidade de atores que participam da criação de novas formas de sociabilidade. O Estado nacional já não é mais o único ator em presença, e o nacionalismo estatista latino-americano adquiriu um ar de anacronismo antimoderno. Conflitos negociados entre ONGs, meios de comunicação e organizações da sociedade civil são parte de um campo de decisões necessário para o funcionamento de uma democracia contemporânea efetiva. Certa "desordem" nesse sentido é parte de um pluralismo necessário, e a pedagogia democrática de negociação pode ser um terreno de novas formas de integração social capaz de responder a tendências aparentemente anômicas. Acontece que as identidades e as formas de participação não são um dado a *priori*, nem se constituem por fora dos processos mais gerais em que vivem nossas sociedades. Uma cidadania identificada com os valores da democracia não é a premissa e sim a conseqüência do próprio jogo democrático, que depende da participação, do debate e da confrontação no espaço público e no território das instituições.

A cidade e a exclusão social

As novas modalidades do capitalismo vivem afetando, e em geral debilitando, os atributos das cidades como núcleos centrais da vida cidadã. Essas transformações reestruturam não apenas os modos de produzir, mas também os de consumo e de reprodução social, com enormes impactos nas interações sociais nas grandes cidades. Elas reduzem, de fato, as oportunidades de interação cara a cara entre os indivíduos socialmente diferentes e desiguais no âmbito do trabalho, nos lugares de residência e nas instituições que prestam serviços essenciais à vida coletiva.

No mercado de trabalho a mudança mais dramática se produziu entre os trabalhadores de baixa qualificação. Com a rápida elevação dos

AS TRANSFORMAÇÕES DO LAÇO SOCIAL

níveis de qualificação para o acesso aos postos de trabalho estáveis e protegidos, esses segmentos de trabalhadores estão sendo excluídos dos principais circuitos econômicos. No entanto, os microempresários urbanos também foram afetados pela penetração progressiva do capital de grande porte e globalizado no campo dos serviços e da produção de bens de consumo diretamente relacionados à reprodução social das camadas populares. As transformações do mercado de trabalho arrasaram muitos dos sonhos de mobilidade social dos trabalhadores manuais e não manuais de baixa qualificação, seja de ingressar na vida urbana do trabalho estável e protegido, seja de ingressar na pequena burguesia urbana. Por outra parte, a nova dinâmica do mercado de trabalho acentua os traços históricos injustos da estrutura de distribuição de renda, transformando os segmentos vencedores dessas novas modalidades do capitalismo em camadas que se separam fortemente do resto da sociedade, não só pelas parcelas de renda que concentram, mas também pela adoção de modelos culturais globalizados.

A organização social do espaço das grandes cidades, associada à expansão da violência, acentuou a crescente separação territorial entre os segmentos excluídos do mercado de trabalho dinâmico e o resto da cidade, seja pelo seu deslocamento para a periferia das cidades (pela disseminação da precariedade do hábitat popular nas áreas centrais em decadência econômica: favelas, cortiços e congêneres), seja pela deserção urbana das camadas sociais atualmente ganhadoras através de diferentes formas de isolamento territorial (condomínios cercados, *country club*, bairros fechados e congêneres). Essa organização social do território das grandes cidades tem como conseqüência uma diminuição das oportunidades de interação social entre os diferentes e os desiguais nas ruas e nas instituições que prestam serviços coletivos com base territorial, tais como: educação, saúde, transportes e lazer.

Esses serviços coletivos, com efeito, se segmentam através de diversos mecanismos. Por um lado, pelos impactos que os processos de segregação residencial têm sobre a capacidade dos grupos sociais de contribuir via tributos para o financiamento desses serviços. De fato, a reunião de uma população pobre nos territórios dos municípios periféricos tende a gerar serviços coletivos locais de baixa qualidade, utilizados unicamente por esses segmentos. Por outro lado, os segmentos de classe média mais favorecidos pelas novas modalidades de acumulação são propensos a adquirir no mercado serviços básicos, principalmente educação, saúde, previdência social e segurança pública, reforçando assim o processo de deserção urbana e acentuando, conseqüentemente, as limitações das oportunidades de interação entre diferentes e desiguais.

Outro importante fenômeno que afeta a qualidade das interações sociais nas cidades é a acelerada elevação das expectativas na aplicação dos modelos de consumo material e simbólico utilizados como práticas de diferenciação social. Os meios de comunicação de massa têm um papel importante nessa elevação, da mesma forma que a universalização da cobertura educativa e a difusão dos discursos políticos que proclamam a universalização dos direitos sociais. Esse conjunto de processos torna mais visíveis as diferenças entre os níveis de participação das classes sociais no consumo de bens e serviços que distinguem posições sociais, gerando aqui também expectativas e aspirações insatisfeitas na população urbana, e contribuindo com isso para a deterioração das interações sociais nas grandes cidades.

A confluência entre a revolução das aspirações e os processos de deserção dos espaços propícios para a aprendizagem da convivência na diferença e na desigualdade potencializa o esgarçamento do tecido social das grandes cidades. No entanto, a consideração dessas duas características gerais nos coloca apenas no limiar da compreensão dos impactos que as novas modalidades de capitalismo projetam sobre os modelos de sociabilidade nas grandes cidades latino-americanas. Três visões complementares são necessárias para melhorar nossa compreensão. A primeira permite distinguir as cidades pelo peso dos modelos da dominação tradicional; a segunda examina os níveis de desigualdade da riqueza; a terceira ressalta a severidade da combinação entre os processos de segregação residencial e de segmentação dos serviços coletivos.

Os níveis de segregação residencial e segmentação nos serviços coletivos reduzem as oportunidades de interação entre as classes sociais, isolando umas das outras. Esse fenômeno tem múltiplas conseqüências para o tecido social. Ao contrário da cidade que se constituiu na origem da modernidade, a cidade deixa de ser uma esfera da experiência social na qual é possível a aprendizagem da convivência na diferença e na desigualdade. Quando o encontro entre as classes é nulo ou escasso, é menos vital para a sociabilidade urbana construir códigos comuns, desenvolver sentimentos de obrigação moral e incentivar a construção de normas associativas que regulem a negociação de interesses conflitivos. Pelo contrário, a separação simultânea nesses dois espaços de interação social — casa e serviços — favorece a construção de percepções interclassistas estereotipadas que bloqueiam o diálogo e impedem avaliações objetivas dos méritos intrínsecos de uns e de outros.

O isolamento social é particularmente grave nos bairros que concentram trabalhadores de baixa qualificação e com vínculos frágeis com o mercado de trabalho, porque a pobreza de acesso a informações e contatos que os caracteriza se soma à redução das oportunidades de interação com os que possuem informação e contatos úteis para o acesso ao mercado.

Mas, sobretudo, esses bairros pobres são muitas vezes controlados por grupos criminais, nos quais fica evidente o fracasso do Estado em assegurar os direitos humanos básicos. Nos bairros dominados pelas gangues criminais reina o terror e o medo. Nas favelas do Rio de Janeiro controladas pelo crime (seja por traficantes, seja por "milícias" que "garantem a ordem" cobrando vários tipos de "taxas"), a lei não é a do Estado. Em algumas favelas certas cores de roupa podem ser proibidas por estar associadas a outras gangues; a mesma censura vale para músicas que mencionam favelas dominadas por outros bandos. Esses grupos resolvem diretamente os conflitos locais, seja roubo, seja qualquer outro ato que possa atrair a polícia, e suas condenações incluem tortura, morte ou um tiro. Aplicam expulsões ou limites à circulação, controlam diretamente certos serviços (como a distribuição de gás, pois as companhias se recusam a entrar em certos lugares), obrigam o comércio a fechar as portas em sinal de luto quando um traficante é morto pela polícia, proíbem a circulação de pessoas entre favelas ou setores de favelas controlados por facções inimigas, o que obriga, em certos casos, familiares ou amigos que querem passar literalmente ao outro lado da rua a tomar um ônibus. A lei do silêncio ("não vi, não sei, não escutei") é obrigatória, e quem não a cumpre, ou é só suspeito de não cumpri-la, paga muitas vezes com a vida.

Mas também nesse contexto de exclusão social, em que a pobreza cobra o preço em vidas humanas, as iniciativas individuais se multiplicam na forma de invasões urbanas e de construções não autorizadas, de desvio de corrente elétrica, de água e de TV a cabo, de comércio informal e tráfico de drogas, e de esforços constantes para organizar a vida comunitária, por vezes com o apoio de ONGs. As favelas são o paroxismo de uma sociedade em que a iniciativa individual não conta com a regulação do Estado, em que o indivíduo e as relações sociais não podem se apoiar nem são regulados pelo sistema legal.

Espaço urbano e espaços virtuais de comunicação

Se as construções habitacionais e os sistemas de transporte segregam, os meios de comunicação unificam os espaços de comunicação. O rádio e a televisão iniciaram o processo de criação de mundos virtuais de comunicação compartilhados pelos mais diversos setores sociais, inclusive os analfabetos. Mas, no passado, esses meios se caracterizavam pela sua verticalidade e sua baixíssima interatividade. Essa situação mudou completamente com a expansão dos telefones celulares e da internet (apesar de que, como veremos, essa última ainda tem baixo impacto nos setores populares).

Tradicionalmente, a telefonia, na maioria dos países da América Latina, nunca chegou a penetrar nos setores populares, que dependiam do telefone público, do armazém ou de algum vizinho privilegiado. Isso começou a mudar na última década, com o crescimento exponencial da telefonia celular:

As estatísticas nacionais de TIC

	Argentina	Bolívia	Brasil	Chile	Colômbia	Costa Rica	Cuba
Usuários de internet por cada 100 pessoas	16,1	3,9	12,18	27,9	8,94	25,54	1,32
Telefones fixos por cada 100 pessoas	22,76	6,97	23,46	21,53	17,14	31,62	6,78
Telefones celulares por cada 100 pessoas	34,76	20,07	36,32	62,08	23,16	21,73	0,67

	Equador	El Salvador	Guatemala	Honduras	México	Nicarágua	Panamá
Usuários de internet por cada 100 pessoas	4,73	8,88	5,97	3,18	13,38	2,2	9,46
Telefones fixos por cada 100 pessoas	12,22	13,42	8,94	5,57	17,22	3,77	11,85
Telefones celulares por cada 100 pessoas	34,44	27,71	25,02	10,1	36,64	13,2	26,98

(cont.)

	Paraguai	Peru	República Dominicana	Uruguai	Venezuela
Usuários de internet por cada 100 pessoas	2,49	11,61	9,1	20,98	8,84
Telefones fixos por cada 100 pessoas	4,73	7,49	10,65	30,85	12,78
Telefones celulares por cada 100 pessoas	29,38	14,85	28,82	18,51	32,17

Fonte: APC. Org — Monitor Políticas TIC y Derechos em Internet em América Latina y El Caribe, disponível em: http://www.lac.derechos.apc.org.es.shtml?apc=se1.

A disseminação da telefonia celular não está dissociada da distribuição desigual de riqueza e não alcança os setores mais pobres nem áreas rurais que carecem de infra-estrutura. Mas nas regiões metropolitanas a penetração da telefonia celular tem sido maciça. As razões para essa explosão foram diversas. Em primeiro lugar, a disponibilidade de linhas (na maioria dos países as linhas fixas exigiam uma longa espera ou eram compradas no mercado paralelo a altos preços), cujo único custo é a compra do telefone, geralmente com preços subsidiados pelos provedores de serviço. Em segundo lugar, os celulares não têm um custo fixo de manutenção, o que supõe a possibilidade de deixar de usá-lo como emissor por um período, sem perigo de encargos e complicações associados ao corte de serviços, como na telefonia fixa. Em terceiro lugar, o fato de ser portátil e poder acompanhar o usuário aumenta sua funcionalidade (por exemplo, as mães e os pais que trabalham podem ser localizados em qualquer lugar, e os trabalhadores da área de serviços e do setor informal melhoram sua logística, podendo ser facilmente localizados por seus clientes).

A disseminação do telefone celular entre os setores mais pobres foi possível graças à existência do sistema pré-pago. Apesar de os custos de comunicação serem muito mais altos do que os que se pagam em mensalidades dos planos fixos, os setores mais pobres desenvolveram sistemas para minimizar esses custos. Basicamente, o telefone é usado para receber ligações (com custo zero para o receptor), enquanto as chamadas são realizadas em telefones públicos ou fixos, ou por um tempo muito curto. O gasto principal é a compra de um cartão que oferece uma quantidade determinada de minutos, com validade por tempo determinado, o que exige compra periódica. Assim, se a quantidade de comunicação (que afeta a qualidade) depende da renda, isso não anula a enorme revolução que significou a chegada do telefone celular.

O celular afeta profundamente as relações sociais. O telefone fixo, também nas classes altas, era fundamentalmente um bem de consumo familiar. O número era compartilhado por toda a família (atendia-se a uma chamada com os clássicos "quem fala?" e "com quem deseja falar?"). Nesse sentido, o telefone permitia um forte controle social, em particular dos pais sobre os filhos, mas também entre cônjuges e, no trabalho, do chefe de seção sobre os subalternos. O celular é um bem de consumo pessoal (supõe-se que quem o usa está ligando para aquela pessoa e a única pergunta de controle possível é "onde você está?") que potencializa a horizontalidade das relações e a individuação (especialmente de filhos em relação aos pais).[7] Mesmo os pais que entregam telefones celulares aos filhos para acompanhar seus movimentos descobrem rapidamente que eles só aumentaram sua autonomia de comunicação.

Em certos casos, a forte penetração da telefonia celular está associada aos processos de emigração. El Salvador, país mais pobre e com custos de comunicação mais altos que Costa Rica ou Panamá, tem uma maior penetração de telefones celulares, produto das remessas dos emigrantes e das possibilidades de comunicação a partir do país de emigração. No caso do Equador, um país com grande quantidade de emigrantes na Espanha, uma empresa telefônica com base nos dois países tem planos especiais que levam em consideração esse novo mercado de telefonia internacional para setores de baixa renda.

---

[7]Essa afirmação se refere ao estado atual da tecnologia. No futuro novos mecanismos de localização e rastreamento limitarão o campo de liberdade dado atualmente pelo telefone celular.

O DESAFIO LATINO-AMERICANO

O potencial do telefone celular e da internet foi também rapidamente descoberto por grupos criminais. A escuta telefônica é utilizada sistematicamente pelos traficantes das favelas, especialmente em situações de confrontos com a polícia, para controlar as chamadas dos habitantes do bairro e garantir que não se comuniquem para realizar denúncias ou colaborar com a polícia. Os traficantes também procuram controlar o uso de cibercafés, em particular quando suspeitam que alguém esteja enviando informações ou denúncias.

O telefone celular é usado para que os líderes de quadrilhas presos mantenham comunicação constante com o exterior, a fim de organizar a distribuição de drogas ou para "seqüestros virtuais". Esse tipo de operação criminal chegou a proporções epidêmicas em São Paulo e no Rio de Janeiro e funciona da seguinte forma: são feitas chamadas sistematicamente para todos os telefones fixos de uma determinada região (geralmente bairros de classe média), e a pessoa que atende escuta uma voz longínqua chorando e imediatamente é exigido o pagamento de uma soma no prazo de meia hora, caso contrário a pessoa seqüestrada (supostamente um filho ou uma filha) sofrerá as conseqüências. A internet também é usada para distribuir drogas entre setores da classe média, ou, como foi o caso recente em São Paulo quando grupos criminais realizaram uma série de atentados, para difundir notícias falsas e aumentar o pânico.

Da mesma forma, a internet está penetrando cada vez mais a sociedade, mas, em certa medida, a divisão digital acompanha a divisão habitacional[8], se bem que de forma lenta os setores populares começam a ter acesso ao uso da internet (no trabalho, em casa de amigos e particularmente nos cibercafés). Na grande maioria propriedade de microempresários, os cibercafés são em muitos países da América Latina a principal fonte de acesso para os setores populares, transformando as iniciativas pioneiras de ONGs ou de governos em coadjuvantes.[9] Com a chegada da internet interativa e das novas formas de convergência dos sistemas de comunicação, o processo de inclusão digital possivelmente sofrerá uma

---

[8]Para uma análise da relação entre espaço e exclusão digital, ver Sorj e Guedes (2006).
[9]Para uma análise dos cibercafés em Buenos Aires, ver Finkelievich y Prince (2007).

forte aceleração, ao mesmo tempo que poderá aumentar as barreiras de entrada para os setores mais pobres. Afinal, não podemos esquecer, a linha de produtos eletrônicos era escolar-neutra (isto é, seu uso não exigia nenhum nível educacional) e sem custos de manutenção (fora a eletricidade). A internet exige escolaridade e supõe gastos de acesso constantes ou mensais.

Aqui também, como na telefonia celular, a quantidade de tempo de comunicação disponível difere imensamente entre ricos e pobres e entre distintos níveis de educação (fator central no uso de internet entre os setores mais pobres). Dado o enorme potencial informacional da internet, o acesso à conexão não significa a apropriação de todas as suas possibilidades, que variam extremamente de acordo com o nível educacional e a rede social potencial do usuário (Sorj e Guedes, 2006). De toda forma, seja para jogos, seja para uso escolar (por adolescentes e jovens), para o envio de currículo, seja busca de trabalho, a internet se transforma em um unificador de espaços de comunicação. E, da mesma maneira que a telefonia celular, a internet é um bem individualizador, no qual a família (ou o patrão ou o chefe) perde o controle social de seus membros (ou subordinados).

A *cidade, a reticência e a coesão social*[10]

Aos processos de modernização cultural e de segregação espacial se soma, como veremos em detalhe em um capítulo posterior, o surgimento de um conjunto de importantes fenômenos de violência e de delinqüência. O resultado é a generalização de um sentimento relacional de um novo tipo. Para descrevê-lo, vários termos foram propostos — temor, incerteza, insegurança. As expressões são sem dúvida justas sob muitos aspectos, mas têm o inconveniente de dar uma descrição talvez demasiado dramática dos laços urbanos. Por isso nos parece mais justo falar simplesmente de um sentimento permanente de alerta e de reticência.

---

[10]Esta seção se apóia em Luis Alberto Quevedo, "Identidades, jóvenes y sociabilidad — una vuelta sobre el lazo social en democracia".

Na realidade, vivemos um processo que tem muito de novo mas também de continuidade. Assim, por exemplo, se a heterogeneidade social já era uma marca de nossas sociedades nos anos 1960, o marco institucional e a ação individual mudaram profundamente. Do mesmo modo que hoje debatemos na América Latina a ambígua simultaneidade de tendências para a globalização e para a localização, já no século XIX, e mais ainda no XX, se assinalavam os ambíguos efeitos dissolventes da modernização. Os indivíduos que se emancipavam dos laços tradicionais perdiam o apoio convencional que esses vínculos lhe forneciam. E, da mesma forma que então se buscaram formas de expressão para a necessidade de vínculos sociais nas religiões seculares das ideologias políticas, hoje os jovens buscam construir seus vínculos sociais e comunidades em torno de formas geralmente mais distanciadas do espaço público.

A cidade desenha pois um cenário assediado por uma dupla operação, por um jogo de pinças que ameaça dissolver sua configuração moderna: por um lado, uma segregação espacial de um novo tipo (que implica redefinir o conceito de "bairro" e, portanto, o tipo de relações que ali se administravam) e, por outro lado, a auto-segregação cultural; quer dizer, um descentramento das práticas e consumos culturais que já não têm como referência a mesma cidade e sim que se inscrevem localmente a partir das novas configurações globais, especialmente para os setores de classe média e alta.

A cidade retrocede não só como lugar de construção de identidades, mas também como niveladora de possibilidades simbólicas de seus habitantes. Em âmbitos de interação, como: o quarteirão, o café, o clube, a sociedade de fomento e o comitê político, as diferenças sociais se enfraqueciam pela proximidade. A escola foi, nesse modelo, um grande mecanismo de integração e equiparação de oportunidades de acesso ao urbano. Mas a cidade se transformou e a insegurança alterou radicalmente a sociabilidade do bairro. A combinação de todos esses fatores que mencionamos (os processos de segregação e de auto-segregação, os novos medos urbanos, os diferenciais de globalização de alguns setores da cidade, etc.) conduziria a um processo de desurbanização (Garcia Canclini), devido "em parte à insegurança, e também à tendência estimulada pelos meios eletrônicos de comunicação em preferir a cultura em domicílio levada aos lares pelo rádio, pela televisão e pelo vídeo, a freqüentar os cinemas, os teatros e os espetáculos esportivos que exigem a travessia de longas distâncias e lugares perigosos da urbe".

A vida no bairro, a experiência de insegurança, o impacto dos meios, o aprofundamento das distâncias econômicas e os novos fenômenos de exclusão e segmentação social projetam um panorama muito diferente da vida cidadã. Quais são seus traços mais salientes?

- Percepção do espaço público como um risco, sobretudo para os cidadãos mais vulneráveis: as crianças, os jovens e as pessoas da terceira idade, e, em particular, aqueles dos setores de menor renda.
- Proliferação de centros comerciais (shoppings) e hipermercados que modificam os hábitos de consumo. Decadência do pequeno comércio de bairro.
- Diminuição das relações cara a cara no mercado de bens e serviços.
- Mudança nas formas de consumo do cinema: declínio das velhas salas de exibição nos bairros (hoje convertidas em igrejas evangélicas) e surgimento dos cinemas de última geração, caros, de cadeias internacionais de distribuição e com muitas salas pequenas. Em todos esses lugares existe uma "praça de alimentação" infestada de telas.
- Retirada da família para o lar (isolado do exterior por regras e protegido com alarmes ou vigias privados). Trata-se de um lar isolado do exterior imediato (o bairro) e muito conectado com o exterior mais distante através das tecnologias.
- Multiplicação e personalização das telas domésticas (televisores, computadores, celulares, iPods, videogames, etc.).
- Transformação dos lugares típicos para estar, para ver e ser visto, para possibilitar encontros: o bar ou o café. Hoje, eles deixam de ser um ponto de encontro cotidiano aos quais se vai sem saber de antemão quem estará lá.

- Mudança nas estéticas e nos estilos de relação (do bar atendido pelo dono ao "resto-bar" a cargo de jovens pós-modernos que não se mostram interessados nem no serviço nem no vínculo). Muitos bares do "velho estilo" conseguem sobreviver se forem declarados de interesse cultural e patrimônio da cidade.
- Proliferação local dos serviços de comidas rápidas de formato norte-americano (*fast-foods*), com estéticas, produtos e mecanismos de atenção estandardizados. A televisão está permanentemente ligada em algum lugar visível do salão.
- Esvaziamento da cidade durante os finais de semana pelos habitantes que, literalmente, podem escapar. Congestionamento permanente nas vias de entrada e de saída.

Em resumo, ali onde o antigo laço social dual — hierarquia e igualdade, mas com predomínio da primeira — designava a cada ator um claro lugar no espaço social, ditando suas condutas e restringindo o leque de suas transgressões interativas, no novo marco de uma sociabilidade mais horizontal e exigente em termos igualitários, as relações com os estranhos são globalmente percebidas como menos estruturadas. Ainda mais que essa exigência se dá no contexto de experiências segmentadas e de grande pluralidade cultural. Isso não transforma "todas" as relações sociais em interações "incertas", nem expande um "temor" generalizado aos outros, nem sequer desencadeia uma "insegurança" obsessiva. Mas o que se engendra, em revanche, é uma atitude constante de vigília e de alerta, na verdade, uma ampla família de atitudes de reticência permanente e um conjunto de estratégias de refúgio e de privatização.

As cidades, como se sabe, são sempre uma mescla de "ruas" e "casas". Quando as "ruas" são percebidas como perigosas, só resta o retraimento nas "casas". Ainda mais quando os novos suportes culturais (internet, DVD, etc.) e o surgimento crescente de fenômenos de atendimento em domicílio e de *delivery* comerciais incentiva esse tipo de sociabilidade enclausurada e a distância.

5. MEIOS DE COMUNICAÇÃO, INDÚSTRIA CULTURAL E COESÃO SOCIAL[11]

Os meios de comunicação e as indústrias culturais (MC&IC) contribuem para manter ou para desgastar a coesão social? A pergunta não é ociosa. A coesão geralmente se produz mediante a ação do Estado, das instituições e da sociedade civil. Todos esses atores são relativamente débeis na América Latina, e os principais fatores tradicionais de coesão baseados nas relações de reciprocidade (religiosidade, vocação festiva, fraternidade, laços familiares fortes, partidos, sindicatos) enfrentam, como vimos assinalando, processos de mutação, erosão e/ou abandono significativos.

Nesse contexto, os MC&IC, em conjunto com a cultura em sentido mais amplo (de artes, literatura, música e artesanato aos fenômenos antropológicos, hoje em dia chamados de "patrimônio intangível": religião, festas, rituais, língua, gastronomia, etc.), desempenham um papel muito importante na nova configuração social. Esses meios ao longo do século XX foram um forte agente catalisador de identidade coletiva e, na medida em que os avanços tecnológicos canalizem a maioria do cultural para a convergência do digital (televisão, internet e telecomunicações), os MC&IC terão um papel ainda mais importante. Mas essas mesmas mudanças, vaticinam alguns, já estão produzindo uma alteração nas relações de reciprocidade, que para muitos, talvez a maioria, é negativa, e para outros, promissora. Uma vez mais, como veremos, é a vigência ou o desgaste do laço social dual e o ingresso em relações mais igualitárias o que está em jogo.

Um novo ligamento para a coesão social?

Na perspectiva pessimista, diluídos os lubrificantes/cimentos tradicionais, em um entorno que nem o Estado, nem as instituições, nem a sociedade desempenham a devida função de coesão, deverão surgir outros agentes

---

[11]Esta seção se apóia em George Yúdice, "Médios de comunicación e industrias culturales, identidades colectivas y cohesión social"; Luis Alberto Quevedo, "Identidades, jóvenes y sociabilidad — una vuelta sobre el lazo social en democracia".

que compensem essas insuficiências. O futuro, então, poderá incluir dita-dores fortes e carismáticos capazes de evitar a desordem, mas em troca da submissão e da tirania. O outro prognóstico seria o de que os novos meios interativos vão revolucionar a comunicação unidirecional de nossa cultura e torná-la realmente interativa, produzindo no nível virtual fenômenos si-milares aos rituais presenciais das comunidades tradicionais. Os novos meios de comunicação permitirão assim o florescimento de uma democracia, não mais representativa e sim interativa. A terceira possibilidade é que conti-nue a atual realidade desalentadora, mas não desastrosa.

Mas há algo diferente em ambas as linhas de argumentação. Embora os MC&IC tenham um papel importante, não é por causa deles que a sociedade piora ou melhora automaticamente. Claro que se pode melho-rar o acesso aos MC&IC e assim afetar a qualidade da participação. Mas não se pode desvincular os MC&IC dos outros fatores sociais, como se estes por si mesmos fossem capazes de conduzir a uma sociedade mais coesa. Os MC&IC têm que ser entendidos em sua imbricação com as outras esferas da vida social. Se pouco adianta adotar uma posição apocalíptica ou integrada a respeito da contribuição dos MC&IC, nem por isso se deve deixar de procurar entender quais são seus efeitos, para melhor apurar sua relação com as outras dimensões da dinâmica social. Em todo o caso, é necessário ter em mente o caráter plural e ambivalente de seus efeitos.

Os MC&IC são, por exemplo, um setor de altíssima criatividade com um grande potencial de expansão transversal capaz de melhorar o rendi-mento de outros ramos de atividade (como a contribuição das artes para a revitalização e a reintegração urbana ou a incorporação da criatividade artística na inovação de *software*). Isso é de grande importância na atual economia da informação e do conhecimento. Nos últimos anos se reali-zaram estudos sobre a contribuição dos MC&IC para a economia da América Latina, que mostram que em alguns países chega a 7% do PIB.

Assinalamos essa questão porque a transversalidade dos MC&IC, no que se refere às chamadas indústrias criativas e à educação, serve para entender que seu papel na sociedade hoje em dia talvez não seja "produ-zir coesão", ao menos no sentido tradicional, e sim gerar sinergias que podem estar a serviço tanto do crime organizado, dos setores econômicos e sociais globalizados, da integração de comunidades rurais ou das populações urbanas pobres.

A pergunta, pois, é: como os MC&IC podem contribuir para a sinergia da construção de coesão social na democracia? Em primeiro lugar, devemos entender que os novos MC&IC e a cultura contemporânea em geral estão orientados para os indivíduos e suas relações em redes ligeiras e movediças. A noção mesma de comunidade se transforma. A partir da teoria de redes, pode-se definir uma comunidade como uma rede densa, em que os mesmos atores se encontram em todos os lugares, como acontece em pequenos povoados onde todo mundo vai à mesma escola, à mesma igreja, ao mesmo parque, etc. Pois bem, as tecnologias de informação e de comunicação, assim como a complexidade territorial das cidades e a facilidade de transporte, abrem o raio de conectividade, tornando mais difusas as redes (algo que, como veremos, é muito significativo nos processos migratórios contemporâneos).

A mudança é profunda. Os MC&IC, ao potencializarem as possibilidades individuais, transformam literalmente o sentido da coesão social. Esta não vai mais unicamente da "sociedade" aos "atores", mas se constitui como um conjunto de redes mais ou menos densas, mutantes em função de momento ou de atividades, e capazes de se apoiar em, ou de ativar, elementos identitários, afetivos, étnicos, ou familiares diferentes Nesse sentido, pode-se dizer que um número crescente de indivíduos é efetivamente o próprio ator de sua coesão social. Cada um desses indivíduos, a partir de posições diversas e com recursos distintos, tece redes diferentes. Bem entendidas as coisas, e seu entorno, o mais importante não é tanto sua "densidade" (ou seja, o número e a permanência de pessoas em contato), mas a sua consistência (ou seja, o diferencial de solidez das distintas tramas relacionais).

Algumas redes são, além do mais, voluntariamente difusas e é em sua evaporação que reside, se assim podemos dizer, sua importância. O indivíduo se sente inserido na sociedade porque se beneficia de um conjunto lábil de intercâmbios. Os sistemas *per-to-peer* para o intercâmbio de fonogramas e vídeos tornam bem palpável, por exemplo, a difusão de contatos, a ponto de nem serem percebidos. Os *sites* de socialização ou *social networking*, como My Space, Orkut e You Tube (nos quais participam de forma crescente inclusive jovens das favelas), também facilitam a criação de "comunidades" difusas —, mas nem por isso menos entusiastas — ao redor de gostos e de consumo-participativo (o *modus operandi* interativo desses *sites* nos mostra que não se trata de consumo passivo como na antiga cultura de consumo de massas).

Diante dessa realidade, uma primeira reação, sobretudo dos que entre nós estão apegados a "comunidades" estáveis, é denunciar os laços difusos dos MC&IC e afirmar que a partir de tal volatilidade não se pode administrar a solidariedade. Argumenta-se que a cultura de massas do século XIX e da primeira metade do século XX, com todos os seus problemas, promoveu as comunidades nacionais e posteriormente, nos países desenvolvidos, estados de bem-estar. Na América Latina, os MC&IC tradicionais projetaram uma comunidade nacional imaginada na qual todos estavam representados — como, por exemplo, as chanchadas ou os filmes cômicos de Cantinflas ou Sandrini —, apesar de a cultura de massas tradicional possuir uma disjunção entre consumo de representação e de participação. Contudo, o cinema e a rádio das décadas de 1940 e 1950 transferiam e traduziam os sonhos, temores e aspirações da população.

Não há investigação empírica suficiente para comparar o cinema e a música daquela época com os MC&IC de agora. Hoje, predomina o sensacionalismo, principalmente o da violência e o do individualismo, que se protagoniza todo dia nos *reality shows*. Que efeitos gera essa predileção pela vida sensacionalizada dos outros? Difícil responder. Além do mais, a imprensa e os noticiários multiplicam *ad infinitum* imagens de jovens de gangues ou favelados, ou pobres, ou narcotraficantes. Quando Durkheim escreveu em fins do século XIX, o crime tinha uma função integradora, pois permitia visualizar ou dramatizar a dinâmica das normas que unem os que cumprem ou se imaginam cumprindo a lei. "O crime... aproxima as consciências honradas e as concentra". Quer dizer, não há nada que proporcione mais coesão do que a "cólera pública" dos que se reúnem "para falar do acontecimento e indignar-se em comum" (1995:76). Mas esse processo gerou bodes expiatórios, aqueles que não seguem as normas ou que por sua condição racial, religiosa ou sexual não são "como todos nós" (judeus, homossexuais, *dandys*, etc.).

Será verdade que essas novas formas de sociedade do espetáculo estão provocando a des-coesão da sociedade? Como mostram muitos estudos empíricos, a questão não é se os MC&IC induzem seus receptores a ser violentos, mas sim se contribuem para a atmosfera de medo em que se vive na maioria das cidades latino-americanas, inclusive cidades como Montevidéu ou San José, cujas taxas de criminalidade e de violência são semelhantes às européias. Como já assinalamos, as pessoas se refugiam em casa, privatizam o que antes era público (p.ex., a rua, as praças), recorrem a agências de segurança ou se mudam para comunidades muradas. Não é que os MC&IC produzam essa realidade, mas sim que colaboram, potencializando dinâmicas reais e medos gerados pela distância social.

Nem tudo é negativo. Nos MC&IC (principalmente nos não hegemônicos, mas às vezes neles também) surgem iniciativas para transformar não só as representações, mas também para intervir nos sistemas que reproduzem a "racialização" e a criminalização. No caso brasileiro do Afro Reggae, da Central Única das Favelas e de outros grupos que não só têm uma dimensão midiática, mas que se mobilizaram para mudar a maneira que a polícia trata os jovens, e em particular os que possuem traços negros nos bairros pobres. Da mesma forma, alguns periódicos aceitaram petições de grupos organizados para que mudem a maneira de noticiar o crime. O que se busca é modificar a conotação atual de insegurança, que deriva do medo que se tem dos criminosos.

Do mesmo modo, embora geralmente os MC&IC muitas vezes estereotipem os grupos sociais mais pobres, também há casos de MC&IC que promovem a interculturalidade. Seja em World Music em escala internacional, seja em sites de circulação participativa e inclusiva como Overmundo[12], onde não só se dá cobertura quase total à cultura brasileira, mas também se promovem novas redes virtuais, que embora não sejam co-

---

[12]www.overmundo.com.br.

munidades no sentido tradicional, proporcionam as bases para tecer laços de solidariedade.

E, no entanto, provavelmente existe algo em comum entre os MC&IC de ontem e os de hoje. Impossível não ressaltar nesse contexto a ambivalência irredutível de que são portadores. Por um lado, a pluralidade cultural que veiculam transforma profundamente o universo de signos no qual vivem nossas sociedades. A uma cultura nacional, relativamente homogênea e única, se sucede uma pletora de microculturas diversas, ao mesmo tempo globais e nacionais, nacionais e locais, locais e geracionais... em uma lista quase ilimitada. Nesse sentido, os MC&IC aparecem como um importante vetor de divisão e fragmentação cultural — sobretudo quando atuam, como indicamos, em grandes cidades com rápidos e intensos processos de urbanização e de segmentação. Mas, por outro lado, os MC&IC, apesar de sua pluralidade, são um agente importante de coesão social, na medida em que transmitem um imaginário coletivo comum. A afirmação só é paradoxal em aparência e tudo depende da sociedade a partir da qual se pensam seus efeitos. Para as sociedades latino-americanas, a principal contribuição foi a transmissão de maneira transversal para as classes sociais e para as regiões de um conjunto de intrigas ficcionais e de heróis midiáticos compartilhados. Os bailes, por exemplo, são grandes manifestações de massa, e as letras das músicas são fundamentais para a elaboração do discurso e para a autocompreensão dos jovens.

Com certeza, os novos MC&IC não cumprem mais a função, que já foi sua, de construção das comunidades imaginadas nacionais. Mas nem por isso deixam de transmitir alguns princípios, novas formas de ser e visões de mundo comuns. Com efeito, apesar de sua multiplicidade, a maior parte deles veicula elementos que se associam em geral a uma modernização cultural e a uma expansão das expectativas (um aspecto que, como veremos, é particularmente importante em sua articulação com o consumo).

Mas, que princípio comum se transmite através da pluralidade dos MC&IC? A igualdade. Ou, para dizê-lo melhor, uma aspiração individualizada à igualdade. Em todo o caso, os princípios veiculados se afastam globalmente de uma visão que depositou a permanência do laço social em uma versão naturalizada da hierarquia, e ressaltam, ao contrário, uma evidente e crescente igualdade relacional. Os intercâmbios "geracionais" mais do que as relações de gênero e estas mais do que as relações de poder ou de trabalho são, sem dúvida, o alvo preferencial dessa pedagogia virtual, mas ainda assim não se pode descartar sua importância (e isso também no âmbito mesmo da transmissão de normas, como veremos em um capítulo posterior).

Essa abertura tem a capacidade, como se sabe, de gerar aspirações que podem ter, conforme predomine o efeito-demonstração ou o efeito-fusão, resultados contraditórios. Antes, na célebre interpretação de Germani, e em sociedade amplamente bloqueadas politicamente, foi, se seguimos sua interpretação, o efeito-fusão o que predominou em nossas sociedades, gerando o surgimento de sociedades de massa, e além dela, o advento de autoritarismos populistas ou militares. Hoje em dia, pelo contrário, o efeito-demonstração parece se impor globalmente. A razão reside no incremento de iniciativas efetivamente à disposição de indivíduos que podem fazer praticamente mais coisas, que podem processar intelectualmente mais elementos, e que se sentem simbolicamente mais bem incluídos no mundo moderno. Com certeza, o processo é frágil e as frustrações que se engendram, no seio desse mesmo processo, numerosas. Veremos em detalhe algumas delas quando estudarmos os paradoxos do consumo. Mas, como não ressaltar aqui a força democratizadora das intrigas ficcionais que circulam pelos MC&IC? A identificação dos sonhos que cristalizam e portanto o anseio de igualdade que introduzem na vida social? Se a segregação urbana conspira contra a capacidade de os indivíduos se sentirem formando parte de uma sociedade, os MC&IC — não sem ambivalência — ajudam, pelo contrário, a expansão de um imaginário comum.

Insistimos em que o processo é ambivalente posto que os públicos que assistem a um programa, jamais assistiriam a outros. Essa dificuldade é característica de programações plurais, como o Segundo Festival da Cidade do México, estudado por Garcia Canclini e sua equipe (1991), pois os que gostam de certo gênero de música, não assistiriam a outro, ainda quando essa oferta plural tenha lugar no mesmo espaço. Por sua parte,

Archondo estuda os programas televisivos na Bolívia, "Sábados Populares", concorrentes de seu semelhante "Sábado Gigante" do animador "Don Francisco" Mario Kreutzberger, e "De Cerca", um programa de entrevistas — um tipo de "Apostrophes" à moda boliviana — com figuras da vida pública, escritores, políticos, economistas, artistas, etc. O primeiro programa corteja o público mais popular com música boliviana, chicha, preferida pelos ouvintes aymaras — e rap, mas a incorporação da lambada e de duplas jovens conseguiu transcender seu público majoritariamente "cholo" (palavra usada pelo animador, Don Paco) de La Paz e El Alto até chegar a Santa Cruz e se incorporar a uma rede televisiva de melhor infra-estrutura. O programa, como as emissoras de rádio, promove a convergência de uma pluralidade de "lógicas populares e subalternas" (ibid., p. 88), superando até certo ponto a lei de audiências diferenciadas. Desde que começou a moderar a maneira de falar dos apresentadores e tocou mais salsa (a preferência dos habitantes de Santa Cruz), a avaliação do programa foi a de que ele serviu de mediador eficiente (ibid. p. 96).

O outro programa, "De cerca", não faz concessão a nenhum dos preceitos para alcançar a popularidade, e o animador "intelectualizou um meio normalmente espetacular e impôs o predomínio da argumentação sobre a exibição" (ibid. p. 101). As elites mantiveram esse programa que de outro modo teria sucumbido. A coexistência desses dois programas aponta para uma divisão demográfica (ou de "diversas comunidades imaginadas a partir de telas e microfones") que deveria interagir a partir do simbólico para construir uma sociedade realmente intercultural. No entanto, e apesar dessa divisão, os meios "encorajaram um desenvolvimento político acelerado que contribui para que as pessoas se habituem a discutir os assuntos com plena liberdade" (ibid., p.103). A conclusão não pode ser unívoca. Se por um lado, e apesar de suas limitações, os MC&IC participam da construção de uma esfera pública estruturada pela "interculturalidade", por outro lado, isso só acontece em meio a uma real divisão de públicos. A junção, no entanto, e em última análise, está dada pela transmissão de um imaginário comum, e mais igualitário, do laço social.

AS TRANSFORMAÇÕES DO LAÇO SOCIAL

As identidades e a coesão dos jovens na era dos meios[13]

Mesmo que se admita que os MC&IC possuem uma função importante na transmissão de um imaginário moderno comum, isso não impede que sejam também, como acabamos de lembrar, um poderoso fator de divisão cultural. Com efeito, a perda do monopólio da produção de sentido por parte das instituições clássicas da modernidade produz uma proliferação de identidades. Nesse processo, a crescente difusão social dos MC&IC se traduz em um aumento extraordinário da quantidade de relações e vínculos possíveis, com o qual se multiplica também a quantidade de identificações possíveis, tanto para os indivíduos como para as instituições, para os grupos e movimentos sociais.

Diante dessa diversidade de signos e mensagens, como se produz a coesão social? No essencial, através de estratégias individuais, no máximo de grupos restringidos, que negociam identidades no contexto do que se denominou "globalização": as "identificações" individuais são medidas pelo consumo e (reinventadas) como identidades grupais particularistas. Na verdade, assiste-se à fabricação do local, inclusive a recriação do bairro, a partir de insumos culturais transnacionais. O resultado é uma recriação do laço social que não passa mais, pelo menos em um primeiro momento, por uma matriz institucional, mas sim que utiliza os MC&IC como um âmbito estruturante entre as experiências individuais e os processos coletivos. Com certeza, o surgimento de novas práticas sociais e culturais não apaga a tradição nacional (nem o apego a símbolos e valores que se arrastam desde a formação dos estados nacionais), mas a torna complexa, mostra suas debilidades e suas forças nas práticas cotidianas (e institucionais).

Nesse processo, cabe destacar a experiência etária. Os jovens são não somente os que experimentam de maneira mais direta esse déficit de sentido que lhes aporta o tecido institucional moderno, mas também aqueles que, com mais força e necessidade, forjam os interstícios onde se colam

---

[13]Esta seção se apóia em Luis Alberto Quevedo, "Identidades, jóvenes y sociabilidad — una vuelta sobre el lazo social en democracia".

e combinam as novas fontes de identidade. Mas, ao mesmo tempo, são também os mais vulneráveis, os que têm maior dificuldade em conseguir empregos de qualidade, os que são pouco atendidos pelas políticas públicas, os que devem encontrar seus próprios espaços no terreno da cultura e os mais expostos às novas inseguranças do espaço público (que se tornou hostil, agressivo, perigoso e pouco previsível, sobretudo para os mais jovens) e aos apelos da delinqüência.

Em todo o caso, os jovens aparecem como o principal ator nos processos de recriação identitária sob o insumo dos MC&IC. Não se trata, sublinhemos com força, do mero ressurgimento de identidades que permaneciam em estado latente, sufocadas pelo peso coercitivo das instituições construtoras de identidade nacional (como muitas vezes se interpreta no terreno político), nem da resistência inercial de formas comunitárias tradicionais à tendência expansiva da modernidade, segundo o esquema das teorias da modernização difundidas entre 1950 e 1970 (e que estiveram muito enraizadas nas nossas ciências sociais latino-americanas), mas, pelo contrário, de uma verdadeira produção de localidade, isto é, de criação de novos espaços, muitas vezes virtuais, de sociabilidade. Essa produção de localidade (ou essas "reterritorializações") assume muitas e variadas modalidades em relação à história e à tradição. Algumas vezes, principalmente na experiência dos jovens, ela se faz inclusive em ruptura com elas.

Mas o importante não é a diversidade cultural mobilizada, e sim o papel que essas identificações desempenham hoje em dia — uma função de aglutinante social: "uma função de pertencimento paradoxal e portanto de estabilização" (Marramao, 2006:173). Função paradoxal, assinala com razão Marramao. Não parece evidente que o consumo (individual) possa funcionar como um aglutinante social, no entanto, o consumo de MC&IC muitas vezes devolve uma sensação de pertencimento a quem compartilha gostos, estéticas ou se identifica no gozo *mass-midiático* de certas histórias. Dessa forma, sobretudo a televisão e em menor medida o rádio e a Internet colocam o indivíduo em uma esfera de sociabilidade (comunidades de sentido) que o dotam de certo pertencimento dentro de um mundo cada vez mais complexo, estranho e de difícil inteligibilidade.

Nada o mostra melhor que as evoluções em torno da idéia de bairro — principalmente na cultura dos jovens. Pesadas todas as transformações e novas condutas no espaço urbano que evocamos, o resultado interessante é que não se pode sustentar que o modelo de sociabilidade do bairro seja simplesmente algo do passado. Os "valores do bairro" (relações sociais cara a cara, solidariedade, reciprocidade, ajuda mútua) são restituídos e reinventados por certas produções culturais que (pelo menos na Argentina) apareceram com muita força no momento mais agudo da crise (econômica, institucional e de representação) que viveu o país no começo do século XXI. Esse "regresso" dos valores solidários do bairro foi bastante claro em produções cinematográficas (Luna de Avellaneda foi um filme emblemático do gênero) e também musicais: surgiu uma expressão do "rock nacional", cuja estética gregária, festiva, e ao mesmo tempo moralista interpelava uma identidade "tribal" e dionisíaca (que já se havia produzido nos inícios dos anos 1990 por meio de uma certa escuta de músicas globais) e gerou fenômenos de localização (e também "reterritorialização") e de subjetividades grupais.

Mas o bairro também foi inventado na tela dos televisores. Uma série de ficções de produção argentina, que alcançaram grandes níveis de audiência ("El sodero de mi vida", "Gasoleros", "Campeones", "Son de fierro"), teve como eixo os avatares das famílias de setores médios-baixos ante a crise econômica, reciclando a estética do costumbrismo defensora dos valores tradicionais. Para vastos setores, e sobretudo para as classes médias, o bairro deixou de ser um lugar de socialização e de experiências iniciáticas de descoberta do mundo além das portas do lar familiar. Para quem não pode se retirar para enclaves mais seguros, o lugar de residência antes está marcado pela degradação urbana, pela desconfiança e pela insegurança. As transformações urbanas às quais temos feito referência põem em dúvida o bairro de classe média como "matriz" ou tipo ideal de coesão social e de mediação entre o público e o privado.

O processo também se deu com o nascimento de um subgênero roqueiro que na década de 1990 se expandiu em bandas[14] que, em alguns casos, alcançaram grande popularidade (haveria que dizer grande visibilidade já que do ponto de vista quantitativo não foi a música mais escutada

---

[14]Los Piojos, La Renga, La Bersuit Vergarabat, Viejas Locas, Intoxicados, Jóvenes Pordioseros, Los Gardelitos, "Dos Minutos". Grupos que ajudaram a resistir a esse traço amargo que foi a crise Argentina no início do século XXI.

pelos jovens). Ainda que a forma de denominar o subgênero tenha sido motivo de controvérsia (rock "chabón", rock de bairro, rock futeboleiro), há consenso de que, tematicamente, as letras dessas bandas coincidem em sua alusão aos problemas que sofrem os jovens que têm dificuldades em projetar um futuro pela falta de oportunidade de trabalho. Em uma sociedade desconfiada e golpeada pela crise, essas enunciações contribuem para delimitar enclaves identitários que serviram de refúgio, de resguardo e de proteção, através da exaltação de valores de pertencimento, de lealdade e de confraternização grupal. No fundo, tratou-se de uma reinvenção do bairro com uma certa marca nostálgica, mais próxima do romantismo que do iluminismo. Com efeito, as letras de suas canções tratam das ruas do bairro, dos amigos do bairro, das garotas do bairro, do futebol e do consumo de drogas, elementos que constroem o lado de dentro desses grupos (em jargão local, "ser do naipe"). Freqüentemente, o contradestinatário é marcado olhando-se para os estratos superiores da sociedade: os "chetos" ("mauricinhos") da "boa sociedade", os que estão do lado da "yuta" (polícia) e, principalmente, os políticos corruptos "inimigos do povo". Mas também é assinalado, em sentido horizontal: são os traidores (aquele que "foi ao centro" e também, da mesma maneira que na "cumbia villera", o que se tornou "cheto" o que se passou para o lado policial).[15]

Essa reabilitação imaginária do bairro, em grande medida nostálgica, através de produtos culturais musicais e audiovisuais, é tanto significativa quanto importante. Tanto mais que essas produções da indústria televisiva não estão meramente expressando ou refletindo através da ficção o modo de vida de determinados setores sociais, mas sim reinventando seus valores e os constituindo em vez de identificá-los. Em todo o caso, reafirma a idéia de "desencaixe" (Giddens, 1990), quer dizer, de relações sociais que se despregam de seus contextos locais e se reestruturam em intervalos espaço-temporais indefinidos. Mas também mostra que a cul-

---

[15]Por exemplo, a música "Ya no sos igual", do disco *Puente Alsina* da banda Dos Minutos: "Carlos deixou crescer o bigode/ e tem uma nove para ele/ e não veio nunca mais/ ao bar de Fabián/ e se esqueceu de brigar/ no campo aos domingos/ Ele sabe muito bem que uma bala/ à noite, na rua, espera por ele." A polícia (yuta, ratis) sempre aparece nos relatos de roqueiros e cumbieiros como seus eternos perseguidores. [*N.T.*: A "cumbia" era uma dança muito conhecida nos anos 1950 na Colômbia e no Panamá, e nos anos 1990 ganhou popularidade na Argentina com a denominação de "cumbia villera".]

tura de massas não deixou de cumprir uma função importante para a coesão e a inclusão social. Com a condição de fazer justiça à principal mudança operada. A saber, que, no exame da (estética da) música popular, "a questão não é como uma determinada obra musical ou uma interpretação reflete as pessoas, mas sim como as produz, como cria e constrói uma experiência — uma experiência musical, uma estética — que só podemos compreender se assumimos uma identidade tanto subjetiva como coletiva" (Simon Frith, 2003).

A distinção é importante. Se a análise se concentra na tentativa de estabelecer algum tipo de relação entre as condições materiais de vida e as formas musicais que as estariam expressando (dentro do molde clássico de uma relação determinante entre base e superestrutura), o risco, na verdade, é o de que se conclua afirmando unicamente a função fragmentadora da cultura juvenil — pois, na medida em que se consiga encontrar esse tipo de evidências, a tendência será interpretar a questão em termos de "subculturas". Dessa forma, haveria uma espécie de identidade social pré-constituída que encontra um determinado modo de expressão musical. Mais isso não é inteiramente evidente na prática de quem produz e escuta música, e menos ainda nas práticas culturais dos jovens nos espaços urbanos. Pelo contrário, é a oferta cultural — de natureza mais interativa que representativa —, a que co-produz as experiências de identificação coletiva, mas a partir de elementos que são vividos como profundamente subjetivos.

Na realidade, em um país como a Argentina, no que diz respeito aos gostos e preferências musicais, detecta-se uma forte divisão atitudinal. Por um lado podemos encontrar um segmento que prioriza as preferências populares e de massa; por outro, os que assinalam alternativas de maior segmentação. Entre as preferências populares, por uma parte, se podem distinguir a música tropical e a cumbia (incluída a "villera"), um fenômeno que cresce entre as pessoas do interior do país, os menores de 34 anos e os de classe baixa. O outro tipo de preferência musical se concentra no rock (rock nacional e música pop), também impulsionado por gente jovem, residente em todo o país, e membros de classes sociais altas e médias. Como preferências de menor segmentação se podem assinalar: folclore, tango, salsa, música brasileira, música disco, ópera e clássica, jazz/blues e tecno, com uma sustentação particular e diferente para cada universo.

Ou seja, é preciso reconhecer a existência de uma dupla fronteira. Por um lado, aquela que opõe os jovens aos adultos (o que por sua vez não exclui uma transformação dos padrões de "ser adulto" e as exigências impostas às pessoas "maduras" para que se mantenham mais permeáveis a padrões e aparências "juvenis"). Por outro, reconhecer a existência, na juventude, de um conjunto de expressões culturais fortemente distintas entre si. Uma diferenciação interna que não pode no entanto, a não ser de forma muito grosseira, corresponder a divisões sociais tradicionais.

Grupos de sociabilidade cultural mais ou menos efêmeros se constroem ao redor de "regimes de escuta" (marcados por motivos simbólicos e que indicam as inclinações imaginárias subjetivas) capazes de apresentar identidades coletivas, para além de seu lugar de origem e dos circuitos industriais que os produzem. O rock como fenômeno global/local é um bom exemplo disso. Foi talvez a primeira música que teve um público facilmente identificável em termos etários (os jovens e os adolescentes) mais do que territoriais e que suscitou um entusiasmo cultural global que lhe permitiu abandonar muito rápido seu pertencimento local. Essa segmentação não é totalmente explicável em termos da criação industrial do "nicho" para aproveitar o poder de consumo desses grupos de jovens. Mais do que responder a uma demanda ou a uma estratégia comercial da indústria fonográfica, o rock dos anos 1960 foi o motor da criação de tudo isso. Sem dúvida, uma forma paradoxal de produção da coesão social etária — efêmera, segmentada, às vezes hermética, múltipla — e, no entanto, capaz de engendrar um sentimento real de pertencimento coletivo. Um sentimento que, a partir da semelhança de uma experiência subjetiva intensa, e através do reconhecimento dela em um outro, e portanto de sua igualdade — apesar de sua distância ou anonimato, constrói um "nós".

6. EMIGRAÇÕES[16]

De um continente que na primeira metade do século XX era um importante receptor de imigrantes, a América Latina se transformou em uma

---

[16]Esta seção se apóia em Angelina Peralva, "Globalização, migrações transnacionais e identidades nacionais".

região exportadora de população. As razões são variadas, desastres naturais e conflitos armados na América Central e na Colômbia, exílios produzidos por regimes autoritários no Cone Sul, situações de graves crises econômicas como na Argentina e no Uruguai, mas principalmente a incapacidade de oferecer oportunidades suficientes de emprego decente. Um fenômeno que é indispensável compreender na variedade de suas facetas. Ainda mais que a emigração internacional traça uma nova "fronteira" na América Latina que substituiu a antiga fronteira interna (do campo para a cidade). Da mesma forma que a fronteira na história dos Estados Unidos, essa "fronteira" desloca as iniciativas de sua estrita canalização para os conflitos sociais em direção aos processos de saída e de emigração (*exit*, para retomar o termo de Hirschman). Uma abertura de horizontes que acompanha e aprofunda o imaginário igualitário em curso, cuja referência crescente são os padrões globais de consumo e bem-estar.

A emigração: alguns dados

O crescimento da emigração latino-americana se acelerou nas últimas décadas:

População latino-americana recenseada nos Estados Unidos segundo a origem e a base de crescimento

	Números brutos					Base de crescimento (1960 = 100)			
	1960	1970	1980	1990	2000	60/70	60/80	60/90	60/2000
América do Sul	74.964	234.233	542.558	1.028.173	1.876.000	312,46	723,75	1.371,55	2.502,53
América Central	624.851	873.624	2.530.440	5.425.992	9.789.000	139,81	404,96	868,36	1.566,61
Caribe	120.608	617.551	1.132.074	1.760.072	2.813.000	177,4	512,03	938,63	232,34

Fonte: Elaborado por Angelina Peralva (*op. cit*) a partir de Pellegrino (2003).

Os emigrantes latino-americanos não se dirigem apenas aos Estados Unidos. A nova importância da América do Sul como região exportadora de migrantes para o continente europeu é particularmente sensível na Espanha. Os dados do Instituto Nacional de Estatística indicam, no começo de 2003, a presença de 2.672.596 estrangeiros, 6,26% da população presente no território espanhol. Pela primeira vez, o Equador superou Marrocos como principal país de origem da população estrangeira. Em seguida, depois de Marrocos, aparecem Colômbia, Reino Unido, Romênia, Alemanha e Argentina. A imigração latino-americana passa a representar 38,61% do total de estrangeiros na Espanha (Gil, 2004).

No caso peruano, por exemplo, entre 1990 e 2005, 1.665.850 pessoas migraram para o exterior, das quais 51,7% são mulheres. O crescimento da emigração se acelerou a partir de 2001. A emissão de passaportes foi multiplicada por três. Entre os seis principais países de destino figuram, em primeiro lugar, os Estados Unidos (30,9%), seguidos pela Espanha (14,3%), Argentina (12,6%), Chile (10,5%), Itália (10,4%) e Japão (3,8%). Mais de 70% dessa migração é transcontinental, e 42,9% dos migrantes tiveram Lima como última cidade de residência antes de migrar para o exterior. Os estudantes formam o grupo mais numeroso, seguido pelo dos empregados e o dos trabalhadores do setor de serviços (OIM, 2005; INEI, OIM, 2006).

Esse movimento migratório, diferente de épocas passadas, é menos de famílias e mais de indivíduos — hoje formado por porcentagens quase similares de homens e de mulheres —, que, ao não serem acolhidos oficialmente, trabalham ilegalmente (poder-se-ia pensar inclusive que a política migratória dos países desenvolvidos, em particular a dos Estados Unidos, é promover o trabalho dos "sem-documentos"), e para os quais o movimento é muitas vezes mais o de um "experimento" do que uma decisão definitiva de abandono do país de origem. Esses movimentos são favorecidos pelo fato de que o contato com os entes queridos no país de origem não depende mais do correio (que poderia demorar semanas ou meses), mas se transforma em algo instantâneo e constante graças aos novos meios de comunicação e à redução drástica dos custos de telecomunicação. Os movimentos migratórios contemporâneos expressam portanto um duplo movimento: por um lado, de individualização e de autonomia pessoal, e, por outro, de permanência de laços graças à facilidade dos sistemas de transporte[17] e de comunicação.

As emigrações na América Latina se aproximam do padrão universal da migração moderna, de países mais pobres para os países mais ricos. Parte desse movimento se realiza dentro da região, de emigrantes bolivianos e paraguaios para a Argentina e o Brasil e da América Central para o México. Em alguns casos, o país latino-americano de chegada é uma plataforma para outros países, em particular do México para os Estados Unidos. Fatores geográficos afetam sem dúvida o movimento migratório. A proximidade com os Estados Unidos contribui para que boa parte dos emigrantes mexicanos e centro-americanos se dirija a esse país, enquanto os sul-americanos se encaminham para a Europa. Os grupos pioneiros de emigrantes desempenham um papel importante nesse movimento, ao tecerem as redes sociais que atraem compatriotas.

Mesmo que não nos concentremos nos impactos econômicos das imigrações, não podemos deixar de notar que as remessas são as mais importantes do mundo e chegam inclusive a ser fundamentais para certos países, como mostra um recente estudo do Banco Mundial.[18] Estima-se que as remessas para a América Latina e para o Caribe alcançaram mais de 53 bilhões e 600 milhões de dólares em 2005, fazendo da região o maior mercado de remessas do mundo. Essa quantidade superou, pelo terceiro ano consecutivo, os fluxos combinados de todos os investimentos diretos e da ajuda oficial ao desenvolvimento na região — uma estimativa que, além do mais, não inclui os envios efetuados através de canais informais.

No Haiti as remessas representam mais de 50% do produto interno bruto e para Jamaica, El Salvador, República Dominicana, Nicarágua, Honduras e Guatemala a contribuição das remessas se encontra entre 10 e 20% do PIB. Mesmo com porcentagens inferiores em Barbados, Equador, Colômbia, Paraguai e México, essas remessas têm um importante

---

[17]A mobilidade do emigrante não documentado é no entanto limitada pelo medo de não poder retornar.

[18]Pablo Fajnzylber e Humberto Lopez, "Cerca de casa: Impacto de las remessas en el desarollo de América Latina", Banco Mundial, 2007.

efeito nas condições de vida de amplos setores da população, em particular dos mais pobres.

É possível indicar que em geral existe certa correlação entre a porcentagem das remessas no produto bruto nacional e a porcentagem de emigrantes na população total. Quanto mais pobre é o país, dado um mesmo total de população e de emigrantes, maior será o peso que as remessas terão no PIB. Da mesma maneira, quanto mais tempo a população emigrante permanecer fora do país, maior é a tendência a diminuir as remessas (não só pelo enfraquecimento dos laços, mas também pela tendência a construir família e aumentar os gastos locais), como são, por exemplo, os casos dos emigrantes uruguaios e, em menor medida, os dos mexicanos.

Migrações e fluxos de indivíduos, redes e culturas

Mas não somente os fluxos econômicos são afetados pela emigração. A forma migratória também se altera, sob o efeito da apropriação, por esses mesmos migrantes, dos suportes técnicos que tornaram possível a globalização. As migrações contemporâneas deixam de ser assim *inter*nacionais — ou seja, deixam de envolver uma transferência de populações de nação a nação sob a regência de dois Estados, como o foram até um período recente. Os movimentos de população passam a ocorrer independentemente e, em parte, *apesar* dos Estados, configurando territórios próprios de corte *trans*nacional. Constata-se portanto uma transnacionalização das migrações contemporâneas.

As tecnologias de comunicação a distância oferecem a possibilidade de construção de redes de intercâmbio multilocalizadas, abrindo aos migrantes um espaço supranacional de construção de relações sociais, baseado em princípios que articulam identidades de geometria variável e recursos de ação e/ou de inserção em um mercado global. A identidade pode ser captada a partir de um território de origem (o município de Arbieto, província de Esteban Arze na Bolívia, por exemplo): a partir de uma cultura, que permite fabricar objetos com valor de mercado (como por exemplo os tecidos artesanais negociados em Londres, Paris ou Nova York por camponeses originários das altas planícies equatorianas, estudados por Kyle).

Os emigrantes trazem sua força de trabalho e também sua cultura, que se transforma muitas vezes em fonte de renda sob a forma de produção artística (seja como show em lugares fechados, seja música tocada na rua), de comida "étnica" ou de cursos de "capoeira", uma forma de luta/dança iniciada por escravos nativos do Brasil, mas que, para se adaptar ao marketing "racialista" dos Estados Unidos, é apresentada muitas vezes como originária da África.

Os fluxos migratórios levam igualmente as suas crenças, e muitas igrejas evangélicas nativas do Brasil se expandem tendo como clientela inicial os emigrantes brasileiros ou de outros países latino-americanos onde estavam implantadas. Essas igrejas se transformam em núcleo de informação de emprego que atrai por sua vez outros compatriotas.

A circulação internacional se torna um dado permanente e geral da experiência contemporânea, independentemente da raça, da classe ou da religião. Não só as elites circulam. Circulam também os mais modestos, para os quais os diferenciais de renda entre os países constituem um importante recurso mobilizado com finalidades individuais e/ou coletivas, baseado em princípios análogos, sem proteção legal, àqueles que determinam hoje a volatilidade dos capitais. A soberania territorial dos estados é interpelada por essas circulações, que envolvem transações econômicas fora de qualquer controle, formas de comércio ilícito de produtos lícitos, e de produtos ilícitos, e formas de regulamentação social infra-institucionais, baseadas nos princípios da oralidade e que escapam às regras escritas do contrato, subvertendo assim as bases de funcionamento sobre as quais se erigiram as democracias do século XX.

A intensidade desses fluxos migratórios é freqüentemente explicada como resultado das difíceis condições de vida dos migrantes em seus países de origem. Mas se essas condições explicam que a migração apareça em um determinado momento como possibilidade no horizonte dos futuros migrantes, elas não explicam a autonomização dos movimentos migratórios em relação às conjunturas que os originaram — como é o caso dos "dekasseguis" brasileiros no Japão, cuja migração se iniciou durante a crise brasileira dos anos 1980; migração que, no entanto, persiste hoje sob a forma de idas e vindas, estabilizando a existência de um território de circulação marcado pela intensidade dos intercâmbios entre os dois países. O mesmo ocorre com os fluxos de migrantes equatorianos, que se formaram no final dos anos 1990 em uma conjuntura de crise econômica, e que não cessaram desde então. Tudo indica que, nas condições atuais, a experiência acumulada pelos migrantes no curso de suas migrações favorece a reprodução do fenômeno migratório, consolidando-o como dinâmica social. Esta dinâmica inclui cada vez mais as mulheres, cuja migração também se torna autônoma em relação aos homens, produzindo um impacto específico sobre as relações de gênero. A uma autonomia feminina crescente corresponde uma violência também crescente contra as mulheres. Se essa violência de gênero não pode ser considerada específica das situações migratórias, está, no entanto, muitas vezes associada.

Luiz Lopez (2007) estudou as relações entre o México e os Estados Unidos a partir da cidade fronteiriça de Tijuana — que, mesmo situada em território mexicano, se inscreve em um espaço de relações sociais que se estende até a periferia de Los Angeles. Ali, diversas ondas migratórias se sucederam desde os anos 1940, mas o crescimento demográfico mudou de nível nos últimos vinte e cinco anos, quando a cidade passou de 400.000 para 1.500.000 habitantes graças aos novos empregos criados nas "maquiadoras" (montadoras de diversos tipos de aparelhos que hoje operam com peças fabricadas principalmente na Ásia — no caso de Tijuana, trata-se atualmente da montagem de televisores). A presença de mulheres é importante nesse mercado de trabalho, para o qual foram recrutadas em função de características supostamente mais favoráveis às exigências da produção que aquelas apresentadas pelos homens. Alguns autores evocam assim a idéia de uma "feminilidade produtiva", como expressão de um modo de dominação dirigido à exploração da identidade feminina tradicional em benefício da produção. Essas mulheres enfrentam condições de vida marcadas pelas dificuldades do emprego precário, pela ausência de estruturas adequadas de cuidado e educação das crianças, por um hábitat igualmente precário e um mercado imobiliário no limite entre o legal e o ilegal. Ao mesmo tempo, elas dispõem de um espaço próprio de iniciativa econômica; desenvolvem estratégias de resistência à dominação sofrida no contexto das relações de trabalho e dispõem de um espaço de ação coletiva em um marco transnacional, na medida em que várias mobilizações ligadas ao meio ambiente, desenvolvidas por elas, encontraram eco nos Estados Unidos. Nesse contexto, o acesso das mulheres à autonomia, graças ao trabalho nas "maquiadoras", suscitou em Tijuana um verdadeiro "pânico moral" ligado à subversão das representações tradicionais da identidade feminina. Críticas públicas extremamente virulentas em relação às mulheres trabalhadoras, vistas como "putas" e "mães irresponsáveis", são moeda corrente na cidade e nos jornais, abrindo um espaço importante para a violência de gênero.

Emigração e coesão social

O impacto das emigrações na coesão social é contraditório, e não é difícil superestimar seus lados positivos ou negativos. Limitemo-nos a enumerar os principais:

1) Uma dimensão negativa fundamental, associada à emigração como fenômeno coletivo, é o sentimento de que a pátria não é capaz de oferecer alternativas para que seus filhos permaneçam. É um sentimento de fracasso, de inviabilidade econômica, de falta de horizonte que debilita a disposição de apostar no futuro do país. A experiência do emigrante sem documentos, como pária social, é a fase mais dolorosa desse processo. No entanto, e apesar do anterior, para essas mesmas sociedades nacionais das quais os emigrantes são oriundos, a emigração aparece como uma válvula de escape que "regula" o conflito social.

2) A emigração deveria ser incluída dentro dos estudos de mercado de trabalho e de mobilidade social, que geralmente se restringem ao contexto nacional. Representa possibilidades de emprego para uma parte às vezes muito considerável da população jovem, e para aqueles emigrantes que retornam, às vezes com um certo capital ou com novas competências, constitui um caminho de mobilidade social ao qual dificilmente teriam tido acesso se houvessem permanecido em seu país.

3) As remessas são uma expressão importante do funcionamento dos laços de solidariedade na América Latina no âmbito das relações primárias. As remessas ajudam a mitigar situações de pobreza. Já que os emigrantes são jovens e na maioria solteiros, parte importante das remessas se dirige aos pais, às pessoas de mais idade e com maiores dificuldades de gerar renda.

4) Por outro lado, muitas vezes a emigração está associada à destruição de famílias, com a saída de um dos cônjuges, que pode permanecer muito tempo no exterior ou nunca regressar. Mas esse aspecto não deve levar ao descuido com a origem da emigração (e muitas vezes, com as razões de sua duração), a saber: o desejo de tantos homens, e cada vez mais de muitas mulheres, de emigrar a fim de poder assegurar suas funções parentais de provedores de renda para suas famílias. Um processo que reestrutura os laços familiares nos países de origem desses emigrantes (os avós ou outros assumem uma verdadeira função parental) e que acentuou fortemente a autonomia dos projetos migratórios femininos.

5) Se a emigração representa uma drenagem brutal de recursos humanos, outras vezes, e graças àqueles que retornam, traz consigo novas qualificações profissionais. No entanto, alguns emigrantes passam a associar-se a gangues e/ou a grupos criminais que trazem no retorno (muitas vezes deportados pelas autoridades locais) uma cultura de violência e de redes criminais internacionais. Discute-se inclusive qual porcentagem das remessas é efetivamente de dinheiro lavado e de financiamento de atividades criminais.

6) Finalmente devemos indicar a criação de uma nova "nação", um espaço transterritorial constituído pelo espaço do Estado-nação e suas "diásporas", que inclui uma ampla infra-estrutura material de trânsito de pessoas, bens, informação e comunicação. De que maneira essa nova "nação" transterritorial afeta as imagens que os povos têm de si mesmos é algo que deverá ser investigado com atenção nos próximos anos.

Os desafios políticos das migrações

Os migrantes representam hoje uma porção relativamente pequena (2,5%), ainda que significativa, da população mundial. Eles suscitaram uma importante crispação nacionalista e o endurecimento de medidas repressivas em sua direção nos países do "Norte", fazendo da migração um empreendimento de alto risco e de elevado custo humano. Paradoxalmente, o que atrai os migrantes em direção aos grandes pólos da globalização é a certeza de encontrar aí possibilidades interessantes de inserção em um setor da economia, freqüentemente informal e precário do ponto de vista dos direitos assegurados ao trabalhador, mas altamente remunerador. Para eles, é evidente que os países do "Norte", ainda que lhes fechem as portas, as abrem ao mesmo tempo. Fecham-nas para os migrantes regulares, beneficiários potenciais das políticas de proteção social dos países ricos, e, portanto, indesejáveis; abrem-nas para os migrantes clandestinos, que podem ser empregados sem nenhum direito. Os estudos qualitativos descrevem detalhadamente essas delicadas operações, nas quais a conjunção de interesses entre migrantes do "Sul" e empresários capitalistas do "Norte" torna porosas as fronteiras que, sem grande convicção, os Estados desse mesmo "Norte" declaram querer fechar.

Atravessar fronteiras requer o acesso a um conjunto de informações relativas às condições de passagem. Essas informações podem ser garantidas por empresas privadas, como as agências de viagem que se multiplicaram nos últimos anos no centro de Cochabamba, Bolívia. Não somente elas oferecem passagens, principalmente para a Espanha, a preços que desafiam qualquer concorrência, como também agregam serviços como a projeção de filmes que mostram ao candidato a viagem e como se orientar nos aeroportos pelos quais vai passar. Ávila (2006:90 e 91) faz uma transcrição textual de duas publicidades radiofônicas de agências de viagem bolivianas que prometem uma entrada ilegal e bem-sucedida em vários países da Europa, com garantia de reembolso das passagens em caso de fracasso. A migração dos descendentes brasileiros de japoneses para o Japão, mesmo se autorizada, é estreitamente enquadrada por estruturas que se situam no meio do caminho entre a agência de viagem e a agência de trabalho temporário, que se encarregam das condições de transporte do migrante do Brasil para o Japão, e ao mesmo tempo lhe garantem emprego e casa na sua chegada. Essas agências funcionam no bairro da Liberdade, o bairro japonês de São Paulo (Perroud, 2006). Uma maneira de marcar até que ponto a emigração individual é inseparável de um conjunto de recursos coletivos.

As migrações transnacionais atuais colocam os Estados-nação diante de uma série de novos problemas, nos quais mobilidade e sedentarismo se articulam, inclusive com a formação de movimentos e de uma ação política nos territórios de presença ou de passagem de migrantes estrangeiros, como os que se observam em Marrocos a partir de 2005, com os movimentos de africanos subsaharianos, ou nos Estados Unidos em 2006, com as grandes mobilizações de migrantes latino-americanos. Isso sugere que a questão da coesão social exige dos países latino-americanos (e não apenas deles) que sejam repensadas as defasagens observáveis entre uma dinâmica social democrática, que faz da mobilidade um exercício individual de liberdade, e uma institucionalidade democrática pensada em bases essencialmente nacionais e sedentárias.

Segundo o CEPAL, entre 1990 e 2002 mais de 3 mil pessoas morreram na passagem da fronteira entre o México e os Estados Unidos. Outras fontes indicam que 7.180 migrantes morreram nas portas da Europa desde 1988, durante a caminhada através do deserto ou no mar — um número supostamente em crescimento com a multiplicação das tentativas de travessia em embarcações precárias, da costa da África em direção às Canárias. O custo humano das migrações atuais é tão chocante que os obstáculos impostos à passagem dos migrantes se revelam inúteis para estancar um processo alimentado pelas oportunidades efetivamente abertas a eles de inserção em uma economia globalizada. A porosidade das fronteiras e a volatilidade dos capitais não podem ser tratadas separadamente, pois constituem as duas caras de um processo de decomposição de modelos sociais democráticos que alcançaram um alto grau de legitimidade em um passado recente, mas que se apoiavam em situações de forte correspondência entre soberania popular e soberania (territorial) dos Estados.

Nesse sentido, as seis conferências sul-americanas sobre migrações internacionais, realizadas entre 2001 e 2006, ou os acordos bilaterais recentemente firmados entre o Equador e a Espanha, traduzem um esforço de reflexão sobre os direitos das populações estrangeiras e tentativas de

AS TRANSFORMAÇÕES DO LAÇO SOCIAL

regulamentação dos fluxos de população, que levam em consideração o caráter inelutável da mobilidade contemporânea. Ao mesmo tempo, conforme observa Seyla Benhabib, parece estar em curso um processo de emergência de novas formas de cidadania, apoiadas desta vez em uma base territorial, que tendem a ampliar o espectro dos direitos sociais e políticos atualmente em vigor, através da diminuição parcial das relações entre cidadania e identidade nacional.

Tudo parece indicar, assim, que a responsabilidade dos Estados-nação, em matéria de coesão social e gestão de populações, não pode mais se pautar somente por critérios de nacionalidade e precisa da consolidação de acordos pós-nacionais e de formas de cooperação internacional mais eficientes que garantam também às populações circulantes um conjunto de direitos de cidadania. Por outro lado, a redução das assimetrias internacionais, graças a políticas capazes de relançar o desenvolvimento nos países do "Sul", mesmo sem eliminar os fenômenos de mobilidade internacional que caracterizam a experiência contemporânea, limitaram provavelmente a volatilidade dos capitais, melhorando as condições de garantia de direitos sociais em geral.

7. CONCLUSÕES

Os cinco aspectos tratados neste capítulo são muito diferentes entre si. Não somente porque fazem referência a fenômenos sociais muito distintos, mas, sobretudo, porque na perspectiva deste trabalho assinalam evoluções diversas. No entanto, e apesar disso, todos confluem para uma direção comum — o incremento e a generalização de uma expectativa igualitária na sociedade — que combina com a afirmação de novas iniciativas individuais. Seja no domínio da religiosidade em que o sincretismo grupal de cultos cede lugar a combinatórias mais individualizadas; no marco das relações interétnicas e da ruptura que traçam com respeito ao antigo laço social; na aparição de dinâmicas urbanas que, ao mesmo tempo que segmentam a cidade, transmitem (no momento sob a marca da desordem e do medo) um princípio de igualdade relacional; nos MC&IC que aglutinam e dividem os atores ao redor de um imaginário comum; seja na emigração e na abertura de horizontes que ela contém, o resultado é sempre o mesmo. A diferenciação social e a cultural e a instauração da igualdade como horizonte de expectativas relacionais não conspiram contra a coesão social: tendem, pelo contrário, a produzi-la em outras bases.

Com certeza, esse novo vínculo social parece débil e efêmero comparado à "solidez" do laço social a que nos havia acostumado o pensamento latino-americano — no qual a perenidade do vínculo estava garantida pela naturalização da hierarquia e dos laços de dependência pessoal. Esse universo relacional deixou de ser uma realidade há muitos anos. Em seu lugar, no entanto, criou-se um sucedâneo funcional: um laço social dual, mescla de igualdade e de hierarquia, que através das oscilações entre um e outro emoldurou e regulou as relações sociais em meio às desigualdades econômicas, à divisão cultural e às diferenças étnicas. A democratização social e econômica, das décadas de 1960 e 1970, e a consolidação das classes médias somente iniciaram a transformação da sociabilidade cotidiana.

Nas últimas décadas, os redutos da ordem hierárquica se desvaneceram. A igualdade já se impôs por toda a parte no âmbito das representações sociais e simbólicas. Sem dúvida, muitas vezes, as relações sociais efetivas não concordam com esse ideal — e os indivíduos conhecem múltiplas experiências de frustração (e isso em todos os âmbitos relacionais, seja no trabalho, na cidade, seja na família). O resultado é a generalização de um sentimento de fragilidade interativo, como se os indivíduos não soubessem mais a que se ater reciprocamente. Mas por trás dessa experiência, e através dela, caminha o que talvez venha a ser a mais importante revolução democrática do continente: aquela que, como advertiu Toqueville, se inscreve na própria forma das relações sociais. Para regular os intercâmbios resultantes, a "hierarquia" é sem dúvida insuficiente, e isso exigirá — já exige — um incremento dos pactos contratuais e um respeito crescente das regras e das normas. Isto é, novas demandas dirigidas às instituições e às instâncias políticas em um período no qual, como veremos, tanto umas quanto as outras mostram, ao mesmo tempo, signos visíveis de recomposição.

Um desafio maior se desenha: será necessário refundar a autoridade a partir de um laço social horizontal. A passagem da autoridade da hierarquia para a igualdade só é possível pela afirmação de critérios de civilidade, fundados no mérito e no respeito às normas. Quando a autoridade tradicional se desgasta, e não se constrói uma autoridade democrática, perde-se o sentido do respeito mútuo e a incivilidade penetra todas as relações.

É impossível prever o futuro, mas no momento o que se observa é uma transformação importante dos mecanismos da coesão social. Esta já não repousa mais sobre a "naturalidade" do laço social dual, e deve buscar suas bases em uma sociabilidade mais plural e assentada em princípios mais horizontais e democráticos, e, sem dúvida, em uma reelaboração dos vínculos que os latino-americanos deverão manter com as normas e o direito. No momento, como veremos nos próximos capítulos, o objetivo ainda está distante.

CAPÍTULO II Atores coletivos e formas de representação

1. INTRODUÇÃO: RUÍDOS NA FORMAÇÃO DE *VOICE*

A participação do cidadão e a ação estatal são possíveis graças às organizações e suas infra-estruturas, a recursos materiais e simbólicos, sejam os aparelhos de Estado, os meios de comunicação, os sindicatos, os partidos, os movimentos sociais, sejam as ONGs, para nomear os mais importantes. Em todo o caso, a coesão social não é dissociável das mediações institucionais, a partir das quais os indivíduos tecem (e são tecidos por) os múltiplos interesses que os ligam a uma dada cidadania nacional. E se os sentimentos muitas vezes são os mesmos ou similares, os interesses costumam ser divergentes. Razão pela qual a maneira como uma sociedade processa seus conflitos sociais e organiza a representação dos interesses antagônicos através de um conjunto de instituições é uma peça central de sua coesão social.

A compreensão, portanto, das dinâmicas contemporâneas de construção do sentimento de pertencimento exige a análise do conjunto das mediações que socializam, integram e dão sentido, através dos conflitos sociais, ao sentimento de ser cidadão de um país. Neste capítulo nos concentraremos em várias das mediações diretamente vinculadas à participação política e à associativa. Excluímos assim, por necessidade de focalização, várias das dinâmicas que afetam o sentimento de pertencimento e a forma que esse assume. Não tratamos, por exemplo, do tema do duplo movimento de massificação da universidade e sua perda de peso como ator político ou o da formação das elites dirigentes, que ocupam lugares centrais nos governos (e que sofreram um processo de internacionalização pela crescente tendência a estudar no exterior e/ou trabalhar em empresas ou agências transnacionais).

As formas de participação dos cidadãos se modificaram brutalmente nas últimas décadas. Os sindicatos, centrais no processo de integração e de dignificação dos trabalhadores no século XX, perderam densidade, e embora continuem sendo um fator importante na defesa de interesses corporativos, deixaram de ter, na maioria dos países, boa parte de sua função anterior de atores políticos e de construtores de identidades coletivas. Os partidos políticos se encontram igualmente em uma situação de crise e, muitas vezes, são construções *ad hoc*, que veiculam ambições circunstanciais de indivíduos.

As novas formas de organização da participação se transferiram para a sociedade civil. Esta, como veremos, está representada por organizações profissionais de ativistas sociais (as ONGs), cujas atividades são de promoção pública (*advocacy*) ou de intervenção social em torno dos mais variados temas de direitos humanos e ambientais. Um processo que é acompanhado pelo aparecimento de um novo perfil de ativista social em ruptura com as antigas formas de militância política, e que, sobretudo e por causa do peso crescente que adquirem os MC&IC na representação da nossa sociedade, assiste a uma profunda transformação da lógica global de articulação de interesses na região. Signo da individuação em curso, a opinião pública se converteu em ator central da vida social.

Além do mais, junto com a sociedade civil organizada surgem de forma periódica explosões mais ou menos espontâneas ("panelaços" e manifestações de rua), geralmente associadas à insatisfação com o governo por algum evento traumático (crise econômica, escândalo de corrupção, crime), que ocasionaram vários *impeachments* de presidentes ou a tomada de medidas que enfrentassem o problema denunciado. No limite, essas manifestações expressam a insatisfação com o sistema político e o funcionamento das instituições representativas, que se expressa brutalmente no slogan "que se vayan todos!".

Nesse espaço de crise das velhas formas de representação, surgem novas formas de participação e novos tipos de demandas que muitas vezes não se expressam em projetos nacionais, às vezes nem sequer coletivos, mas em visões de atores cujas identidades se definem no nível infra

ATORES COLETIVOS E FORMAS DE REPRESENTAÇÃO

ou no supranacional, que avançam interesses legítimos, mas nem sempre fortalecem a construção do espaço comum da sociedade.

2. SINDICATOS[1]

Introdução

Se o sindicalismo latino-americano estava bastante distante de um modelo (até certo ponto estilizado e idealizado) europeu de uma classe trabalhadora autônoma que se organiza "a partir de baixo" (se bem que isso também aconteceu em muitos países latino-americanos até a chegada dos governos populistas), cuja demanda de direitos sociais foi se expandindo até abarcar grande parte da sociedade (Sorj, 2005a), nem por isso os sindicatos na América Latina deixaram de desempenhar um papel importante (na cidade mais que no campo) na criação de legislações trabalhistas e de valorização e de defesa dos trabalhadores.

A inclusão das classes trabalhadoras na dinâmica social e nos regimes políticos dos países do continente se deu, principalmente, por meio da regulamentação do mercado de trabalho, que gerou garantias legais, dando-lhes voz na arena pública, assegurando-lhes certo alívio no desemprego, garantindo alguma proteção social para eles e seus filhos, etc. A regulamentação do mercado de trabalho foi o meio de inclusão no período do modelo de industrialização por substituição das importações, e os trabalhadores alimentaram expectativas reais de ser incluídos nesse universo.

É verdade que o mercado de trabalho formal nunca incluiu a todos. A informalidade é onipresente na América Latina, e muitos trabalhadores que perderam seu emprego passaram a engrossar suas filas. Mas a própria expectativa de inclusão sempre teve um papel "inclusivo" na região. E, sobretudo, aquela expectativa era de vez em quando satisfeita por causa dos índices tradicionalmente altos de rotação do emprego, que faziam

---

[1]Esta seção se apóia em Adalberto Cardoso e Julián Gindin, "Relações de Trabalho, Sindicalismo e Coesão Social na América Latina".

com que os trabalhadores desfrutassem períodos mais ou menos longos de emprego formal. Isso fez do mercado de trabalho formal e de suas regulamentações uma das instituições coesivas mais importantes, se não a mais importante, do continente.

Ao mesmo tempo, as conquistas sindicais, e em particular dos setores do funcionalismo público e das empresas estatais, favoreceram a segmentação social e a criação de uma situação que só era sustentável pela manutenção de uma estrutura industrial crescentemente obsoleta. Ao incrementar-se o número de pessoas que trabalham no setor informal ou de desempregados, tornou-se patente que não eram os trabalhadores do setor formal os que ocupavam a base mais pobre da sociedade, e que portanto as políticas públicas teriam que se orientar prioritariamente para esses grupos. Essa reorientação crescente das políticas públicas para os setores pobres da população, somada aos processos de privatização, significou que os recursos públicos não poderiam continuar sendo usados, pelo menos na mesma proporção, para apoiar as exigências dos sindicatos, e que estes deveriam rever seu *modus operandi*. Nessas circunstâncias emergiu uma tecnocracia que centrou seu discurso e as políticas sociais nos setores mais pobres da população, distante das realidades e demandas do mundo do trabalho.

A crise do trabalho nos anos recentes, fruto da adoção de programas de ajuste estrutural que, ao tentar despolitizar a economia, desorganizaram os centros tradicionais de construção de identidades sociais e coletivas, resultou na quebra da promessa de inclusão representada pela economia capitalista formal e pelo mercado formal de trabalho. Os trabalhadores, temerosos de perder seus empregos formais e os direitos a eles vinculados, aceitaram relações de trabalho nas quais os direitos muitas vezes foram reduzidos, diminuindo o ímpeto para a ação coletiva e, com isso, o poder de assegurar direitos adquiridos antes das reformas. Desempregados, sem-terras, sem-tetos, sem-direitos, os setores mais pobres se apoderaram da cena, pedindo inclusão social de algum tipo, por fora dos instrumentos tradicionais de representação de interesses.

Na América Latina, tradicionalmente, os sindicatos construíram sua legitimidade e presença social por duas vias correlacionadas: por um lado,

ATORES COLETIVOS E FORMAS DE REPRESENTAÇÃO

através de sua vinculação com o sistema político, seja em associação com partidos, seja via subordinação direta ao Estado em acordos corporativos; por outro lado, através de uma ação direta no mercado de trabalho, que algumas vezes complementou, outras vezes substituiu a ação política como elemento de construção das identidades coletivas. Negociar coletivamente em mercados de trabalho marcados por altas taxas de desemprego e de informalidade, resultantes da transformação profunda das estruturas produtivas que reduziram o ímpeto grevista e as taxas de afiliação, teve como conseqüência a fragmentação, o empobrecimento dos temas negociados e a redução da cobertura da negociação coletiva.

As reformas estruturais e a debilitação dos sindicatos

Os sistemas de relações de trabalho (SRT) da América Latina sofreram grandes mudanças nos últimos 30 anos, como resultado de uma série de transformações nas estruturas produtivas e tecnológicas, nas formas de gestão das relações de trabalho e dos processos de globalização. Essas transformações, associadas à adoção de um conjunto de reformas ligadas comumente ao "Consenso de Washington", desmontaram o modelo de industrialização por substituição de importações e, com ele, as bases materiais da ordem social consolidada no século XX. As mudanças na esfera econômica afetaram as leis trabalhistas, a estrutura sindical, a ação coletiva, os modelos de negociação entre capital e trabalho e de intervenção do Estado nessas mesmas relações, com maior ou menor intensidade segundo os países. Em resumo, as mudanças afetaram a estrutura mais profunda do modelo de relações de classe e de coesão social consolidado no continente no século passado.

Assim, nos anos recentes, com o esgotamento parcial do modelo instalado no continente a partir dos anos 1950, o problema do lugar do mundo do trabalho na construção da coesão adquiriu contornos diversos, impondo novos desafios ao *sindicalismo* que, contudo, em nenhum lugar reassumiu o posto que tinha no modelo anterior, e que ainda não conseguiu reinventar-se para acompanhar os novos tempos.

A maioria dos países latino-americanos consolidou seus sistemas de relações de trabalho paralelamente ao processo de desenvolvimento econômico baseado na industrialização por substituição de importações e controlado pelo Estado. Perón, Vargas, os líderes mexicanos pós-Cárdenas, os chilenos pós-Ibáñez ou os venezuelanos depois de 1958 fortaleceram e/ou controlaram os trabalhadores, ao mesmo tempo que expandiram as burocracias estatais, subsidiaram a indústria, criaram empresas estatais em setores estratégicos, controlaram investimentos estrangeiros, fecharam mercados internos à competição externa, e assim sucessivamente. As burocracias estatais, muitas vezes fechadas à competição política em função de experiências intermitentes de regimes autoritários, foram agentes centrais nesse cenário.

O "desenvolvimentismo" como *raison d'état* significava exatamente isso: crescimento econômico com paz social, o que só foi possível através de um controle mais ou menos autoritário, mais ou menos inclusivo, das demandas do trabalho organizado, dependendo do país. Nesses termos, a inclusão do trabalho, de forma mais ou menos subordinada conforme o caso, esteve na raiz dos projetos de nação gerados a partir da década de 1920 no continente. E esse acordo demonstrou ser duradouro, permanecendo quase inalterado durante décadas na maioria dos países; e 70 anos no caso do México.

Ainda que instituída de forma autoritária na maioria dos casos, com o tempo a legislação trabalhista passou a organizar as expectativas e as práticas das relações entre capital e trabalho, e isso de forma cada vez mais intensa e profunda com o correr do século XX. O direito definiu um campo de luta e um horizonte para a ação do trabalho organizado no Brasil, no México, no Chile até o governo de Allende, na Argentina e na Venezuela, fazendo do combate sindical, antes de tudo, uma luta por tornar efetivos direitos instituídos. É nesse sentido que as identidades dos trabalhadores em países como o México e o Brasil, por exemplo, se constituíram pela mediação dos direitos trabalhistas e no interior de seus próprios horizontes (French, 2004; De La Garza, 1990). O direito trabalhista, nesse sentido, é constitutivo da própria definição de trabalhador em nossas sociedades.

A reestruturação econômica iniciada nos anos 1970 no Chile, estendendo-se aos demais países sul-americanos nos anos seguintes, mudou a face das relações de trabalho e da coesão social no continente. Os processos e os programas de reestruturação não foram similares em todos os países, variando o *timing* de sua adoção, assim como seus objetivos, a profundidade e a coerência interna das medidas adotadas. Ainda assim, e com o inevitável risco de simplificação, pode-se dizer que se tratou de um projeto, no âmbito continental, de relativa despolitização da economia, ou seja, de redução (mas não eliminação) do papel do Estado como organizador da dinâmica econômica, planificador, financiador do investimento produtivo (no qual em muitos casos era empreendedor através das empresas públicas) e mediador das relações entre capital e trabalho.

Na realidade, por trás dessa despolitização, se produziu uma verdadeira transformação dos mecanismos de intervenção pública e de regulamentação econômica. Descuidar desse aspecto implica uma leitura "economicista" das mudanças produzidas nas últimas décadas na América Latina. Se a importância do "Consenso de Washington" nesse processo foi mais de uma vez destacada, é impossível esquecer até que ponto a modificação das relações entre o capital e o trabalho foi no fundo o fruto de uma inversão de relações de força entre os atores sociais, dentro de processos mais amplos de reorganização da economia capitalista no nível global, inclusive com a entrada de novos atores, como a China, que afetaram a capacidade de competição das indústrias do continente. Processo complexo no qual coincidiram, ao menos momentaneamente, as agências financeiras internacionais, as transformações na base produtiva, os grupos empresariais nacionais e os líderes políticos que intervieram nessa mudança de rumo nas alianças, a constituição de um espaço maior de decisão pessoal (um mecanismo particularmente visível nos governos neopopulistas dos anos 1990) (Martucelli, Svampa, 1997 e 2007).

A liberalização dos mercados de trabalho, produtos, serviços e capitais, junto com a reforma do Estado e a venda de boa parte do aparelho produtivo público foram os pilares da reforma em todas as partes.[2] Ao mesmo tempo, nos países onde as reformas se deram em meio à hiperinflação, as lutas sindicais se centravam em uma corrida contra a perda de poder aqui-

---

[2]A literatura sobre o conteúdo do "Consenso de Washington", que orientou boa parte das reformas, principalmente nos anos 1990, é abundante. Ver, por exemplo, Dupas (2001) e Stiglitz (2002).

sitivo do salário. O fim da inflação significou, portanto, ganhos efetivos para os setores mais pobres da população, o que explica em parte o apoio, se não ativo, pelo menos passivo, às políticas econômicas da época.

Em alguns casos, como na Venezuela, no Chile e na Argentina, a reestruturação significou desindustrialização (o chamado "choque competitivo", que internacionalizou a propriedade do capital e reduziu a participação da indústria, tanto no PIB quanto na criação de empregos), com aumento do desemprego industrial, da informalidade e da precariedade dos vínculos de emprego com impactos importantes sobre o poder sindical. Em outros casos, como no México e na Bolívia, houve mudanças na estrutura fabril ou sua transferência para outras regiões do país, com crescimento do nível de emprego desse setor em particular (inclusive como proporção do emprego global).[3] Mas as taxas de desemprego também cresceram e o setor informal acolhe a maior parte da força de trabalho em muitas regiões importantes. É o caso, por exemplo, da Região Metropolitana da Capital Federal mexicana.[4] A pobreza também aumentou no Sul desse país e nas grandes cidades. A produtividade cresceu e, ao contrário da economia do Brasil e da Argentina, a mexicana se tornou altamente dependente das exportações, principalmente para os Estados Unidos.[5]

---

[3] Na Bolívia a população ocupada na indústria manufatureira mais que duplicou entre 1989 e 1997, mas quase ¾ se concentram nas pequenas oficinas familiares e semi-empresariais de baixa produtividade, basicamente na confecção (Montero, 2005; Kruse e Pabon, 2005). A mineração, que ocupava o coração do movimento sindical, passou de 86 mil pessoas empregadas em 1980 para 69.999 em 1985. Desde então a queda continua, mas o mais significativo é a mudança na composição do setor, com o crescimento do cooperativismo e o esvaziamento das minas estatais (Montero, 2003). Se na mineração boliviana a situação do sindicalismo é difícil, mais grave é o que sucede nas novas indústrias manufatureiras modernas, em que se subentende que o sindicalismo está proscrito (Kruse y Pabon, 2005).

[4] Os trabalhadores no setor informal em escala nacional alcançavam, na Bolívia, 75,2% da população (2002), no Brasil, 54,2% (2004), na Venezuela, 51,1% (2004), no Chile, 37% (2003), na Guatemala, 69% (2004), no México, 50,1% (2004) e na Argentina, 42,5% (2003) da população urbana (Gasparini *et al.* 2007).

[5] A profundidade e o alcance da reestruturação foram impressionantes. A própria estrutura da distribuição de capital mudou dramaticamente e na mesma direção: os serviços urbanos básicos, a indústria e o comércio varejista e o atacadista mudaram de mãos, passando do capital nacional ao internacional em um espaço de tempo bastante curto. No Brasil, por exemplo, a composição do capital na indústria de componentes para veículos automotores mudou de 52% de capital nacional em 1994 para 78,4% de capital estrangeiro em 2002 (80% em 2006). Dados disponíveis em: http://www.sindipecas.org.br.

ATORES COLETIVOS E FORMAS DE REPRESENTAÇÃO

O impacto das reformas estruturais foi bastante instável, e crises financeiras assolaram a região (México em 1994, Ásia e Rússia em 1997 e, a partir da crise brasileira de 1999, caíram sucessivamente Argentina, Uruguai e Equador). Na falta de espaço para discutir essa fragilidade, assinalemos simplesmente que os efeitos das políticas em prol do mercado não foram nem constantes nem lineares. A Argentina cresceu economicamente até quase o final dos anos 1990, à custa, no entanto, de uma maior concentração e desigualdade de renda. No México as taxas de desemprego cresceram até a metade da mesma década, caindo constantemente a partir de então. No Brasil, a pobreza diminuiu bruscamente no começo do plano de estabilização monetária de 1994, mas a partir de 1998 voltou a estabilizar-se, e posteriormente voltou a diminuir. No Chile, os custos iniciais da reestruturação (ainda nos anos 1970) foram volumosos, com aumento substancial da pobreza (que alcançou 40% da população em meados da década de 1970) e com a associação do país aos de maior desigualdade social do mundo. A recuperação do final dos anos 1980 reduziu a pobreza a níveis equivalentes aos da década de 1960, mas não a desigualdade nem o desemprego.[6]

Seja como for, muitos analistas concordam com o diagnóstico de que, ainda que economicamente eficaz em termos de estabilização monetária, e apesar da melhoria nas condições de vida trazida pelo fim da inflação, o modelo de reestruturação adotado na América Latina também causou danos ao tecido social. Contudo, não podemos esquecer que na maioria dos países a hiperinflação havia aumentado a desigualdade social, produzindo enormes perdas nos setores assalariados e aposentados, desgastando a legitimidade e a capacidade de governar e favorecendo os setores especulativos. Assim, na medida em que as reformas estruturais estiveram associadas ao controle da inflação, elas acarretaram a melhoria da capacidade aquisitiva dos setores assalariados. Diante desse panorama, a resistência do trabalho organizado não foi universal, variando de forma e

---

[6]Ainda que o emprego industrial tenha se recuperado ligeiramente na década de 1990 no Chile (de 14% em 1982 para 16% em 1996), isso não foi suficiente para o retorno ao nível de 1970, quando 24% da população estavam empregados na indústria.

de intensidade, especialmente porque o processo de reestruturação, ainda que similar em linhas gerais, enfrentou contextos diferentes em cada país.

De fato, as reformas estruturais se produziram em ambientes muito distintos do ponto de vista do poder sindical. Argentina, Venezuela e México são casos em que o sindicalismo tradicional hegemônico, como agente importante de sustentação do regime político e aliado do partido no poder, deu suporte institucional e legitimidade aos programas de ajuste, mesmo sofrendo, em conseqüência, reveses em suas bases de sustentação e perda de poder social e capacidade de ação coletiva. No Chile, o sindicalismo foi simplesmente silenciado como ator político, enquanto no Brasil a oposição sindical foi gradualmente esvaziada pelos efeitos próprios das políticas de abertura dos mercados e privatização das empresas estatais, que minaram um dos principais pilares do poder sindical tradicional. Na Bolívia aconteceu algo semelhante, mas em um ambiente de profunda crise social na qual o sindicalismo perdeu legitimidade, o que possibilitou políticas anti-sindicais mais estritas. Em todos os países, pois, a conseqüência das reformas que mais se destacou foi a perda de poder do sindicalismo consolidado no período anterior.

Dito de outra maneira: as reformas estruturais, eleitas como saída para a crise do modelo anterior de desenvolvimento, partiram do pressuposto da redução das "travas" ao livre jogo das forças de mercado, inclusive no mercado de trabalho. Os sistemas estabelecidos de relações de trabalho foram encarados, a partir dessa perspectiva, como um dos obstáculos a serem retirados. O sindicalismo era justamente parte desse sistema, enquanto agente com poder de interferência sobre a formulação de políticas que afetavam diretamente suas bases de apoio.

Diante desse agente, os governos atuaram para atraí-lo ou para excluí-lo do jogo. Nos três casos de apoio sindical às reformas, o sindicalismo vinha de processos, ou profundos (Venezuela e México) ou importantes (Argentina), de desgaste da sua presença social. Como co-partícipe dos acordos de poder nos três países, a crise também lhe foi imputada. Nesse sentido, o apoio às medidas de ajuste deve ser pensado, também, como a reafirmação daquela mesma condição de co-partícipe e, portanto, como uma reafirmação dos esquemas tradicionais de poder e como uma reafirmação de hegemonia, e no mercado sindical, das tendências previamente mais importantes. Os sindicatos foram, nesse novo contexto, vítimas de suas antigas alianças.

No entanto, as perdas no mercado (com as privatizações e flexibilizações) foram recompensadas com a manutenção do controle da CGT argentina, ou da CTV venezuelana, ou da CT mexicana sobre a estrutura sindical. O sindicalismo se debilitou, perdeu adeptos, recursos e capacidade de ação, mas não sofreu mudanças importantes em sua composição interna de poder, nem em sua relação com o Estado. Brasil, Bolívia e Chile são casos de exclusão dos sindicatos do jogo político mais geral, mas por razões que nem sempre coincidem. Na Bolívia, o poder de veto do sindicalismo radicalizado impediu a adoção de saídas para a crise, e se não foi possível vencer os mineiros, em vários casos fecharam as minas como revanche. O sindicalismo era forte também no Brasil e, em certo sentido, também exerceu poder de veto às políticas anteriores à estabilização (Salum Jr., 1996), razão pela qual o governo de Fernando Henrique Cardoso enfrentou os sindicatos, em particular os da Central Única dos Trabalhadores, associada ao Partido dos Trabalhadores, enquanto atraía uma parte do sindicalismo (Força Sindical) para o apoio a suas medidas. Mas nunca chegou aos termos da Argentina ou do México, onde a central hegemônica era parte indispensável do acordo político. E no Chile de Pinochet a exclusão foi, simplesmente, cabal.

Situação atual

Passado o ciclo mais agudo das reformas estruturais, vive-se na região a busca de novos paradigmas, ou pelo menos de "ajustes" no modelo, mesmo no Chile, onde foi criado em agosto de 2007 um conselho assessor da Presidência para o Trabalho e Eqüidade.[7] Na Argentina de Kirchner, fala-se inclusive em mudança de época,[8] isto é, redefinição completa do modelo de desenvolvimento e do regime de acumulação vigentes, em direção

---

[7]http://www.trabajoyequidad.cl/view/viewArticulos.aspW?dArticulo=8.
[8]Segundo Héctor Palomino, em comunicação pessoal.

a um neo-keynesianismo no âmbito das políticas econômicas e de uma revalorização dos sindicatos como agentes decisivos da coesão social. Há quem fale até mesmo do surgimento de um "neocorporativismo segmentado" no âmbito das relações de classe (Etchemendy e Collier, 2007), com o ressurgimento do tripartidarismo típico do período peronista, agora no entanto restrito a setores específicos do mercado de trabalho.

Venezuela e Bolívia apontam com maior radicalidade para um retorno ao estatismo, através de um amplo processo de nacionalização de empresas privatizadas (ou que nunca o foram), e a reinstituição de medidas de proteção aos trabalhadores ou a instituição de novas garantias, apoiados e cooptando sindicatos e cooperativas rurais, na Bolívia, ou as populações urbanas e rurais não organizadas em sindicatos, como na Venezuela. Por outro lado, Brasil, Chile e México são casos de permanência da *rationale* mais geral do programa de reformas (em uma palavra, manutenção da estabilidade macroeconômica via controle da inflação e contas públicas). Essa linha, no entanto, é acompanhada pela cooptação de líderes sindicais no aparato estatal e por medidas de concessão aos sindicatos. Se foi possível construir um modelo latino-americano de relações de trabalho no período pré-reformas, o período mais recente apresenta uma grande diversidade estrutural entre os países.

Em outras palavras, não se pode falar univocamente, no atual período de pós-reformas que o continente atravessa, nem das relações entre os sindicatos e o Estado, nem das respostas sindicais às políticas econômicas e trabalhistas homogêneas. Se o resultado generalizado do período das reformas foi o enfraquecimento do sindicalismo, a mudança de rumo na política econômica (onde houve) não parece haver trazido consigo um re-fortalecimento dos sindicatos, com duas exceções importantes (Argentina e Bolívia).

A continuidade marca a experiência mexicana e também, paradoxalmente, a argentina, que, embora tenha revisado profundamente seu modelo de desenvolvimento, não transformou o modelo de relação entre os sindicatos peronistas e o aparato estatal. O sindicalismo recuperou algum destaque na cena política argentina, mas a partir de uma posição de fragilidade institucional acentuada. Pelo contrário, na Bolívia a mudança é substancial, com o sindicalismo participando, pela primeira vez desde os eventos revolucionários dos anos 1950, da formação de um governo de extração popular. Isso deu novo impulso à COB (Central Obrera Boliviana), tida como morta no começo do milênio, mas não a ponto de torná-la um agente central do novo governo. Os movimentos sociais, e não o sindicalismo, formam a base social do MAS. A liderança sindical no Brasil também passou a ser co-partícipe da gestão do Estado (ocupando um grande número de cargos na máquina estatal ou através do controle dos fundos de pensão das empresas públicas), mas conjunturas adversas não favoreceram o fortalecimento dos sindicatos, e o cenário pré-reformas, de grande legitimidade sindical, parece longe do horizonte.

Na Venezuela a mudança também é substancial, mas em outra direção, com o governo de Chávez excluindo o sindicalismo tradicional e estimulando um novo sindicalismo pró-governo. No Chile, por fim, a redemocratização abriu o espaço para a ação sindical, mas sua fragilidade patente impediu que o sindicalismo desempenhasse um papel relevante no novo cenário, que, além do mais, mantém o modelo macroeconômico do governo anterior.

A estrutura sindical em muitos países do continente ainda carrega o peso do antigo controle administrativo e/ou político de funcionários do Estado e dos partidos políticos. A despeito dos processos de democratização ocorridos em vários países nos anos 1970 e 1980 e, mais recentemente, no México, os sindicatos ainda precisam lidar com a herança de relações mais ou menos heterônimas com o Estado, cuja influência se estende da organização interna à arrecadação de fundos, da legitimidade ao potencial para a ação pública. Além disso, o crescimento da informalidade tem sido uma barreira para o sindicalismo em todo o continente, apesar das tentativas das centrais sindicais (por exemplo, na Bolívia ou na Argentina) de ampliar sua base de afiliação para além dos assalariados formais.[9] Os camponeses afiliados à Central Obrera Boliviana ou à

---

[9] A Central Obrera Boliviana (COB) está integrada por federações e confederações, mas se caracteriza por afiliar não só trabalhadores assalariados, mas também organizações populares, estudantis e de intelectuais. Uma de suas principais organizações hoje é a Confederação Sindical Única de Trabalhadores do Campo da Bolívia (CSUTCB). A abertura aos camponeses começou cedo, na década de 1970 (Zapata, 1993). Ainda assim, os estatutos estão orientados para garantir que um mineiro dirija a Central. A Central de Trabalhadores Argentinos (CTA) promoveu a afiliação individual dos trabalhadores e estimulou a formação de uma poderosa organização não sindical, a Federação de Terra e Moradia, que se concentra na representação dos desempregados.

Central de Trabalhadores Argentinos (os casos mais bem-sucedidos) construíram importantes organizações, autônomas em relação às centrais sindicais, no interior das quais disputam o poder com os setores assalariados formais, nem sempre conseguindo construir uma agenda comum de mobilização.

Seja como for, em todos os países a tendência foi uma fragmentação da estrutura sindical durante o período de reformas, seja na cúpula, seja na base, e em muitos países ela ocorreu de cima para baixo. O mais importante, no entanto, é que os "novos tempos" não contribuíram para inverter inteiramente o processo de fragmentação. No Chile é a base que se pulveriza, enquanto na Venezuela tanto a cúpula quanto os sindicatos locais se multiplicam. No México as fraturas ocorreram sobretudo nas centrais sindicais, fenômeno semelhante ao que vem acontecendo no Brasil mais recentemente, mas a partir de um sindicalismo tradicionalmente fragmentado.

A Bolívia é um caso de possível inversão do movimento geral de fragmentação, com a recuperação de espaço no movimento sindical da COB, mas ela precisa conviver hoje com uma série de outros movimentos sociais que disputam a lealdade dos trabalhadores, principalmente os informais. E a Argentina viveu um processo de reconstrução nacional que incluiu suas instituições tradicionais, como a CGT e o próprio Partido Justicialista. Mas a CGT divide o espaço de disputa com a CTA e os novos movimentos sociais, ainda que esteja protagonizando um movimento de reconcentração parcial da negociação coletiva. No entanto, como em outros temas, ainda é muito cedo para avaliar a durabilidade das tendências atuais.

Para além da estrutura sindical, as mudanças na situação econômica tiveram importantes efeitos sobre o poder dos sindicatos, medido pelo número de afiliados e pela capacidade para a ação, incluindo greves e negociação coletiva. A queda no número de membros é provavelmente o indicador mais contundente dessa tendência, apesar do fato de que dados desse tipo nem sempre são confiáveis ou perfeitamente comparáveis. Ainda assim, em todos os países aqui analisados a tendência geral é forte demais para ser ignorada. Na Argentina, a proporção de afiliados caiu de

60% em 1975, às portas do golpe militar, para 36% em 1995, e 24% em 2002 — uma perda de mais de 60% na taxa de afiliação da População Economicamente Ativa (PEA). No México, a queda também foi significativa entre 1992 e 2002, mesmo partindo de uma taxa já muito baixa no começo: de 14%, caiu para 10% da PEA. No Brasil, as taxas permaneceram relativamente estáveis, mas em níveis bastante baixos, variando entre 18% e pouco menos de 20% da PEA entre 1988 e 2005.[10] No Chile, depois de um crescimento até 1991, quando se alcançou a taxa de 21%, a afiliação voltou a cair gradualmente até 1996, estabilizando-se em 15% da população "dependente"[11] até 2005 (14% na região metropolitana de Santiago). É bom lembrar que o nível máximo de sindicalização no Chile, alcançado durante o governo Allende, foi de 32% da PEA (Roberts, 2007:24).

As maiores perdas, no espaço mais curto de tempo, parecem ter acontecido na Venezuela e na Bolívia. Na Venezuela, a taxa de afiliação da população ocupada caiu de 40% no começo da década de 1980 para 28% em 1999 (Gasparini *et al.*, 2007: tabela 6.a), e estima-se que estava em torno de 15% em 2004.[12] Na Bolívia, de um máximo de sindicalização de 25% no começo dos anos 1980, chegou-se a menos de 9% no final dos anos 1990 (Roberts, *ibid.*).[13]

Nos quatro países para os quais foi possível reunir estatísticas de greve confiáveis (Argentina, Brasil, Chile e México), houve uma tendência semelhante de redução do ímpeto grevista durante o período de ajuste, sem que, passado o furacão, a disposição para a greve tenha retornado aos níveis anteriores. A Argentina de Kirchner pode ser uma exceção, mas

---

[10]Para esses três países, dados em Cardoso (2004:22). Para o Brasil em 2005, computado diretamente da PNDA.

[11]Inclui assalariados e trabalhadores dos serviços, excluída a administração pública. Ver Dirección del trabajo (2006:9). Note-se que, enquanto nos outros três casos mencionados a população de referência é a PEA, no Chile trata-se da população trabalhadora ocupada, excluídos os servidores públicos.

[12]Dados disponíveis em http://www.venezuelanalysis.com/artcles.php?artno=1151.

[13]Os dados para a Bolívia são altamente polêmicos. Por exemplo, Montero (2003) assinala uma queda de 25,6% em 1989 para 19,7% em 2000, com diminuição, no segmento operário, de 17 a 10%. Para Gasparini *et al.* (2007) a queda foi de 30,9% em meados da década de 1990 para 22,5% em 1999. Ainda que os números sejam díspares, todos apontam na mesma direção: a importante diminuição da densidade sindical nesse país.

o tempo transcorrido ainda não permite que se fale de um novo ciclo grevista no país. Aconteceu o mesmo no caso da negociação coletiva. De um modo geral, a perda de afiliados e a capacidade para a ação coletiva reduziram a habilidade dos sindicatos de interferir, através da negociação coletiva, nas duas medidas de flexibilização do uso do trabalho típicas da reestruturação produtiva nos processos de ajuste econômico: a interna, ou funcional e a flexibilidade externa.

O Brasil, a Argentina e o México são casos em que os sindicatos ou não negociaram questões relativas à manutenção do emprego, ou o fizeram de forma ineficaz. E, em muitos casos, o processo de negociação serviu como meio para reduzir os direitos dos trabalhadores e o alcance da regulamentação sobre as condições de trabalho que eram ditadas pela lei ou por acordos coletivos. A Argentina parece uma exceção, com a introdução de novos temas na pauta de negociação durante o governo Menen, mas mesmo assim a negociação da garantia de emprego foi nula.

Passado o período mais agudo das reformas, o Brasil e a Argentina são casos de relativa inversão da degradação das condições de salário e inversão de emprego. O emprego e os salários reais inverteram a curva anterior de queda, enquanto a pobreza e a desigualdade social diminuíram. No Chile, ainda que o emprego estivesse em recuperação já no final do período Pinochet, a tendência se aprofundou com os governos da "Concertación", sobretudo nos anos mais recentes, acontecendo o mesmo com os salários reais e com a diminuição da desigualdade. No México, ao contrário, os salários reais continuam caindo ou estão estagnados em níveis 33% inferiores aos vigentes antes da crise de 1994 (Salas e de la Garza, 2006), enquanto as taxas de desemprego se mantêm muito baixas. Na Venezuela o panorama é mais complexo, com o aumento da pobreza e do desemprego no começo do governo Chávez e com a inversão das curvas mais recentemente.

As transformações no sistema produtivo e as reformas econômicas dos anos 1980 e 1990 aumentaram a insegurança no mercado de trabalho. Segundo o Latinobarómetro de 2006, mesmo com a inversão das expectativas em relação ao crescimento econômico (já entramos, em 2007, no quinto ano consecutivo de cifras positivas), 67% dos latino-americanos tinham medo de perder seus empregos nos próximos doze meses. Na Bolívia essa taxa era de 70%, e de 68% no Brasil. Números prodigiosos. Em toda a América Latina, segundo o Panorama Laboral de 2006, da OIT, 40% dos empregos existentes eram ou por conta própria, ou não remunerado, ou doméstico. Esses trabalhadores não são contemplados pela proteção social da legislação trabalhista ou da negociação coletiva.

Perspectivas

Em ambos os casos, de associação subalterna aos governos ou de confrontação (e derrota) às reformas estruturais, os sindicatos latino-americanos expressaram os limites políticos produtos de sua associação histórica a um modelo de desenvolvimento. Quando a crise desse modelo exigia mudanças profundas de orientação, os sindicatos se mostraram conservadores e incapazes de readequar-se às novas realidades de economias crescentemente globalizadas e às demandas de estabilidade fiscal, o que os alijou da participação na elaboração dos novos rumos de sua sociedade. Diante da crítica crescente da ineficiência e do uso político das empresas públicas, e da proteção muitas vezes descabida de setores e de empresas e indústrias obsoletas, o sindicalismo se mostrou incapaz de propor novas alternativas. Parte desse conservadorismo, típico dos sindicatos na maioria dos países, se relaciona em muitos casos à incapacidade dos partidos de esquerda, aos quais estavam associados em muitos países, de repensar seus programas para enfrentar os novos tempos.

A combinação dessas tendências, ou seja, acordos institucionais persistentes ou em mutação, e ambientes econômicos em transformação, mas em direção diversa conforme o país, não permite generalizações. O grande desafio das políticas públicas voltadas para a coesão social no continente parece ser reconhecer que as pessoas que vivem de sua capacidade de trabalho têm direitos relacionados a essa mesma capacidade, em contraposição à exploração injusta ou violenta, ou à privação. O tema central é como reorganizar a regulamentação do mundo do trabalho em um contexto em que a estabilidade do emprego e da empresa é cada vez menos presente e a fluidez uma característica dos novos tempos.

Diferentes atitudes e estratégias foram assim se consolidando desde que a implementação de um programa de reformas deixara sem vigência os elementos centrais do antigo modelo sobre os quais repousou a relação entre governo e sindicatos. Questiona-se sobretudo a tradição que consistiu em obter melhoras econômicas e trabalhistas em função da quase exclusiva arbitragem do Estado. A capacidade de pressão política de um sindicato não parece ser mais a única ferramenta do sindicalismo, tanto mais que seu papel atual dentro da definição das políticas econômicas é particularmente modesto (muito em função das novas alianças sociais que se estabeleceram nos anos 1990).

Essa transformação abre paradoxalmente o espaço virtual à autonomia dos atores sindicais, assim como a uma redefinição dos sindicatos como atores sociais com um papel maior na vida interna das empresas, na negociação das condições de trabalho e na preservação do emprego. Um papel que passa, no entanto, por uma separação entre a realidade das relações profissionais e as estratégias políticas dos sindicatos — e portanto da viabilidade do modelo que consistiu em abandonar praticamente as primeiras à gestão empresarial e em concentrar os esforços sindicais no terreno da pressão política. Em muitos casos os sindicatos passaram a atuar em outros âmbitos, particularmente no de reciclagem profissional para os desempregados, e isso levou muitos ex-trabalhadores a se transformarem em microempresários ou a desenvolverem atividades no setor informal. Uma situação na qual se tornam improdutivas tanto as estratégias puramente econômicas como as estritamente políticas, e que o setor informal dificulta ainda mais. Um desafio diante do qual, no momento, os sindicatos em geral não saem triunfantes.

O reconhecimento de que na América Latina os sindicatos muitas vezes estavam distantes dos setores mais pobres da população ou de que foram cooptados (e às vezes corrompidos pela cooptação política) não deve nos levar a subestimar nem sua importância histórica nem a necessidade de mecanismos de defesa coletiva dos trabalhadores. Obviamente o desafio é como atualizar esses mecanismos em contextos de globalização, mudanças tecnológicas e individuação. É cada vez mais necessário superar a visão que restringe as políticas sociais aos setores mais pobres, enquanto se idealiza

ATORES COLETIVOS E FORMAS DE REPRESENTAÇÃO

um mercado sem legislação trabalhista adequada. Isso implica abrir um diálogo das tecnocracias públicas responsáveis pelas políticas sociais (que se concentram nos setores mais carentes constituídos majoritariamente por não assalariados, e com pouca sensibilidade para as condições do mundo do trabalho), dos formuladores de políticas econômicas (cujo objetivo central é muitas vezes o de manter os equilíbrios macroeconômicos, a eficiência e a competitividade) com os trabalhadores e com os sindicatos, para formular um novo modelo social para a região.

3. PARTIDOS POLÍTICOS[14]

Nosso ponto de partida é uma evidência à vista de todos: o generalizado mal-estar com os partidos na América Latina. As pesquisas de opinião a respeito são conclusivas ao colocarem os partidos entre as instituições que despertam menos confiança na população. Esse mal-estar se traduziu em um amplo fenômeno de desprezo político pelos partidos tradicionais que, por seu turno, tornou setores importantes da população disponíveis para a convocação "antipartido" e para o enfraquecimento, quando não a total transformação, do quadro partidário que dominou o cenário político do continente durante a metade do século XX. Nessas circunstâncias, a análise pode enfatizar as transformações no contexto ideológico (internacional e nacional) e na sociedade, que desgastaram as bases dos partidos tradicionais ou, como ressaltaremos nesta seção, as reformas institucionais que afetaram o funcionamento do sistema partidário e que poderiam, num futuro próximo, reorientar sua ação.

Da crise de representação ao reformismo institucional

O reformismo institucional, que paralelamente às reformas estruturais da economia ocupou um lugar relevante na agenda pública da América La-

---

[14]Esta seção se apóia em Ana Maria Mustapic, "Del malestar con los partidos a la renovación de los partidos"; Luis Alberto Quevedo, "Identidades, jóvenes y sociabilidad — una vuelta sobre el lazo social en democracia".

tina, apontou para a reconstrução do vínculo representativo e o restabelecimento dos laços entre a sociedade civil e os partidos. Sua determinação foi simples e persuasiva: aproximar o representante do representado. Com esse fim, promoveu-se uma série de medidas, em particular a descentralização política, a ampliação da oferta eleitoral e a democratização dos partidos.

Ao avaliar em termos gerais as experiências das reformas implementadas, o balanço é decididamente ambíguo. Embora seja certo que, como no caso da Bolívia e do Equador, setores antes não representados encontraram agora sua voz — e isso com certeza é positivo —, as fraturas mais pronunciadas da estrutura social resistiram às organizações partidárias, reduzindo suas capacidades de coordenação política e de gestão de governo. Em um rápido retrospecto, pode-se observar que as reformas abriram as portas a autoritarismos sustentados em eleições, deram expressão a clivagens sociais profundas, contribuíram para alimentar a instabilidade dos governos, que a duras penas se sustentaram sobre a tremedeira social e política que as mudanças institucionais foram deixando atrás de si.

Vejamos, brevemente, as principais iniciativas de reforma, que em cada país adquiriu colorações diferentes:

a) Os processos de descentralização política propiciaram a criação de novos espaços de representação local. Essa redistribuição do poder político teve impactos sobre os partidos: contribuiu para o colapso do sistema tradicional de partidos e para a emergência de *outsiders* na Venezuela e no Peru, para a polarização política e territorial na Bolívia e para a fragmentação do sistema de partidos na Colômbia e no Equador.

O caso peruano é paradigmático. Em 1988 Alan Garcia, em um contexto de profunda crise econômica, lançou um processo de regionalização através do qual deviam eleger-se autoridades subnacionais. Com isso, procurava descomprimir a difícil situação em que se encontrava o governo e conservar espaços de poder para seu partido, o Partido Aprista Peruano, já que eram escassas as possibilidades de repetir um triunfo nas próximas eleições presidenciais. Esse primeiro processo de descentralização, caótico segundo alguns analistas, foi de curta duração, já que o autogolpe de

Fujimori, em abril de 1992, dissolveu os governos regionais, substituídos pelos Conselhos transitórios de Administração Regional que dependiam do governo central. Mais adiante, sob a presidência de Toledo, o processo de descentralização foi reativado, segundo os observadores, de maneira improvisada e rápida. Um de seus resultados foi a fragmentação das forças políticas e a escassa presença de vínculos entre as organizações locais e as nacionais.

b) O aumento da oferta eleitoral foi realizado por meio de uma legislação mais permissiva para a criação de partidos e pela apresentação de candidatos. Os casos da Colômbia e da Argentina foram exemplares a esse respeito. A decorrente multiplicação de partidos e de listas trouxe duas conseqüências negativas: a introdução de confusão e opacidade nas eleições, afetando assim o direito dos cidadãos a eleger de maneira informada, e a virada das energias dos dirigentes partidários para os processos de nominação e competência interna.

Na Colômbia as medidas de descentralização começaram a ser impulsionadas em 1988, sob o governo conservador, e tiveram uma primeira expressão na eleição de prefeitos. Aprofundaram-se em seguida com a reforma constitucional de 1991, que incluiu a eleição de governadores, a apresentação de candidatos independentes e a eleição do Senado em distrito único nacional. Somou-se a isso um processo de atomização dos partidos tradicionais promovido por regras permissivas que permitiram e fomentaram a apresentação, dentro de um mesmo partido, de várias listas para um mesmo cargo. A proliferação de listas e a personalização da competência política resultaram em um sistema altamente fragmentado e anárquico. Em 2003 uma nova reforma política procurou introduzir certa ordem no complexo cenário, tratando de desencorajar a tendência à fragmentação.

c) As primárias abertas para a seleção de candidatos, com a participação de não afiliados, procuraram democratizar a vida interna dos partidos e debilitar suas máquinas oligárquicas. Nos locais onde foram introduzidas — o PRI do México foi um claro exemplo — teve efeitos paradoxais: a maior participação não produziu a indicação de candidatos mais populares e competitivos nas eleições gerais. Esses resultados não foram surpreendentes porque as primárias potencializam a voz de quem tem preferências mais intensas, os militantes, que, na hora de votar, dão mais peso a suas tradições ideológicas do que às expectativas da opinião pública.

Um enfoque sobre o mal-estar com os partidos

A democratização do vínculo dos partidos com os cidadãos esteve longe de ser a panacéia prometida pelas reformas institucionais. As fórmulas a que se recorreu para visualizar o problema da representação em termos de partido-cidadão não produziram resultados à altura das expectativas. Esquematicamente, foram duas as razões. A primeira delas tem a ver com a inconsistência das soluções reformistas: o que se conseguia por um lado se perdia pelo outro. A segunda razão é mais geral e remete às realidades sociológicas contemporâneas que conspiram contra a fluidez da função expressiva dos partidos: a maior segmentação dos setores sociais, o surgimento de novos interesses e preferências, o impacto dos meios de comunicação sobre a formulação da agenda política, o surgimento de uma opinião pública mais alerta e informada.

Em vista de um panorama como o descrito, acreditamos que há que se reorientar a abordagem convencional da representação, centrada exclusivamente no vínculo partido-cidadão, na direção de uma valorização da relação partido-governo. A justificativa dessa nova perspectiva repousa na convergência de três elementos. O primeiro se depreende de um princípio da teoria democrática: dado que a contraparte da autorização para governar é a obrigação dos governantes de prestar contas, segue-se que o exercício do poder é parte do vínculo representativo. O segundo é oferecido pela sociologia política: os partidos contemporâneos perderam muitas das características que podem ser associadas no modelo ideal (representação, mobilização, elaboração de programas e visões de futuro, aglutinação de interesses de amplos grupos sociais), mas ainda retêm uma que é capital na vida das democracias — a de selecionar quem vai exercer o poder político em nome dos cidadãos e formar o governo. O último elemento da justificativa dessa proposta é fruto da observação empírica:

quando se observa de perto a insatisfação dos cidadãos, constata-se que ela se nutre, sobretudo, da queixa contra o desempenho dos governantes.

A fim de examinar os problemas que a relação partido-governo apresenta, é conveniente fazer uma distinção. Se a relação partido-cidadão deve ser avaliada em termos do grau de expressividade com o qual os partidos articulam interesses e preferências, a relação partido-governo tem que ser analisada em termos do grau de coesão que preside as interações do partido com quem ocupa os cargos eletivos. O grau de coesão tem conseqüências sobre a representação já que fortalece o desempenho dos governos. Com efeito, onde a coesão é alta o partido funciona como um escudo do governo contra as manobras da oposição; além do mais, permite fechar a brecha de informação das políticas públicas, convertendo-se em corrente de transmissão; aumenta também o terreno político de ação do governo e reforça sua credibilidade no fazer saber que acompanha solidariamente suas decisões. Aportes como esses mostram que os partidos não servem somente para conquistar votos, mas também que são instrumentos-chave para consolidar a capacidade do governo. Essa condição de instrumentos-chave depende do grau de coesão e delineia possíveis direções a seguir para o fortalecimento da relação partido-governo.

Uma das direções possíveis se localiza no campo eleitoral: o número ideal de partidos tem importância. Um excessivo número de partidos é negativo por várias razões. Em primeiro lugar, não ajuda a simplificar as opções que se oferecem ao eleitor para que possa decidir de maneira informada e útil; em segundo lugar, não facilita a função de filtrar as demandas, e, por último, dilui a responsabilidade de identificar e ponderar a incidência de quem intervém no processo de tomada de decisões. Por sua vez, o número mínimo de partidos, dois, também apresenta riscos, pois pode fomentar práticas "colusivas" para impedir a entrada de novos competidores. Em termos de sistemas eleitorais, a busca de maior coesão na relação partido-governo conduz ao privilégio do componente coletivo-partidário em detrimento do individual.

Outra direção se vincula à organização dos partidos. Uma modalidade adotada por alguns deles separa o partido dos problemas da gestão de governo. Esse princípio é o que estabelece a incompatibilidade de exercer simultaneamente cargos eletivos e cargos diretivos no partido. Desse modo, por exemplo, o líder do governo — ou da oposição no Parlamento, conforme o caso — não pode assumir a liderança do partido. Uma prática ou regra desse tipo introduz um fator de tensão e de competição entre as duas lideranças, cujo primeiro prejudicado termina sendo o líder no governo e sua capacidade de gestão. Mas no fim, esses prejuízos não recaem unicamente sobre o governo, mas também sobre o partido.

Essas duas vias de ação fazem referência a condições institucionais que favoreçem, em princípio, a coesão na relação partido-governo. Para que esse objetivo virtual se torne efetivo, é preciso introduzir uma terceira via na equação, que tem que ver com o tipo de interação que prevalece entre os responsáveis técnicos pelas políticas de governo e os setores mais ou menos próximos ao partido, desde legisladores até afiliados e simpatizantes. Aqui o que importa é a criação de foros de participação informais que facilitem o debate da agenda de políticas entre esses distintos grupos.

A combinação desses três fatores contribui para estruturar a relação partido-governo e galvaniza sua coesão, aplainando o caminho para enfrentar com mais recursos a gestão das políticas públicas. Desse quadro deriva um corolário: o melhor desempenho na gestão do governo por parte dos partidos pode dar lugar a um maior respaldo dos eleitores. Para colocá-lo nos termos da distinção que temos utilizado, os efeitos da coesão na relação partido-governo permitem diminuir as brechas existentes na relação partido-cidadão.

A via proposta não está isenta de limitações. Mas tem pelo menos o mérito de enfrentar o fato de que no marco das realidades sociológicas contemporâneas as brechas de representação são difíceis de ser fechadas; que a recriação de vínculos estreitos entre partidos e cidadãos é uma meta sempre ilusória, como mostraram os resultados das reformas institucionais. Diante disso, a relação partido-governo configura um lócus estratégico possível na busca de apoio e de regulamentação por parte das organizações partidárias e como tal constitui uma alternativa talvez promissora para encarar o mal-estar da representação.

Para além dos partidos políticos?

Por mais importante que seja essa via de reconstrução institucional — cujo futuro é hoje incerto — é preciso insistir em outra das grandes razões da crise contemporânea dos partidos políticos. Se, como tantos analistas assinalam, vivemos um momento de escassez de legitimidade (matéria-prima essencial para a construção da política e base sobre a qual se assenta a intervenção estatal nas sociedades democráticas), talvez a maior preocupação que as classes dirigentes de nossos países tenham hoje seja, justamente, a de renovar seus pactos de sentido com os cidadãos mais do que criar um quadro institucional associado ao modelo ideal clássico (sistema de partidos, mediações institucionais, fortalecimento das instâncias parlamentares, etc.). Tudo isso no marco de sociedades que assistiram às mudanças das cenas políticas clássicas da modernidade para outro tipo de mediação (videopolítica, novas lideranças, atividade de movimentos sociais, etc.).

No entanto, no âmbito da representação política, muitos diagnósticos preferem se agarrar a uma espécie de "reconstrução institucional" como se fosse uma demanda sempre latente nos cidadãos. Seguindo esse tipo de pensamento, estaríamos ante um certo déficit de instituições democráticas típicas do século XX em um contexto de capitalismo e práticas culturais e simbólicas próprias do século XXI. Embora os cidadãos mostrem um certo mal-estar diante da falta de referentes que lhes devolvam um horizonte de segurança, é difícil pensar que na maioria de nossas sociedades exista algo assim como uma nostalgia pelo passado institucional. Mais ainda, em muitos países latino-americanos nunca houve instituições ou sistema de partidos sólidos e de funcionamento prolongado. Os cidadãos parecem adaptar-se melhor às novas chaves culturais e políticas do neocapitalismo, ainda que sintam saudades, é verdade, das seguranças sociais de largo prazo que prometia o capitalismo do século passado.

Na realidade, testemunha-se, por trás da crise atual da representação, uma mutação: a busca de outros "vínculos na comunidade política, caracterizados por um papel central das lideranças midiáticas na construção de identidades políticas ou pela presença direta dos cidadãos, que em certas circunstâncias parecem preferir se auto-representar" (Cheresky, 2007: 12). Ponto extremo, e no momento sem dúvida problemático, de atores sociais e muitas vezes de indivíduos que têm menos confiança no sistema partidário e que possuem a íntima convicção de que esse é incapaz de representá-los na diversidade de seus interesses.

Uma das perguntas latentes (e também recorrentes nos diagnósticos políticos atuais) consiste assim em saber como essas transformações estruturais afetam as culturas políticas de nossos países. É difícil dar uma resposta única. A proliferação de conflitos e de demandas específicas e pontuais que, com freqüência, seguem caminhos extra-institucionais e uma lógica de "tudo ou nada" que contraria a possibilidade de negociação de interesses, parece turvar a arena política. Pense-se na exacerbação de um protesto social cujos protagonistas freqüentemente evidenciam uma intransigência férrea em suas posições; ou em "comunidades de indignação" que moralizam e personalizam os assuntos públicos, colocando em cena um cidadão ativo mas antiinstitucional, o que não é de maneira alguma desdenhável, mas que, como contrapartida, parece ter muito mais consciência de seus deveres, ao mesmo tempo que desconfia do Estado, dos políticos, dos organismos institucionais, e que se refugia nos meios de comunicação.

Mas isso também pode ser a base de uma nova relação com as instituições políticas. Uma relação na qual, como em tantos outros lugares, as exigências de representação ou de participação dêem lugar a uma democracia sob forte fiscalização midiática (incluindo os novos meios de comunicação em rede), e na qual a opinião pública — seus humores e sua instabilidade — reforce seu peso específico. Uma tendência que se acentua em países com escassa tradição partidária ou nos quais, de fato, o sistema institucionalizado de partidos ruiu nos últimos anos.

Mas, por mais importantes que sejam essas tendências, não é imaginável no momento atual que se produza o desaparecimento dos partidos políticos. Razão pela qual, apesar da força desses humores antiinstitucionais, é necessário repensar a função coesiva dos partidos a partir de outra base. Em todo o caso, é nessa evolução de conjunto que a legitimação pela via partido-governo (mais do que pela via tradicional cidadão-partido) pode ser uma estratégia frutífera. Ao final, os partidos serão avaliados menos por sua capacidade de representação social (uma função que recai, cada vez mais como veremos, sobre os MC&IC), do que por sua capacidade de propor uma oferta política variada e de serem, de fato, agências efetivas para a alternância e seleção das equipes dirigentes. Em todo o caso, é provável que o futuro dos partidos políticos resida na maior eficiência organizacional, na sua capacidade de proposição de políticas e em seu papel ativo no melhoramento do sistema institucional de nossos países.

Até o momento, a evolução atual não vai globalmente nessa direção. E no entanto, como não ressaltar, apesar de suas insuficiências, as capacidades que os responsáveis políticos da região tiveram nos últimos anos para gerenciar graves crises — para não dizer gravíssimas — sem debilitar o espaço da democracia (basta pensar, neste sentido, nas experiências recentes na Argentina, no Brasil, no Equador, na Bolívia, na Venezuela, no Peru e inclusive na Colômbia). Em muitos dos países citados, sob formas diversas, o projeto mesmo de convivência democrática foi questionado, e em todos eles, com variantes, e às vezes no limite da legalidade, foi possível negociar saídas políticas. O que não é uma confirmação nem de uma regeneração dos partidos — como sua escassa legitimidade na opinião pública indica — nem de sua maior racionalização organizacional. Mas é um indicador de grande relevância tanto das novas capacidades de regulamentação do jogo democrático partidário na região, como, fato inédito há décadas, do retorno dos militares aos quartéis.

4. SOCIEDADE CIVIL[15]

A sociedade civil se transformou no símbolo de solidariedade e de mudança social no espaço público do pós-guerra fria. Devido a sua força

---

[15]Esta seção se apóia em Bernardo Sorj (2005b), "Sociedad civil y relacciones Norte-Sul: ONGs y dependencia", Centro Edelstein de Investigaciones Sociales, Working Paper 1, Rio de Janeiro, http://www.centroedelstein.org.br/espanol/wp1_espanol.pdf.

evocativa e a seu potencial para expressar a esperança em um mundo melhor, a idéia da sociedade civil exerce uma ampla influência na estrutura de percepção dos cidadãos e na função que conferem a si mesmos os diversos atores sociais. Além dessa força evocativa, devemos abordar algumas questões políticas inevitáveis: Qual é o impacto efetivo da sociedade civil no âmbito de suas atividades de desenvolvimento social? Quais são as relações entre as sociedades civil nacional e internacional? Em que medida e dentro de que limites elas podem desempenhar o papel de intermediário entre os indivíduos, os grupos sociais e as estruturas do poder público?

Sociedade civil e sistema político

A "sociedade civil", depois de um século em estado latente, pois a noção foi de uso corrente no século XVIII[16] e no XIX, voltou à moda devido à luta contra os regimes militares autoritários na América Latina e contra os regimes comunistas totalitários na Europa Oriental. Em tais contextos, a "sociedade civil" representava um conjunto extremamente heterogêneo de atores unificados pelo objetivo comum da luta pela democratização dos regimes políticos. Quando esse objetivo se realizou, tudo levava a crer que a sociedade civil estava condenada a ser um fenômeno de curta duração. Mas, longe disso, ela se converteu em um conceito central da vida política das sociedades, tanto as desenvolvidas como as em desenvolvimento.

O que ocorreu? A força da sociedade civil no imaginário social é uma expressão e uma resposta à crise de representação das democracias contemporâneas, nas quais os partidos políticos perderam sua capacidade de convocação e de geração de visões inovadoras para a sociedade, em particular, mas não somente, os partidos associados a utopias socialistas.

Nos países em desenvolvimento, a sociedade civil é vista como uma esfera capaz de produzir um curto-circuito nas instituições estatais (consideradas corruptas e ineficientes), o que a torna atraente para as instituições internacionais: o Banco Mundial, o FMI e o sistema das Nações Unidas,

---

[16]A partir de Adam Ferguson.

que passou a ver as ONGs como um aliado na elaboração de uma agenda transnacional destinada a romper o monopólio dos Estados-nação.

A sociedade civil foi revalorizada, então, por ideologias e por atores internacionais muito diferentes, embora seja um ator autônomo que não se ajusta nem ao desejo dos pensadores de direita, segundo os quais essas associações favoreceriam a diminuição do papel (e gastos sociais) do Estado, nem ao modelo de esquerda, de um espaço radicalmente separado do mercado e do Estado.

O principal ator da sociedade civil contemporânea são as ONGs. O que são as ONGs? As associações da sociedade civil (clubes culturais e esportivos, organizações profissionais e científicas, grupos maçônicos, instituições filantrópicas, igrejas, sindicatos etc.) existiram ao longo do século XX. Essas organizações representaram diretamente (ou pelo menos se esperava que representassem) um público determinado, sendo que as ONGs contemporâneas afirmam sua legitimidade na base da força moral de seus argumentos e não por sua representatividade. Trata-se então de *algo novo, de um conjunto de organizações que promovem causas sociais sem receber o mandato das pessoas que dizem representar.*

As organizações filantrópicas tradicionais também se caracterizaram por não representar seu público, mas nunca afirmaram ser a voz de sua clientela. A Igreja, por sua parte, se baseia na crença de que seu mandato provém de Deus. E os partidos revolucionários viam a si mesmos como a vanguarda à qual a classe trabalhadora terminaria se identificando e aderindo. Mas as precursoras das ONGs contemporâneas, como a Cruz Vermelha, a Action Aid e a Oxfam, ainda que motivadas por fortes valores morais humanitários, não pretendiam na sua origem expressar as opiniões das pessoas que atendiam, mas somente socorrê-las.

Nesse sentido, as ONGs constituem uma revolução real no domínio da representação política. Suas precursoras são as organizações e as pessoas que lutaram contra a escravidão ou, mais tarde, pelos direitos dos consumidores. Mas mesmo com esses antecedentes, durante o século XX a representação das causas públicas e o debate no espaço público foram canalizados principalmente pelos sindicatos e pelos partidos políticos, ou seja, por organizações representativas.

As ONGs, esse novo fenômeno de representação sem delegação — ou melhor, de autodelegação sem representação —, permitem canalizar as energias criativas dos ativistas sociais para as novas formas de organização separadas do público, cujas necessidades pretendem representar, ou, pelo menos, sem um vínculo muito claro com esse público. Os casos mais óbvios são os das ONGs dos países desenvolvidos que apóiam grupos e causas sociais dos países em desenvolvimento.

Sustentadas no discurso dos direitos humanos (e ecológicos), as ONGs se colocam como formuladoras de demandas aos governos (e às organizações internacionais) e não como um instrumento de acesso ao poder do Estado. Nesse sentido, expressam e fortalecem uma cultura política que se coloca à margem e desconfia dos governos, como agentes éticos diante de um Estado pragmático, como consciência moral de um sistema imoral. Como tal, são simultaneamente *voice* e *exit*, um mecanismo de participação que busca não se contaminar pelos interesses e pelos jogos de poder.

Por não contar com o apoio direto da comunidade que pensam representar, as ONGs dependem de recursos externos. Ao contrário da maioria das organizações tradicionais da sociedade civil, em geral baseadas no trabalho voluntário, as ONGs são dirigidas por equipes profissionais e constituem uma importante fonte de emprego. Como carecem de uma base social estável e homogênea que possa exercer pressão política pela mobilização direta, tendem a promover suas agendas através dos meios de comunicação. Em suma, são grupos de profissionais que exercitam a crítica social, sem delegação expressa de nenhum grupo social mais amplo, através de ações cuja repercussão depende da divulgação midiática.

Enquanto muitas ONGs dos países desenvolvidos recebem uma parte de seu financiamento de contribuições voluntárias, a dependência do financiamento externo se tornou hoje uma questão central para a maioria das ONGs dos países em desenvolvimento. As ONGs são, de fato, um veículo importante por meio do qual se canaliza a cooperação internacional. Mas esse financiamento impõe restrições. O mundo das ONGs só pode ser entendido como parte de uma cadeia mais ampla na qual os provedores de fundos desempenham um papel fundamental. Os doadores operam, direta ou indiretamente, como um ator central na elaboração das agendas das ONGs. Mesmo dispondo de capacidade para influenciar seus doadores, a luta pela sobrevivência as leva a adaptar-se às agendas de quem contribui com fundos.

As ONGs na América Latina

Na América Latina, a partir de fins dos anos 1960, o universo das ONGs foi se diversificando. Tendo sido criadas geralmente com o apoio financeiro externo, seu principal objetivo era participar da resistência contra os regimes autoritários. Em décadas recentes, a importância relativa do financiamento europeu para as ONGs latino-americanas diminuiu, com exceção dos países mais pobres, concentrando-se cada vez mais na África e na Europa Oriental, enquanto as fontes de financiamento público local aumentaram.

Em vários países, como o Brasil, expandiram-se as ONGs e as fundações do setor empresarial que, influenciado pelo discurso da empresa socialmente responsável, se envolveram em projetos sociais. Em outros casos foi o Estado que passou a usar amplamente as ONGs, não poucas vezes para apoiar organizações relacionadas diretamente com grupos partidários ou com políticos individuais. Muitos desses apoios terminam em escândalos de corrupção cujos efeitos desmoralizantes chegam a desgastar a credibilidade de todas as organizações. De qualquer modo, a independência das ONGs se detém diante da necessidade de financiamento, que vem sempre associada a algum tipo de condicionamento.

Na América Latina as chamadas ONGs internacionais também têm uma importante presença. Essas ONGs se transformaram em atores políticos relevantes na luta por influência nas agendas nacionais, em certas áreas, como: meio ambiente, direitos indígenas e direitos humanos. Os quartéis-generais nacionais (ou multinacionais) da maioria das ONGs internacionais estão nos países desenvolvidos, onde obtêm a maior parte de seus recursos financeiros e aos quais pertence boa parte de seus associados. As agendas das ONGs situadas no Norte expressam as prioridades de suas próprias sociedades. A diferença é que a maioria das ONGs do

Sul depende de um apoio que vem de fora de seus países. Não se trata, por conseguinte, de uma "sociedade civil global", de uma rede de iguais, mas sim de um mundo de ONGs fundado em uma estrutura assimétrica de poder. As ONGs do Norte, mesmo as menores, estão em condições de atuar internacionalmente, enquanto em geral as principais ONGs do Sul só obtêm respaldo para atuar nacionalmente.[17]

A afirmação de que as ONGs da América Latina passaram a ser um substituto do Estado e de suas políticas sociais é insustentável, pois a capacidade das ONGs de distribuir bens públicos é extremamente limitada. Quanto mais forte é a economia do país, mais se confirma essa inserção. No Brasil, na Argentina, no Chile, na Colômbia e no México, para citar somente as economias mais importantes do continente, não é razoável sustentar que as ONGs estejam em condições de substituir as políticas estatais. Em geral, são contratadas pelos governos para implementar serviços locais, e as mais criativas desenvolvem experiências de práticas inovadoras, que, se absorvidas pelo Estado, podem ter impactos sobre a sociedade. Obviamente que para realizar essa função inovadora não podem ser simples elaboradoras de projetos com financiamento externo, com pressupostos distantes das realidades locais e que se extinguem junto com o fim da chegada de recursos. É diferente a situação dos países mais pobres, como por exemplo do Haiti, da Nicarágua ou da Bolívia, onde as ONGs veiculam recursos da cooperação internacional que são importantes para a população mais pobre.

Como instrumentos de desenvolvimento social, na América Latina o desafio não só é a possibilidade de que as ONGs substituam o Estado, mas também o de como aumentar a capacidade para que se transformem em *partenaires* autônomas do Estado, para que administrem projetos capazes de ser formulados como políticas sociais e que tenham uma relação mais transparente, tanto com o sistema político quanto com os movimentos sociais.

---

[17]Nesse sentido, o mapa mundial apresentado no *The State of Global Civil Society 2003* (Mary Kaldor *et al.*, 2004) mostra que a sociedade civil global, na medida em que é animada principalmente pelos países avançados, reflete o viés da relação norte-sul: os principais critérios para estimar a densidade da sociedade civil global remetem à existência de ONGs internacionais (Helmut Anheier e Hagai Katz, 2003).

Como disseminadoras de causas, as ONGs de *advocacy* tiveram e têm impactos mais importantes. A política de luta contra a aids no Brasil, uma das mais bem-sucedidas do mundo, ou a luta pela preservação da memória dos desaparecidos na Argentina são exemplos de êxito. O fato de que em ambos os casos elas mobilizaram diretamente setores médios pode ajudar a explicar em parte o sucesso dessas iniciativas. A influência mais difusa em defesa dos direitos humanos ou do meio ambiente tampouco pode ser diminuída.

Em certos casos de causas veiculadas por fundações ou ONGs internacionais o impacto político e social pode ser questionado, se não a própria causa pelo menos a elaboração ideológica e as prioridades. Se o meio ambiente é uma causa sem dúvida importante, seria desejável que as prioridades nacionais fossem decididas pelo debate público interno e não por uma central no exterior. O mesmo vale para o apoio que foi dado a movimentos indígenas na América Central ou nos países andinos, ou, como veremos em um capítulo posterior, ao movimento negro e às políticas de cotas raciais no Brasil. Em suma, com as boas intenções muitas vezes são exportadas de forma indiscriminada agendas e visões políticas dos países centrais que não são expostas ao debate público de cada país.

Finalmente não podemos esquecer que as ONGs estão impregnadas pela realidade política local. Seu papel e importância nos regimes democráticos dependem do nível de democratização da sociedade e de seu sistema político. Quanto menos democrática for uma sociedade, mais possibilidade há de que as ONGs se isolem do sistema político e das instituições nacionais, sejam silenciadas, sejam convertidas em instrumentos de tendências autoritárias.

5. A MUDANÇA DOS PERFIS MILITANTES

Por mais diferentes que sejam, as três transformações que acabamos de apresentar podem ser lidas a partir da experiência da militância política/cidadã e do processo de individualização que a contém. Com efeito, a participação cidadã se apóia em alguns arquétipos que se encontram no cruzamento de condutas observáveis, de representações coletivas idealizadas, de ideologias políticas e de modelos sociológicos que dão lugar a grandes perfis de compromisso que, no seu nível e a sua maneira, dão conta da evolução da ação coletiva, e para além dela, de certo vínculo com o político e com o "fazer política".

Com o risco de certo esquematismo, é possível ver nas transformações assinaladas a metamorfose do perfil do compromisso cidadão. O antigo perfil do militante sindical ou revolucionário cede lugar a uma forma de ativismo mais pontual e pragmática, na qual se destacam os dotes de comunicação e as capacidades para tecer redes, em que o antigo compromisso, único e total, se divide em múltiplas figuras de articulação entre o público e o privado, mais temporais e profissionalizadas. Em muitos casos, o compromisso deixa aberta a possibilidade de retraimento — a *voice* se mistura então em doses inéditas com as capacidades de *exit*.

O *fim do militante histórico*

Na América Latina, o militante sindical jamais coincidiu com o perfil de militante dos partidos políticos de esquerda. Se o militante de esquerda era geralmente um voluntário, o sindicalista rapidamente se transformava em um profissional, e muitas vezes os primeiros enfrentaram os segundos, a tal ponto eram diferentes os interesses, as trajetórias "geracionais" ou as origens sociais de uns e de outros. E, no entanto, houve algo de comum entre eles. Ambos estavam marcados por um processo de forte politização, no qual o compromisso, mesmo quando foi exercido de fato somente em uma fase biográfica específica, era vivido como uma "vocação" total à qual se "dedicava a vida".

Insistamos: a distância sempre foi profunda entre os militantes sindicais (e os vínculos de dependência que sempre tiveram com líderes e partidos políticos) e os militantes de partidos políticos de esquerda, que, de maneira muito distinta conforme o país, defenderam visões de sociedade ideologicamente mais autônomas e socialmente menos inseridas. Mas na década de 1960 essa divergência real foi turvada pelo surgimento de um novo conjunto de militantes, muitos deles originários das classes médias, estudantes universitários, e definidos por uma opção nacionalista revolucionária. Essa militância possuiu em certos casos um tal grau de clausura que falar de "ideologia" era excessivo, pois os sistemas interpretativos produzidos não se encontravam a serviço de nenhum ator social específico (Touraine, 1988).

A experiência política desses militantes se desenvolveu dentro de estruturas mais ou menos organizadas, geralmente fechadas, sempre hierárquicas. Em muitos casos, a vida pessoal se convertia em uma prolongação da vida militante. A formação política, fortemente desigual, deu lugar a um discurso saturado de referências seja à palavra do líder (na tradição populista), seja aos textos da doutrina (na tradição marxista-leninista, retraduzidas posteriormente pelo maoísmo e pelo fidelismo). Mas sobretudo, neles foi patente o projeto de formação de "quadros", elemento determinante da militância revolucionária e elemento central de sua "mística", isto é, de um compromisso que se queria, ou em todo o caso que se dizia, permanente e radical. Para muitos desses militantes, fortemente influenciados pela revolução cubana, o horizonte de possibilidades de mudança social pareceu ampliar-se a ponto de adaptar-se aos desejos, já que a vontade militante e a condução política pareciam capazes de gerar a história.

Brutalmente essa figura se eclipsou. Em alguns casos, seu desaparecimento se explica em boa parte pelos efeitos da repressão militar (em certos países do Cone Sul, as ditaduras militares cortaram boa parte da transmissão de uma memória militante entre gerações), outras vezes pela profissionalização dos partidos políticos ou pelo êxodo para as ONGs, ou pelas transformações sociais que se produziram nos anos 1980 e 1990, e que reduziram o espaço do voluntarismo político na região.

Em todo o caso, a primeira grande mudança, e da qual até certo ponto procedem todas as outras, não é senão a paulatina aceitação, por parte de uma nova geração de militantes, das exigências da democracia. Um processo ainda ambíguo entre certos militantes, como o retorno de tentações populistas — que abordaremos em outro capítulo —, o mostra hoje em dia, e como a vigência de um certo ideal revolucionário ainda o testemunha. E no entanto, entre a figura do Che Guevara e as atitudes do subcomandante Marcos, ou entre Fidel e Chávez, há uma profunda metamorfose de forma e de conteúdo.

Com o retorno à democracia nos anos 1980, muitos dos antigos militantes começaram a atravessar um difícil processo de transição. O choque entre os exilados, os que saíam da prisão, os novos ativistas, assim como os militantes que ficaram no país, produziu situações em que mais de um não pôde encontrar seu lugar. Houve, em outros casos e de maneira ainda mais clara, um choque entre o passado e o presente, e entre muitos sindicalistas a descoberta de que as velhas formas de proceder, de pressionar e de negociar politicamente haviam se esgotado. No fundo, o que se viu foi não somente a inadaptação ou readaptação dessa geração, mas também a crise de seu perfil militante. Na América Latina dos anos 1990 o espaço se rarefez para o militante de esquerda e para o revolucionário.

O ativista pragmático

A individuação em curso também se faz visível na participação cidadã. As razões dessa evolução são múltiplas e diferentes de acordo com o país, mas em todos os lados se desenha um novo ativista social. Na verdade, em muitos casos se assiste a uma racionalização do compromisso político, no qual cada vez se dá mais peso ao papel profissional, que em geral supõe que as competências pessoais se ponham a serviço de uma causa através de uma compensação econômica. Para alguns, para retomar a célebre distinção de Max Weber, a "vocação" do antigo militante se oporia à "profissão" do novo ativista. Em todo o caso, esse novo perfil se caracteriza por um conjunto de traços que o distanciam da antiga figura histórica: rentabilização da atividade política; incremento da legitimidade por meio de competências especializadas; maior preocupação com os resultados práticos e com os serviços proporcionados aos adeptos; valorização das capacidades de tecerem redes acima das capacidades de estruturarem organizações verticais e, certamente, o primado definitivo das competências comunicativas sobre as retóricas ideológicas. Em alguns, os incentivos seletivos materiais e de status substituem os incentivos de identidade ideológica.[18]

Essa rentabilização, ou pelo menos maior pragmatismo do ativismo, acentua além do mais a paulatina separação entre os partidos, a atividade sindical, as associações, ONGs e os cidadãos. Isso marca uma diferença importante com a situação dos anos 1960, quando o militante estava vinculado (ainda que muitas vezes somente de maneira discursiva...) com os sindicatos, ou pelo menos com organizações de bairro ou profissionais. Nesse contexto, a ação na esfera pública era imediatamente concebida como política. Hoje, as fronteiras entre as diversas esferas sociais, sem deixarem de ser porosas, tendem a ser mais bem-delimitadas: os novos ativistas são mais "pragmáticos", menos ideologizados e mais propensos a circular em organizações político-degradáveis, como acabamos de ver, em ONGs definidas mais por sua ação moral ou assistencial do que por sua combatividade propriamente política.

O novo perfil do ativista destaca assim sua profissionalização econômica e seu pragmatismo. Este pragmatismo se expressa pelo abandono de visões ideológicas totalizadoras em benefício de implicações mais pontuais — como é visível em tantas associações de bairro ou de mulheres, em que, uma vez alcançado o objetivo (o acesso à eletricidade, à água potável, a uma reivindicação específica), a mobilização tende a desmanchar-se. Um fenômeno que no caso argentino, e em parte na Venezuela, incluiu as camadas médias tradicionalmente pouco habituadas a esse tipo de ação de protesto. Mas isso também é observável em âmbitos que ontem foram os principais redutos da militância revolucionária. Por exemplo, apesar da presença de agrupamentos partidários dentro da política universitária, em muitos países da região o ativismo universitário se tornou autônomo em suas orientações, e, cada vez mais, são os problemas específicos da universidade que se encontram no centro da preocupação de muitas associações estudantis.

---

[18]Assinalemos no entanto que muitos militantes universitários e também partidários continuam realizando uma atividade partidária sem ser remunerados. E não esqueçamos que no passado muitos inscritos nos partidos políticos ou militantes de base perseguiam e obtinham cargos públicos, o que era uma maneira de rentabilização econômica da militância.

O DESAFIO LATINO-AMERICANO

Soma-se a isso a consciência, entre muitos jovens, mas também entre certos delegados sindicais, de que a atividade política não será senão uma fase transitória, a menos que se converta em uma atividade profissional e rentável. O ativismo se concebe, sem rodeios e sem falsas ilusões, como uma prática transitória e específica. Transformação que não permite concluir simplesmente que vivemos a crise do compromisso militante, mesmo se a experiência da democracia facilita, como em tantos outros lugares, uma privatização dos indivíduos, principalmente entre os mais jovens. O que acontece é que o processo de individuação em curso na região obriga a reconhecer um espaço maior para a vida pessoal e a familiar, que não pode mais ser sacrificada em benefício de um compromisso político. Junto a esse processo se opera também uma necessária separação de esferas. E isso, com suas limitações evidentes, é um aspecto importante de ratificação da cultura democrática, tão importante que esse equilíbrio se busca às vezes entre militantes que, no mesmo período, como é o caso do feminismo, politizaram a esfera pessoal.

Em todo o caso, consolida-se um perfil distinto do compromisso público. Um perfil no qual não é possível ver unicamente o declínio do homem público ou de paixões políticas, pois nesse processo aparecem também novas formas de vinculação com a esfera pública, menos totais, menos exigentes, mas nem por isso menos relevantes. Algumas, como ressaltamos, passam por uma profissionalização do ativismo, mas outras, como ignorá-las, supõem vontades de participação e de associação solidárias. Mas uma e outra, por diferentes que sejam, repousam sobre um acordo comum: o anseio de dissociar a vida pessoal e o compromisso cidadão ou de associá-los a estilos de vida (como no consumo alternativo ou nas relações familiares). O processo de individuação subterraneamente reforça essa transformação, a ponto de muitos atores valorizarem sua participação em um movimento já não somente sob o espectro de uma "vocação", mas como um âmbito no qual adquirem capacidade, exercem iniciativas, descobrem facetas pessoais, afirmam direitos, em resumo, se sentem cidadãos, mas sob um novo perfil. Entre o militante de antigamente e o ativista de hoje, se interpôs não só um evidente processo de crise ideológica, mas também um processo de individuação que nutre novas formas de implicação cidadã.

6. A EMERGÊNCIA DO PÚBLICO

As transformações na ação coletiva produziram uma mudança importante na representação das sociedades latino-americanas. Como em tantos outros lugares do mundo, o declínio relativo das mobilizações sociais, das ideologias socialistas e a crise de representação do sistema de partidos políticos fizeram com que o problema da representação se deslocasse para os meios de comunicação de massa. No capítulo anterior, já vimos o papel dos MC&IC na transformação dos laços sociais na região, agora é necessário precisar seu papel na coesão política e na representação de nossas sociedades. Em todo o caso, a perda do peso específico observável do lado das mobilizações sociais foi amplamente compensada pela afirmação de novos mecanismos de representação dos interesses e das identidades no âmbito midiático.

Uma sociedade não processa seus conflitos e divergências somente através das mobilizações coletivas. Também o faz, e, como veremos, cada vez mais, através de uma esfera pública ampliada na qual os MC&IC adquirem uma função crescente. Nesse sentido, a América Latina não escapa a uma das grandes transformações do final do século XX, que assistiu à consolidação de uma esfera pública cada vez mais ativa, plural e autônoma, na qual se inscrevem as principais representações que as sociedades atuais produzem sobre si mesmas. Um domínio público no qual é necessário distinguir entre uma opinião, um espaço e uma dinâmica.

A opinião pública

Ao mesmo tempo a indústria, o espetáculo, a mediação, o reflexo, o debate, a linguagem, os MC&IC são o principal vetor de uma opinião pública que é hoje o principal suporte da expressão das divisões e diferenciações sociais. Vivemos a coesão social porque os MC&IC nos transmitem uma representação da sociedade, de seus debates e de seus conflitos.

Aqui não é o lugar para trazer à tona o que os estudos da recepção nos ensinaram nos últimos anos. Mas esse ponto é suficientemente importante para que um esclarecimento seja necessário. Na América Latina, como em tantos outros lugares, a opinião pública é objeto de uma série de suspeitas (pois estaria sob controle e influência); mas na América Latina esse sentimento é mais forte que em outros países porque essa desconfiança se apoiou sobre um laço social dual, no qual era de bom-tom — tanto na direita como na esquerda — que a hierarquia "natural" se prolongasse em uma condenação da incapacidade das "massas" de forjar opiniões pessoais e da facilidade de se deixar "manipular" ou "alienar". Pouco importa que os estudos empíricos não tenham corroborado a tese da influência direta dos MC&IC sobre as opiniões individuais; essa era uma presunção inicial que nada podia desestabilizar.

Certamente, a opinião pública na região, como em tantos outros lados, está sujeita a controles diversos, que passam por uma propaganda insidiosa ou publicitária, pela vontade dos poderes políticos de controlar mais ou menos diretamente as emissões, pelo forte monopólio que grandes grupos econômicos privados detêm sobre os meios de massa na região (como não lembrar, por exemplo, papel do sistema Globo no Brasil durante a ditadura militar ou o da Televisa no México). E no entanto, e apesar dessas influências evidentes, a opinião pública não deixa de ser uma arena onde visões múltiplas, opostas, antagônicas lutam para se impor, são representadas, circulam e são debatidas, cada vez mais, inclusive através da internet.[19]

A individuação em curso nos obriga em todo o caso a prestar atenção aos processos efetivos de construção da opinião pública. Reconhecer assim que os caminhos da persuasão são menos lineares; que as mensagens são decodificadas a partir de experiências sociais diversas, e cada vez mais diversas; que a opinião pública, por evanescente que seja, é o fruto de um conflito permanente de representações, no qual todos os atores sociais se esforçam para influenciar e fazer escutar suas vozes. A idéia de um emissor único enviando mensagens coerentes e homogêneas a uma massa informe de indivíduos isolados e cativos é uma imagem que não corresponde

---

[19]Embora a internet não deva ser idealizada como um espaço público à margem das realidades da sociedade, apresentando desafios próprios para a construção do espaço público. Ver Bernardo Sorj, 2006.

ATORES COLETIVOS E FORMAS DE REPRESENTAÇÃO

a nenhuma situação social real. Os indivíduos preexistem às emissões culturais e às informações; as ideologias, as mensagens e os códigos difundidos são percebidos e interpretados de maneira diferente pelos distintos grupos sociais em função de sua posição de classe, de gênero, de geração, de nível cultural, de lugar de residência. Um processo que o incremento do nível educacional e a diversificação dos MC&IC acentuaram fortemente na região.

No entanto, na América Latina, se os importantes estudos de certos especialistas são deixados de lado, essa concepção mais conflitiva da opinião pública sofreu — e sofre — para se impor, porque a tese clássica da atomização social própria da sociedade de massas (e a "disponibilidade ideológica" que isso supõe na consciência dos indivíduos) foi prolongada por uma visão dicotômica que opunha a gente "decente" à "turba", ou a "conscientes", a "alienados" (por definição, passivos e incapazes de opinião pública). O fato de que na região os indivíduos sejam importantes consumidores de programas (sobretudo televisivos), ou que os habitantes dos bairros periféricos e populares comprem uma televisão antes de outros bens de consumo, tem sido no geral interpretado como um signo inequívoco de sua alienação. O processo de individuação nos obriga a rever essa tese. Isso não quer dizer de maneira alguma que na América Latina, como em outras regiões do mundo, os indivíduos não sofram a influência dos MC&IC, mas que essa influência é complexa, tanto que o processo mesmo de influência é objeto de lutas sociais, de um trabalho aberto e composto por uma grande quantidade de atores com interesses distintos (jornalistas, consumidores, políticos, etc.).

Sob a ação da opinião pública, assiste-se a uma tendência para a uniformização dos modos de pensar e de viver e, ao mesmo tempo, ao incremento do individualismo. As comunidades de antigamente vêem suas restritas identidades se debilitarem em benefício de uma pletora de imagens e de mensagens dirigidas aos indivíduos. Com certeza, esse processo paradoxal de estandardização e de singularidade não engendra a igualdade. Os MC&IC mantêm ou reforçam as desigualdades sociais ou culturais e, se os modos de vida não param de se recriar sob sua influência, em ritmos muito diferentes conforme os atores sociais, nem por isso o uso das mensagens aparece como fundamentalmente desigual entre eles. Mas, mesmo assim, os MC&IC terminam por criar, como já dissemos, "públicos" com sensibilidades culturais diferentes que, na sua diversidade, acentuam o mosaico de interesses e de identidades que compõem as sociedades atuais. Uma diversidade identitária que dificulta, obviamente, a capacidade de representação dos atores sociais através de conflitos instituídos, a tal ponto que os indivíduos aparecem sendo mais móveis que as identidades grupais.

O processo foi sem dúvida reforçado nos últimos anos com o surgimento da internet, do cabo e da multiplicação de canais (aos quais têm acesso muitas categorias sociais, inclusive através de mecanismos ilegais e que, como veremos em um capítulo posterior, alcançam em muitos países quase 40% dos setores populares), e no entanto os MC&IC, e principalmente a televisão, continuam sendo um dos mais poderosos fatores de coesão nacional. É por meio dela que se organiza o essencial do debate político; é por meio dela que se vivem as principais emoções coletivas nacionais (é necessário fazer referência a esses rituais laicos de comunhão que são as partidas de futebol da seleção?). Claro, esse processo é hoje mais aberto do que antes, produzindo justamente, como veremos, uma visão da nação mais reflexiva, constantemente em comparação com outras nacionalidades e contextos sociais, mas nem por isso menos coeso.

O espaço público

Se os MC&IC participam da formação e da expressão da opinião pública, é porque esta é capaz de se expressar em um domínio particular que cresceu de maneira decisiva nas últimas décadas. Constitui-se um verdadeiro espaço público, onde justamente é possível dar publicidade aos assuntos da sociedade, convertendo-os assim em objeto de debate e de discussão. Os mecanismos são diversos e os efeitos muitas vezes contraproducentes, sobretudo quando a agenda midiática impõe seus ritmos à agenda política, mas nem por isso é menos certo que o espaço público tenha se convertido num âmbito específico da vida democrática na região. Conseqüentemente, é inútil inclinar-se aqui entre uma tese otimista ou pessimista — o importante é avaliar o tamanho da transformação. Digamos sem rodeios: nesse registro, a mudança foi literalmente enorme em um lapso apenas de trinta anos.

Além do mais, a tensão entre a opinião e a representação é tão velha quanto a democracia. Ao lado de uma legitimidade obtida nas urnas, existe outra legitimidade mais incerta, justamente a da opinião. Durante muito tempo, essa opinião foi a da "rua", dos "panfletos", de certos editorialistas de prestígio, dos informes dos serviços de polícia. Hoje em dia, essa opinião se "expressa" mediante pesquisas que às vezes comentam, outras vezes precedem, as decisões políticas. Sem dúvida, essa opinião não é jamais a manifestação pura de uma opinião, pois não cessa de ser construída pelos especialistas e pelos comunicadores-estrela. Ela é definida pela natureza das perguntas (e, por conseqüência, do poder daquele que as faz), tanto como pelos comentários daqueles que lêem as pesquisas. Nesse sentido, o espaço público é uma arena onde se diz menos o que devemos pensar e mais aquilo sobre o que se deve pensar. O poder está na hierarquia dos temas tratados. Mas isso não implica que o espaço público seja somente um domínio pervertido pelos poderosos; é uma arena permanente de combate na qual, no entanto, as barreiras de acesso não são as mesmas para os distintos atores.

Em todo o caso, os MC&IC também transformaram radicalmente a democracia na região. A transição foi tão mais rápida na América Latina quanto a democracia dos partidos sempre foi débil, tanto que as lideranças populistas foram freqüentes, e, conseqüentemente, a consolidação de uma democracia da opinião foi uma realidade que se implantou como uma continuidade evidente. E, no entanto, a mudança teve lugar. Ao antigo carisma de certos líderes populistas se contrapõe a mera personalização crescente do poder em torno de figuras cuja aura provém geralmente mais do cargo ocupado do que das características excepcionais da pessoa. A democracia da opinião transforma em profundidade o ofício do político. Os dotes de comunicação se tornam centrais: é preciso "aparecer" na televisão e saber "aparecer" bem nela; é preciso ter uma voz e um rosto idôneos; é preciso ter o sentido da fórmula (na qual trabalha constantemente um conjunto de especialistas); é preciso aprender a se comunicar com públicos diversos. Os efeitos negativos são bem conhecidos. Os programas políticos desaparecem ou perdem terreno perante as pesquisas. A eleição do candidato concentra o essencial do jogo político. O tempo curto da opinião triunfa sobre o tempo longo das reformas. Consolida-se um âmbito de poder tecido de conivências entre jornalistas, proprietários da imprensa e responsáveis políticos. A política se converte em um espetáculo, e as imagens, em uma arma inevitável.

Muitas dessas críticas são válidas e sem dúvida justas, se julgadas em referência a um sujeito racional e autônomo. Mas a crítica é menos contundente se uma perspectiva histórica é adotada. Na América Latina, a constituição de uma opinião pública no sentido forte e amplo do termo coincide com essa midiatização e, conseqüentemente, com a construção desse espaço público, acompanha-a e se nutre dela. A opinião pública na região é hoje mais ativa do que no passado, inclui mais atores, obriga a que se escutem mais vozes e por novos canais. Isso algumas vezes desestabiliza os atores sociais tradicionais que não podem mais, com freqüência, se expressar em nome dos "excluídos", porque estes últimos, justamente, são sondados por outros mecanismos. Por vezes, como temos visto, isso amplia a dificuldade de representação dos sindicatos, pois os setores informais ou os não sindicalizados podem fazer escutar suas vozes — em algumas ocasiões inclusive, instrumentalizados por outros atores sociais.

Por certo um trabalhador informal tem menos informação política do que alguém com formação universitária, mas possui maior informação hoje do que no passado, e sobretudo, a opinião pública, signo maior da democratização em curso na região, recebe uma atenção crescente por parte dos poderes. É na sua direção que se organiza o debate público, é ante esse leitor ou telespectador virtual que as opiniões se confrontam. O objetivo de muitas mobilizações coletivas é justamente obter uma visibilidade no espaço público, conseguir que suas petições sejam retomadas pelos MC&IC, a fim de ver o raio de discussão de sua causa ampliado significativamente. Além disso, como acabamos de indicar, esse processo transforma o perfil dos militantes políticos porque a opinião pública requer novas competências, porque o espaço público implica e impõe uma nova lógica na seleção dos candidatos.

A esfera pública

Se de muitos pontos de vista a afirmação da opinião pública e de um espaço público seguiu canais por momentos originais na América Latina, a partir da perspectiva da recomposição da esfera pública em seu conjunto e da dinâmica resultante em termos de representação cultural e de interesses, é possível estabelecer vínculos com evoluções semelhantes que tiveram lugar em outras sociedades (Dubet, Martuccelli, 2000).

A principal mudança pode ser resumida facilmente: apesar do peso diferencial que cada ator adquire, de agora em diante nenhum ator impõe sua vontade na esfera pública. Nem o sistema político estrito senso (Estados e partidos), nem as mobilizações sociais (sindicatos, ONGs), nem a opinião pública (pesquisas, MC&IC) são hoje em dia capazes de orientar unilateralmente os debates sociais. Certamente, o essencial da negociação política se faz ainda sob a batuta dos governos, o peso das lideranças continua sendo importante, e no entanto os atores sociais tendem progressivamente à autonomia (como o exemplifica seguramente a consolidação de uma sociedade civil na região, mas também a independência a que foram obrigados certos sindicatos em função da mudança na orientação econômica). Mas, acima de tudo, o espaço público tem hoje um peso específico inédito que lhe permite constantemente mostrar o desacordo entre a expressão eleitoral (as forças representadas no parlamento ou em instituições representativas) e o estado mais volátil da opinião pública.

Esse jogo transforma, sem dúvida com variantes muito importantes segundo o país, a maneira como as sociedades da região representam e negociam seus conflitos de interesse. De forma muito esquemática e retomando cada um desses domínios sucessivamente, é possível no entanto dar conta da dinâmica central dos processos em curso. Assistimos a uma nova equação entre poder de ação e poder de representação.

a) O sistema político-institucional continua possuindo uma capacidade de ação decisiva, mesmo que não seja porque em última instância continua sendo o único ator dotado da legitimidade e dos instrumentos necessários para impor certas decisões. Mas, ao mesmo tempo, suas capacidades de representação e de análise da sociedade decrescem intensamente tanto diante das mobilizações sociais como, sobretudo, em direção aos MC&IC e aos especialistas em opinião pública. Com certeza, a modernização da administração e os progressos sensíveis que se observam na produção de estatísticas nacionais, tecnicamente mais confiáveis, suavizam um pouco a afirmação anterior — sem alterar no entanto o sentido da translação de poder.

b) As mobilizações coletivas se encontram, vistas dessa perspectiva, em uma situação inédita. Por um lado, suas capacidades de intervenção direta sobre os eventos se transformaram de maneira diferente, algumas perdendo capacidade de ação (como vimos a propósito dos sindicatos), outras, pelo contrário, assistindo à constituição de novas margens de intervenção (ONGs). Por outro lado, e esta é uma mudança substancial, sua lógica de ação se transformou na medida em que sua função deixa de ser unicamente a defesa ou a representação de certos interesses ou identidades e passa cada vez mais a atuar como mobilizações que têm por função primeira alertar a opinião pública, eventualmente poderes. Se o destinatário final é sempre o sistema político, cada vez mais no entanto as mobilizações coletivas atuam como canais alternativos de representação e de alerta ante os MC&IC.

c) Os MC&IC vivem um desequilíbrio de poder quase inverso ao que conhece o sistema político. Se suas capacidades de ação são limitadas (apesar do que muitos jornalistas acreditam, muitas das campanhas de informação lançadas pela imprensa não obtêm nenhuma tradução prática), suas capacidades de representação da sociedade são incomparáveis àquelas que ficam nas mãos do sistema político. É por meio dos MC&IC que nossas sociedades se conhecem ou se desconhecem, o que supõe um envolvimento mais ativo dos cidadãos, ainda que seja pela capacidade crescente que dispõem para comentar a atualidade.

Essa recomposição da esfera pública explica em muito os mal-estares cruzados que se observam entre os membros de cada um desses domínios. Para os atores do sistema político o grande temor é a incógnita de uma sociedade da qual sentem desconhecer muitos elementos (e que a sua

ATORES COLETIVOS E FORMAS DE REPRESENTAÇÃO

maneira traduz o império das pesquisas de opinião e dos especialistas em comunicação que vêm temperar esse temor, mas também mobilizações sociais imprevistas, o sentimento de uma sociedade ingovernável). Muitos deles costumam imputar a responsabilidade das dificuldades atuais aos meios de comunicação, cuja lógica de "espetacularização" incitaria todos os atores sociais a uma competição pela visibilidade. Um panorama que se complica porque, direta ou indiretamente, os meios também reforçam paradoxalmente uma redução do espaço público, produto da retirada das maiorias para o privado ou para o íntimo. Não é estranho assim que muitos dos diagnósticos sobre a indiferença, a despolitização, a apatia, o cinismo, a falta de participação, as "cidadanias de baixa intensidade" também costumem imputar a responsabilidade aos meios de comunicação de massa. Sobretudo nos contextos urbanos.

Para os atores das mobilizações sociais essa transformação de seu peso específico dá lugar a um sentimento ambivalente de nunca ser escutado pelos políticos e de não ser audível nos MC&IC, ao mesmo tempo que não cedem aos seus esforços de "pesar" sobre os primeiros e de "passar" nos segundos. Tanto que, muitas vezes, a aliança entre o protesto focalizado e enfático de movimentos sociais e os meios de comunicação se desenvolve em um terreno que, na realidade, está dominado pelos meios.

Por último, para os principais atores dos MC&IC o essencial é afirmar seu diferencial de capacidade de representar a sociedade, mostrando constantemente ao poder político suas limitações práticas, por vezes sublinhando a defasagem permanente entre as promessas e as ações; por outras vezes, fiscalizando seu acionamento e denunciando as corrupções. Em outros termos, o ativismo crítico dos meios, até mesmo através de campanhas guiadas por grandes interesses econômicos, não deve fazer esquecer uma de suas origens: o diferencial de poder entre sua forte capacidade de representação e sua relativamente débil capacidade de ação. Inclusive, seu impacto é tão relativo que as constantes denúncias dos MC&IC de atos de corrupção pública que geralmente não têm conseqüência produzem um sentimento de que os MC&IC terminam banalizando a própria corrupção.

Em todo o caso, essa transformação estrutural traz conseqüências maiores que por sua vez apóiam e ampliam o processo de individuação em curso. As mobilizações coletivas e os partidos políticos deixam de ser o único pólo da expressão da conflituosidade na sociedade e vêem, sobretudo, sua capacidade de representação identitária se desgastar profundamente. Assiste-se por momentos a um divórcio entre o domínio da representação funcional dos interesses (que continua sendo o próprio das instituições políticas e dos atores representativos no sentido preciso do termo — sindicatos, partidos) e do âmbito da representação figurativa da sociedade (no qual os MC&IC adquirem um papel determinante). Com certeza, no momento atual, nem todos os indivíduos possuem a mesma capacidade para atuar nesses domínios. Para muitos, sobretudo os mais modestos, as proteções continuam sendo essencialmente produzidas graças ao acionamento de mobilizações coletivas. Mas, mesmo entre eles, essa defesa de interesses se separa tendencialmente da expressão de suas identidades, e o conhecimento que possuem das sociedades em que vivem tende a incrementar e a se tornar independente de uma fonte única. Alguns participam do debate; outros formam uma opinião; muitos se desinteressam pelos primeiros e muitos outros são, sem dúvida, incapazes de formular uma decisão ante os diversos temas. Mas todos vivem uma grande transformação. Ontem, ou se era ator ou se vivia em retraimento. Hoje, todos participam como atores ou como espectadores, mas na maioria das vezes como atores, espectadores e comentadores da vida pública.

7. CONCLUSÕES

A coesão social é inseparável das capacidades que tem uma sociedade para organizar o diálogo e o conflito entre interesses opostos. Tradicionalmente, isso foi característico dos sindicatos e dos partidos políticos (excluindo os associados a ideologias revolucionárias ou fascistas), que, através de uma articulação entre o social e o institucional, permitiram uma canalização e um tratamento dos problemas sociais. O papel dos sindicatos e dos partidos foi sem dúvida particular na América Latina, pois, como veremos no último capítulo, o peso do Estado foi central, a tal ponto, como lembramos, que os atores sociais foram geralmente débeis ou dependentes da atividade estatal na região.

Mas, apesar da evidente continuidade histórica, um diagnóstico desse tipo não faz justiça à situação contemporânea. O que a caracteriza é mais do que uma simples acentuação ou deterioração de tendências seculares. Como vimos, por trás da reorientação econômica e política das últimas décadas, é a natureza mesma dos sindicatos que é questionada e seu papel de agente misto de co-regulamentação pública e de contestação coletiva. Presos em meio a uma inversão global das relações de força entre o capital e o trabalho (e a consolidação, e por vezes expansão, do setor informal), enfrentando novas tecnocracias públicas fortemente reticentes em relação a eles e o surgimento de lideranças políticas que tiveram que desmantelar o antigo poder sindical a fim de impor o seu, os sindicatos têm dificuldade em redefinir seu novo papel.

Quanto aos partidos, e em particular o dos políticos, o balanço é até mais negativo. A desconfiança de que são objeto em toda a parte por amplos setores da cidadania é às vezes extrema. Um sentimento que as reformas institucionais das últimas décadas não conseguiram erradicar verdadeiramente até o momento. O que se desgastou principalmente foi a sua capacidade de mobilização social, que os transformou de organizações baseadas nos militantes em grupos profissionalizados e em canais de obtenção de emprego público (inclusive o que prometia ser um partido renovador, o Partido dos Trabalhadores, no Brasil). Nesse contexto, sua dupla função de representação e de participação se deteriorou seriamente. E no entanto, como continuarão sendo no futuro próximo um agente indispensável da gestão governamental, é possível, como sugerimos, que seja em direção a um incremento de sua eficácia organizacional que se encontre, talvez, uma renovação de seu papel na coesão social.

A esses dois atores tradicionais da cena latino-americana se somaram nas últimas décadas a nebulosa da sociedade civil e a das ONGs. Se sua importância tende muitas vezes a ser exagerada, sua presença transforma no entanto a vida institucional de muitos países. Curiosamente, como destacamos, têm — sobretudo nos países com menor infra-estrutura estatal — ao mesmo tempo uma função de relegitimação da ação coletiva e de deslegitimação da ação governamental. O resultado é assim muitas vezes um incremento das iniciativas de muitos atores, mas esse processo, ao realizar-se por outros canais além da ação pública, e muitas vezes em crítica explícita às influências dessa ação, produz uma atitude de confiança em relação às associações e de desconfiança em relação ao Estado.

Transformações que, como vimos, se traduziram no declínio de certas formas de participação política e na emergência, sob a marca mais geral do processo de individuação, de um novo perfil de ativista. Um no qual o equilíbrio entre o público e o privado se busca a partir de novas bases, em que o objetivo da participação também se lê a partir da experiência pessoal, e no qual, sobretudo de maneira implícita, se reconhece a necessidade bem fundada de uma divisão dos domínios da vida individual.

Mas, é sem dúvida, a consolidação de uma esfera pública mais dinâmica e plural a mudança mais significativa nesse registro. Impossível menosprezar esse fato. Os conflitos e a política, mesmo quando continuam quase-monopólio de certos grupos sociais, converteram-se cada vez mais, e sem possibilidade de retorno, graças à publicidade de seus assuntos, em uma questão de debate. É necessário discutir e refutar, apresentar-se em público e retrair-se, tratar de influenciar a opinião pública e estar constantemente sob seu artifício. Mas sobretudo, em sociedades tão desiguais em termos de poder, o fato não só de poder expressar sua voz através do voto, mas de ser solicitado por esses poderes, transmite imaginariamente um novo sentimento de cidadania. Também aqui, a profundidade da democratização e da individuação em curso se manifesta. A opinião pública — até o momento sem dúvida mais a das classes médias do que a dos setores populares — obtém uma legitimidade crescente. Não é mais possível, em todo o caso, a qualquer ator, desconhecer seu peso.

É interessante contrapor a essas manifestações de tomadas de posição coletivas ou de expressão midiática (*voice*) as estratégias individuais de emigração (*exit*) que analisamos no capítulo anterior. Umas e outras, por mais diferentes que pareçam em um primeiro momento, participam de um mesmo processo por meio do qual os atores enfrentam dificuldades sociais. Ainda mais que, como ressaltamos, por trás de seu aparente indi-

ATORES COLETIVOS E FORMAS DE REPRESENTAÇÃO

vidualismo, a emigração é indissociável de um conjunto de recursos coletivos e muitas vezes aparece também — graças às redes migratórias — como outra maneira de afirmar o pertencimento a um coletivo étnico. Mas sobretudo, e para além do diferencial de cifras de emigrados com que contam os distintos países, a emigração ao instaurar-se no imaginário da região abre uma válvula de escape — uma "fronteira" — que desalenta a mobilização e a participação coletiva.

Como no capítulo anterior, não se trata pois de opor os "indivíduos" à "sociedade". Mas de compreender o papel, muitas vezes ambíguo, que o indubitável incremento das iniciativas individuais introduz na coesão social. Se durante muito tempo se pensou que o aumento das expectativas conduzia inexoravelmente a um bloqueio ou a um desbordamento institucional, hoje é preciso reconhecer o leque mais amplo de respostas que os atores, de maneira coletiva ou individual, encontram para os problemas sociais. Mas essas iniciativas não são viáveis sem uma tradução institucional.

Nada o demonstra melhor que a consolidação de um importante setor informal em muitos países latino-americanos. Se, por um lado, sua constituição permitiu — permite — uma gestão "individualizada" de uma insuficiência da sociedade, por outro lado, é impossível não reconhecer todos os elementos de "crise" que guarda uma solução desse tipo. De nada vale nesse contexto fazer elogios ideológicos duvidosos das virtudes do individualismo. Pelo contrário, do que se trata, e dessa vez contra uma certa nostalgia coletivista, é de, uma vez reconhecido o incremento das iniciativas individuais na região, conceber políticas públicas e formas de ação coletiva capazes de acompanhar e de sustentar a expansão dessas capacidades. Na falta delas, os atores se fecham cada vez mais, e às vezes sem horizonte, em saídas individualizantes e continuam sentindo-se alheios à trama institucional em vigor. O futuro da coesão social exige, nesse ponto, o rompimento da dialética entre o déficit de *voice* e o excesso de *exit*.

CAPÍTULO III Problemas e promessas: economia informal, crime e corrupção, normas e direitos

1. INTRODUÇÃO: UMA CULTURA DE TRANSGRESSÃO

A coesão social é impensável sem o respeito a um conjunto de regras e normas. Toda sociedade as possui e no fundo, e apesar das transgressões, todas tendem a submeter-se a elas. Mas nesse exercício, as sociedades nacionais divergem fortemente. Em alguns casos, o respeito às normas assentadas na tradição ou na religião é aceito pelos indivíduos como fruto de regras transcendentes, tanto que o controle social e a sanção comunitária em caso de desobediência são fortes. Em outro caso, em que a secularização e a destradicionalização são mais intensas, o acatamento da regra obedece mais a predisposições éticas pessoais e a cálculos racionais sobre a necessidade de respeitar acordos contratuais consentidos mais ou menos livremente, e a maior ou menor predisposição de correr risco de punição.

A América Latina não escapa a essa realidade. Mas nesse registro, como veremos, tanto a autopercepção histórica dos latino-americanos como a magnitude dos desafios que as sociedades da região enfrentam são urgentes. De fato os dois fenômenos se comunicam entre si. A representação histórica que se possui da relação com as normas nos países latino-americanos agrava o sentimento de enfraquecimento ante a expansão de fenômenos delituosos ou criminais. O resultado, do ponto de vista da experiência dos indivíduos, é menos o sentimento de viver em uma sociedade verdadeiramente anômica (sem regras — como enunciou Durkheim no final do século XIX) do que o sentimento de estar condenado a atuar em sociedades em que a norma tem um caráter bifronte, pois seu uso difere em função da pessoa com quem entra em relação (no dito da tradicional política brasileira: "aos amigos se faz justiça, aos inimigos se aplica a lei").

Na América Latina existe uma cultura de transgressão particular (Nino, 1992; Girola, 2005; Araújo, 2006). Essa cultura de uma atitude mais ou menos generalizada de transgressão testemunha a presença de uma série de perversões na vida social: uma tradição legalista; um poder em vigor que menospreza os cidadãos (na proporção direta de sua falta de poder, econômico ou político); uma tolerância — às vezes mesmo uma verdadeira fruição coletiva — em relação à transgressão das regras. Pois se certas formas de transgressão, especialmente a exercida de forma brutal pela pura imposição do poder econômico, político ou burocrático, causam repulsa, existe um outro lado da transgressão cotidiana em que ela é vivida como expressão positiva de compreensão, de sensibilidade e de disposição para ajudar. Se desconhecermos esse aspecto de nossa cultura da transgressão, que vê na aplicação "cega" de normas universais, sem considerar as circunstâncias pessoais, um ato desumano e rígido, dificilmente compreenderemos a razão pela qual ela penetra tão profundamente em nossa forma de ser.

Essa cultura é uma mescla de atitudes de arbitrariedade e de "vista grossa": de severidade no castigo para uns e da "lei do funil" para outros (o amplo para mim, o estreito para os outros). Em relação aos poderosos, a tolerância pode às vezes ser imensa, pois para muitos o poder é inseparável do direito ao abuso, ainda que seja como uma fatalidade sobre a qual não há nada o que fazer. Em muitos países, a "esperteza" não só é tolerada como é reconhecida como uma expressão do "gênio" nacional, se bem que essa atitude tende, como veremos, a mudar. Em relação aos "simples" cidadãos, apesar de a tolerância ser menor, o abuso é aceito porque no fundo se pensa que "não é justo que sancionem uns e não outros", e que "não é justo" enviar uma pessoa "educada, de classe média" a uma prisão onde, de fato, as condições são geralmente subumanas. Em todo o caso, a lei não se aplica de maneira igual a todos, e em particular para os poderosos a impunidade é quase uma certeza, pois há a possibilidade de usar o poder econômico para empregar a seu favor os mecanismos legais, e quando não, simplesmente corromper em algum momento um funcionário público responsável pelo processo.

A raiz dessa situação se localiza muitas vezes na herança colonial, a saber, a distância — para não dizer o abismo — entre o país legal e o país real, isto é, entre o que a lei manda e o que a realidade social permite (o famoso "se acata mas não se cumpre" da era colonial). A longa tradição de desconexão entre a "lei" e o "hábito" é tal que pareceria às vezes que as "leis" não têm outra vocação que a de favorecer as "prebendas" e a corrupção, em particular aquelas particularmente rigorosas, e por isso mesmo simplesmente inaplicáveis (a não ser para castigar alguém em especial). O resultado é a proliferação de atitudes que, dessa perspectiva, são vistas por cada cidadão como "hipocrisias", ao mesmo tempo que dificilmente alguém escapa totalmente de jogar o jogo, inclusive porque não se pode esperar do lado das autoridades (policiais, judiciárias) que as regras sejam aplicadas de forma adequada ("aquele que não paga, paga").

Mas isso é apenas um lado da moeda. Certamente, existe uma moralidade nas sociedades latino-americanas. Mas ela é elástica e ambivalente. Quem cumpre a lei é sem dúvida um "bobo", um "decadente" ou um "idiota", mas ao mesmo tempo ninguém duvida de que seja necessário dispor de regras. Uma transgressão pode ser objeto de um elogio público (a "esperteza", o "trampo"), mas cedo ou tarde é inevitavelmente desqualificada como uma "sem-vergonhice" ou ainda como uma "cagada". Seguramente, para alguns a transgressão é em si mesma legítima, já que se vive em uma sociedade em que "ninguém respeita nada". Mas no fundo, como o indica uma pesquisa empírica sobre a juventude peruana, é a ambivalência o que melhor caracteriza essa relação com a transgressão, posto que ela é, em geral, ao mesmo tempo rechaçada e admirada (Portocarrero, 2004, capítulo 3). Se descuidarmos desse último ponto, a cultura da transgressão corre o risco de ser interpretada como um tipo de constante cultural ou psicoantropológica dos latino-americanos, esquecendo até que ponto esses traços participaram — e em alguma medida ainda participam — de um modelo de dominação social.

Insistamos. Não estamos diante de agentes naturalmente virtuosos ou viciosos. Interesses privados colonizam o Estado e procuram obter lucros fantásticos e sem risco. Os indivíduos, de todos os setores sociais, constroem suas estratégias de sobrevivência a partir das possibilidades determinadas pelas práticas estabelecidas com as instituições do Estado, em uma dinâmica geralmente perversa. Se a corrupção policial causa repulsa, poucos no entanto deixarão de usá-la se a questão for beneficiar ou proteger alguém querido que burlou a lei. Se os alojamentos populares resultantes de invasão não possuem infra-estrutura e serviços urbanos adequados, sua população muitas vezes se opõe à legalização da propriedade se isso implica o pagamento de impostos municipais. Se o chamado setor informal da economia demonstra uma criatividade enorme, também não deixa de se construir muitas vezes sobre sistemas de regulamentação semicriminais, além de se sustentar em sistemas de propinas aos funcionários públicos responsáveis pela fiscalização, e outras vezes suas atividades beiram abertamente o delito.

Não podemos, contudo, cair no anacronismo de projetar no passado as categorias do presente. Pois se a transgressão é uma constante na história latino-americana, ao mesmo tempo foi permanentemente recomposta, tanto em seu sentido como em suas práticas. Somente hoje, quando se disseminaram formas individualizadas de sociabilidade e que o horizonte político é cada vez mais um Estado democrático ao serviço do bem público, é possível captar a variedade de práticas passadas e presentes de formas de transgressão.

Se o passado — fundado em relações de classe hierárquicas, autoritárias e de uso patrimonialista do Estado — é fundamental para entender como chegamos ao presente, ao mesmo tempo é insuficiente para explicar a complexa trama de relações que as modernas sociedades latino-americanas, em particular as urbanas, teceram em torno da transgressão da lei. Essa trama constitui um sistema do qual participam, de forma desigual mas muitas vezes combinadas, ricos e pobres. Pois a polícia que justifica, em nome de um salário baixo, o pedido de propina (muitas vezes chantageando o motorista de classe média), ou os habitantes de bairros mais pobres que "desviam" água ou eletricidade, ou as mais diversas práticas ilegais usadas pelo chamado setor informal, não podem ser reduzidos pela nossa "má consciência" a subprodutos da história e dos maus

PROBLEMAS E PROMESSAS

exemplos da elite. Por trás da aparente generosidade daqueles que transformam os atos dos grupos mais pobres em produto da situação das vítimas se esconde um paternalismo elitista que não compreendeu a enorme transformação de nossas sociedades e a diversidade de condutas e valores que atravessam os diversos grupos sociais. Parafraseando uma velha consigna da esquerda latino-americana, ou nos "responsabilizamos todos ou não haverá responsabilidade de ninguém".

Como todo fenômeno histórico, as características e a vigência de todas essas práticas começam a mudar. No calor da transformação do laço social e da consolidação de um ideal mais aberto e francamente igualitário, que destacamos em um capítulo anterior, a tolerância à transgressão — principalmente no âmbito público — diminui. E, ao mesmo tempo, o crescimento da igualdade relacional ao encurtar as distâncias sociais e hierárquicas entre atores, em meio a sociedades profundamente urbanas e cada vez mais despojadas de seus antigos controles comunitários, facilita a aparição de um conjunto distinto de práticas transgressivas — delituosas ou criminais.

Pensemos, por exemplo, na corrupção. Se em outras épocas ela era parte dos privilégios e das "regras do jogo" dos grupos de poder, protegidos pela distância social, agora ela é cada vez mais considerada pela população um feito delituoso (ainda que nem sempre tratado de fato como tal), e que, em todo o caso, deu lugar nos últimos anos a movimentos de revolta social, mas também a uma desmoralização silenciosa da democracia. Não é um assunto anódino. Na maioria dos países da região a expansão crescente, embora lenta, da capacidade fiscal do Estado, em que os que pagam impostos diretos são uma base estreita de empregados e empresários do setor formal, pode gerar novas formas de polarização entre os que se sentem beneficiados pela ação do Estado, geralmente os mais pobres que usam os serviços públicos de saúde e de educação, e aqueles que sentem que não recebem "nada em troca" (pois até mesmo a segurança é transferida de fato aos cidadãos de classe média, aumentando os custos de vida com transporte privado para as crianças ou de seguro para o edifício ou a casa). Essa situação geradora de frustração aumenta com os escândalos de corrupção entre os políticos (que é vivido pelas classes médias como um roubo "pessoal", pois são elas que pagam os impostos) e leva a uma crescente insatisfação com a democracia.[1]

A expansão de fenômenos desse calibre conspira fortemente contra a coesão social na democracia. A seguir, examinaremos alguns deles. A explosão sem precedentes na região de uma violência urbana armada; a consolidação de um crime organizado — muitas vezes associada ao tráfico de drogas — que põe literalmente em xeque a neutralidade do aparato do Estado; uma corrupção que suscita cada vez mais reações contrárias da parte da cidadania; enfim um rechaço da impunidade e da ineficiência judicial dublada, como veremos, por um recurso inovador por parte dos indivíduos à justiça. Sem dúvida que esses temas estão associados à extrema desigualdade social, mas na atualidade adquiriram até certo ponto uma dinâmica autônoma e uma importância tal que justificam um tratamento específico.

Nas seções seguintes discutiremos alguns aspectos do problema da transgressão, focalizando certos temas específicos. Estamos de toda a forma longe de uma sociologia da transgressão que nos permita tanto entender as diferentes figuras de como ela se expressa, quanto os caminhos complexos em que a transgressão ordinária se transforma em transgressão legal, dadas as enormes deformações do sistema de "lei e ordem". Trata-se de um esforço que necessariamente deverá ser interdisciplinar, em particular aproximando o direito da reflexão social e política.

2. VIOLÊNCIA URBANA ARMADA NA AMÉRICA LATINA[2]

A linguagem internacional reserva um sentido limitado para a palavra "conflito". Os "conflitos" remetem à política e aos caminhos pretendidos para superá-los, e, mesmo nos mais terríveis, há espaço legítimo de interlocução.

---

[1]Em uma pesquisa realizada por Bernardo Sorj durante as últimas eleições presidenciais brasileiras, uma das comunidades virtuais (formadas majoritariamente por jovens de classe média) que mais cresceram, chegando a passar dos 15 mil membros, foi "Queremos golpe de Estado já".

[2]Este texto se apóia em Pablo G. Dreyfus e Rubem Cesar Fernandes, "Violencia urbana armada en América Latina — otro conflito".

PROBLEMAS E PROMESSAS

O tema com o qual nos ocupamos aqui é muito distinto: uma violência para a qual nem sequer possuímos um nome adequado, que é chamada de "crime", embora a expressão seja pobre para a complexidade do fenômeno. Trata-se na verdade não somente de um desafio para o vocabulário, mas também para as idéias e as políticas disponíveis. Esse outro "conflito" se traduz em taxas elevadíssimas de mortes violentas, a grande maioria causada por armas de fogo (OMS, 2002:30). Segundo alguns estudos, a América Latina concentraria 42% dos homicídios com arma de fogo do mundo (Small Armas Survey, 2004:176).

O crescimento da violência

Tomemos quatro países para ilustrar os problemas: El Salvador, a Guatemala, a Venezuela e o Brasil. São bons exemplos para comparar, porque, apesar de suas diferenças, apresentam sinais comuns na questão que analisamos aqui.

Os conflitos armados que tiveram lugar na América Central durante a Guerra Fria chegaram ao seu fim na década de 1990. Não obstante, em vários países os níveis de morte por agressão intencional se mantêm muito elevados. A taxa de homicídios em El Salvador, por exemplo, é atualmente de 40 mortes por cada 100 mil habitantes. Na Guatemala, a taxa nacional de homicídios é de 46 mortes por cada 100 mil habitantes (de León e Sagone, 2006: p. 188; Acero Velásquez, 2006: p. 7).

A Venezuela e o Brasil, por outro lado, chegaram aos anos 1980 com perspectivas promissoras de desenvolvimento e de democratização. No entanto, as taxas de homicídio dispararam na Venezuela em 1989 (ano do "Caracazo"), e sua tendência de ascensão já não se detém. De uma taxa de 9 homicídios por cada 100 mil habitantes, a Venezuela passou para taxas de 51 homicídios por 100 mil habitantes em 2003[3] (Briceño León, 2006: 317-321; Acero Velásquez, 2007: 6). No Brasil, a taxa de homi-

---

[3]Desde 2004 o Corpo de Investigações Científicas Penais e Criminalísticas (CIPC), responsável na Venezuela pela divulgação das estatísticas criminais, não publica os números de homicídios, razão pela qual as taxas posteriores são estimativas.

cídios por arma de fogo foi multiplicada por três em duas décadas. De 7 mortes por arma de fogo por cada 100 mil habitantes, em 1982, se passou para 21 em 2002 (Phebo, 2005).[4] Portanto, o problema cresce na região a partir dos anos 1980 ou 1990, de acordo com o caso, e se transforma em um grave problema a partir de 2000.

Na realidade, esse processo conheceu um deslocamento importante: da violência epidêmica que era considerada um fenômeno típico do meio rural se passou à violência como um fenômeno fundamentalmente, embora não exclusivamente, urbano. É assim que cidades como Recife (65 homicídios por 100 mil habitantes em 2004), San Salvador (78 em 1998), Caracas (107 em 2006), Cúcuta (60 em 2006), São Paulo (38 em 2004) e o Rio de Janeiro (51 em 2004) têm taxas de homicídios por cada 100 mil habitantes muito superiores às médias nacionais (Acero Velásquez, 2006:17).

Essa relação foi extensamente documentada por Fernandes e Sousa Nascimento (2007), de onde recuperamos o gráfico a seguir, e que resulta de uma pesquisa feita em 2002 sobre os 5.507 municípios brasileiros:

Taxa de homicídios em municípios brasileiros, segundo gradação rural/urbano

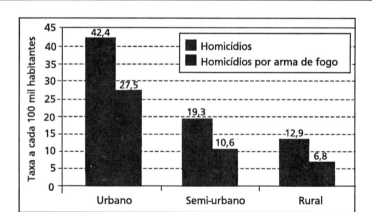

Fonte: Fernandes e Nascimento Sousa, 2007.

---

[4] O crescimento da curva foi apenas interrompido no Brasil em 2004, o que foi atribuído, pelo menos em parte, ao impacto de novas políticas de segurança pública, com maior controle sobre as armas de fogo. Ver Ministério da Saúde, 2005, e Fernandes (coord.), 2005.

PROBLEMAS E PROMESSAS

Briceño León (2002: 39-40) dá uma interpretação justa dessa transição:

> O processo de homogeneização e de inflação das expectativas na segunda ou na terceira geração urbana ocorre ao mesmo tempo em que se detêm o crescimento econômico e as possibilidades de melhoria social e se produz um abismo entre o que se aspira como qualidade de vida e as possibilidades reais de alcançá-lo. Esse choque, esta dissonância que se cria no indivíduo entre suas expectativas e a incapacidade de satisfazê-las pelos meios prescritos pela sociedade e a lei, propiciam a violência, ao incentivar o delito como um meio de obter pela força o que não é possível conseguir pelas vias formais.

Regressaremos a esse ponto, mas detenhamo-nos na lógica social central desse processo. Essa violência não é essencialmente fruto de imigrantes que, vindo do campo para a cidade, perderam os controles tradicionais. É pelo contrário, como assinala com razão Briceño León, fruto de jovens da segunda ou da terceira geração, que nasceram nas cidades e que vivem agudos processos de frustração. Um fenômeno no qual é indispensável destacar elementos contraditórios. (a) Em primeiro lugar, e como a análise clássica de Merton mostrou há décadas, essa violência criminal é fruto de um choque entre o crescimento das expectativas e as insuficientes vias de realização formais (ou seja, e para retomar a linguagem utilizada em um capítulo anterior, esses fenômenos exemplificam uma dissociação entre o incremento das expectativas e as capacidades efetivas dos indivíduos); (b) esse fenômeno, apesar da violência e da ilegalidade que o caracterizam, expressa também, como vimos nos capítulos anteriores, um processo de homogeneização de expectativas e de comunhão em um imaginário comum; (c) por último, e é importante destacá-lo, o incremento das expectativas, que em outros períodos teve essencialmente uma tendência de se reportar ao sistema político (dando origem aos fenômenos populistas dos anos 1950 e 1960), tem hoje uma tendência para traduzir-se em aspirações individuais que procuram satisfazer-se fora do âmbito político e por vias ilegais.

Em todo o caso, a dissonância entre expectativas e capacidades se reflete, como vimos, em um mapa urbano marcado por desigualdades radicais. Os fatores de risco se acumulam em certas áreas, em medida inversa dos fatores de proteção. A "pobreza", nessa perspectiva, passa a significar uma vulnerabilidade crônica diante dos riscos que se multiplicam para os indivíduos no meio urbano.

No Rio de Janeiro, por exemplo, a Zona Sul da cidade acumula os meios socioinstitucionais de proteção contra os riscos da violência. É ali que se encontra o "Rio Maravilhoso", situado entre as montanhas, região mais pobre, raramente visitada pelos turistas estrangeiros. A tabela a seguir compara as taxas de homicídio entre alguns bairros das Zonas Sul, Norte e Oeste da cidade. Um bairro famoso da Zona Sul, Ipanema, mostra taxas de homicídio 43 vezes menores que um bairro como Bonsucesso, na Zona Norte. Com os túneis que hoje cortam a cidade, se vai de Ipanema a Bonsucesso em 30 minutos. No entanto, no *ranking* do Índice de Desenvolvimento Humano (IDH), a distância é bem maior. Supondo que Ipanema mantivesse o seu nível atual de IDH e que o Complexo do Alemão, a maior favela (bairros pobres e de construção precária) de Bonsucesso, continuasse a crescer no ritmo dos últimos 30 anos, o Complexo levaria quase cem anos para alcançar Ipanema. O mapa do Rio de Janeiro ilustra esse ponto (Fernandes e Sousa Nascimento, 2007).

Rio de Janeiro — O homicídio na geografia da cidade

Bairro	Homicídios		População		Taxa de homicídios	
	2003	2004	2003	2004	2003	2004
Zona Sul						
Ipanema	8	5	47.106	47.739	17	11
Zona Norte						
Bonsucesso	79	93	19.421	19.682	406	471
Zona Oeste						
Pedra de Guaratiba	26	24	9.755	9.886	267	246

Fonte: Fernandes e Sousa Nascimento, 2007.

Índice de Desenvolvimento Humano, por bairros do Rio de Janeiro, 2000

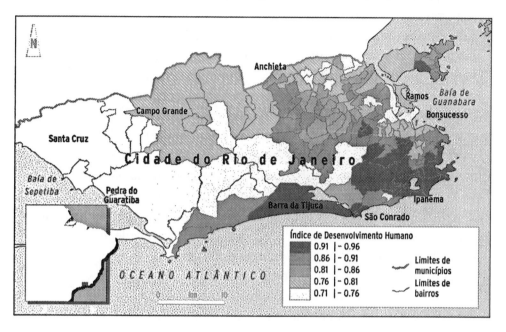

Fonte: Fernandes e Souza Nascimento, 2007.

"Vitimização" e grupos de risco

Mesmo nos bairros pobres, a "vitimização" não afeta a todos por igual. Em 1999, a Organização Mundial da Saúde (OMS) estimava que a violência era a primeira causa de morte entre jovens (com mais de 15 anos) na região (Briceño León, 2002:34). A variação sofrida pelos jovens é tão forte, que Lisboa e Viegas (2000) propõem que a idade seja a variável estruturante da interpretação sociológica do problema. De fato, o denominador comum de "100 mil habitantes" esconde o impacto dos diversos fatores no grupo específico da juventude; de forma que o cálculo usual de "taxas" a partir da população em geral perde informações relevantes sobre as variantes na violência e suas associações.

O DESAFIO LATINO-AMERICANO

Os dados educacionais são coincidentes nos quatro casos examinados. O grupo de risco é composto de jovens urbanos, que conhecem a cidade e suas tramas e que chegaram inclusive a freqüentar a escola. Não são analfabetos, mas tampouco foram formados para superar os obstáculos da integração na sociedade formal. Estão no meio do caminho entre o analfabetismo, mais típico da geração de seus pais, e a educação qualificada exigida pelo mercado. Teríamos aí um critério para estabelecer as dimensões do grupo de risco nos centros urbanos da América Latina. Na Venezuela, 27% dos homens jovens entre 15 e 18 anos de idade nem trabalham nem estudam (Briceño León, 2002: 38). No Brasil, 13,8% dos jovens entre 15 e 24 anos não estudam e não trabalham, com a agravante de que entre os que não completaram a educação básica de oito anos a proporção sobe para 19,6% (segundo PBDA, 2005). São cifras aterrorizantes, próprias de uma geração que parece condenada aos riscos da informalidade, campo propício para a proliferação das atividades criminosas.

Não só a violência, mas também a sexualidade tendem a ser praticadas cedo nessa geração, e de modo livre, independentemente do controle dos adultos próximos. Na América Central, 25% dos lares se encontram sob a chefia de mulheres sozinhas e jovens, com maior preponderância dessa condição nas áreas urbanas. No Brasil, onde cifras igualmente importantes são citadas (27%), se encontra uma correlação positiva entre a proporção de famílias lideradas por mulheres jovens e as taxas de violência letal por armas de fogo (Fernandes e Sousa Nascimento, 2007). Segundo um estudo realizado pelo IEPADES, 38% das jovens que tomam parte nas "Maras" já são mães (de León e Sagone, 2006: 182).

Ainda que se trate de um fenômeno urbano, as hierarquias e as lealdades dirigem fortemente o comportamento dos indivíduos. As "gangues" ou "facções" formam hierarquias ajustadas às condições hostis, sintonizadas com a incerteza. Afirmam identidades, delimitam territórios, mobilizam a vontade em opções radicais. Na realidade, a forte coesão orgânica e interna desses grupos delituosos e o estrito respeito das normas e dos códigos de honra neles vigentes contrastam fortemente com a relativa debilidade de seus laços com outros setores da sociedade ou com sua dimensão delituosa.

PROBLEMAS E PROMESSAS

Esses novos grupos criminais, apesar de serem muito locais e de se explicarem por razões internas a cada sociedade, se encontram, no entanto, conectados com redes e simbologias de alcance internacional. Na Guatemala e em El Salvador, as relações transnacionais estão na origem das "Maras", mas também no Brasil e na Venezuela as conexões internas e externas, segmentadas em redes múltiplas, fazem parte do negócio ilícito. Isso exige que se pense em estratégias de enfrentamento do crime e da violência a partir da conexão entre o local e o global (Fundación Arias, 2006: 4; Carranza, 2005: 210).

O negócio das drogas ilícitas, nicho do *empreendedorismo* criminal, e o fácil acesso às armas de fogo, fonte dos poderes paralelos, são os principais vetores desse problema que assola a região (Dreyfus, 2002). A liberdade do comércio de armas de fogo nos Estados Unidos tem impacto sobre toda a região, e suas associações (em particular a National Rifle Association) oferecem argumentos e apoio a grupos de pressão que se opõem ao controle de armas de fogo e fortalecendo, paradoxalmente, o narcotráfico. Ainda mais que, também no Sul, existem importantes produtores de armas e munições, como o Brasil, a Argentina e o México.

A morte de cada um desses jovens causa um impacto indireto em termos econômicos nas sociedades em que o homem ainda desempenha uma função determinante no sustento familiar. São maridos, companheiros, filhos e irmãos que contribuíam para alimentar famílias. A violência entre homens armados produz, portanto, um impacto econômico indireto nos núcleos sociais primários. Somados e multiplicados, alcançam valores maiores. O custo da violência armada em El Salvador foi estimado, em 2003, em 1 milhão e 717 mil dólares, equivalente ao total da arrecadação tributária desse ano, ao dobro do orçamento da educação e da saúde juntos e a 11,5% do PIB (Luz, 2007: 4). Na Venezuela, os custos diretos e indiretos da violência são estimados em 11,8% do PIB nacional (Briceño León, 2002: 42). No Brasil, os custos foram estimados em 10,5% do PIB (Briceño León, 2002: 44) e somente o custo anual das internações hospitalares ocasionadas por lesões com arma de fogo é estimado entre 36 milhões e 39 milhões de dólares (Phebo, 2005: 35).

Em síntese, a violência com a qual nos ocupamos aqui se caracteriza pelo uso intensivo de armas de fogo por parte de grupos criminais formados por homens jovens (de 15 a 29 anos), provenientes de setores de baixa renda. Nascem em famílias instáveis, fragilizadas pela ausência freqüente da figura paterna. Não são analfabetos, mas tampouco são capacitados para progredir nas instituições da sociedade contemporânea. Com dificuldades de acesso ao mercado formal de trabalho, esses jovens exploram as oportunidades criadas no mercado de ilícitos, principalmente o tráfico ilegal de drogas. O fácil acesso ao mercado ilegal de armas fortalece seu domínio sobre determinados segmentos territoriais ou econômicos. Esses grupos operam em toda a sociedade, mas assumem o domínio em áreas pobres de cidades grandes. Crescem aí se aproveitando da fragilidade endêmica das instituições e dos serviços públicos. Essa situação acontece em cidades de países que não estão atualmente em guerra (como, por exemplo, Caracas, San Salvador, Rio de Janeiro, Guatemala e Tegucigalpa) ou em países com conflitos armados de caráter político, mas em áreas urbanas afastadas das zonas rurais de combate entre forças governamentais e grupos insurgentes (Cali e Medellín, na Colômbia).

A explosão das taxas de violência urbana armada transmite o sentimento de que o Estado é incapaz de assegurar a integridade física de seus cidadãos. O impacto sobre a coesão social é imediato e profundo. A insegurança e o medo dessensibiliza as classes médias e as afasta da situação em que se encontram os setores mais pobres, que passam a ser vistos com desconfiança, em particular se são homens jovens, e mais ainda se têm traços mestiços, índios ou negros. O que por sua vez reforça uma estratégia, especialmente entre os jovens dos setores populares, de utilizar a violência ou a incivilidade como um recurso para combater sua invisibilidade. É essa dinâmica perversa que se encontra na raiz desse "outro conflito" sem nome. Nesse sentido, para além da contundência das cifras (às quais se poderiam somar outros indicadores criminais), é preciso destacar a lesão de conjunto que sua presença inflige na sociedade. A segurança sendo uma das liberdades de base da vida social que os Estados devem garantir a seus cidadãos — a todos os cidadãos —, sua incapacidade nesse ponto conspira tanto contra a solidariedade entre os indivíduos quanto contra sua própria legitimidade.

3. DROGAS, CRIME ORGANIZADO E ESTADO[5]

Se a violência armada é um signo maior da impotência do Estado e da expansão de uma cultura da transgressão e do crime, não se trata no entanto do único fenômeno que conspira contra a coesão social. Ainda que associado muitas vezes a ela, como acabamos de ver, a importância do tráfico de drogas é tanta que merece uma análise em separado, ainda mais porque sua expansão, ao criar novas pressões patrimonialistas e maciços riscos de corrupção, incrementa a desafeição dos cidadãos em relação às instituições e ao Estado.

Tráfico de drogas e deslegitimação

A relação da América Latina com os Estados Unidos no que se refere ao tráfico de drogas não teve resultados muito positivos na região. Por um lado, a produção total de estupefacientes nos países da área e seu consumo no mercado norte-americano não diminuíram de modo significativo, apesar dos fortes investimentos financeiros em infra-estrutura nos últimos quinze anos. Por outro lado, o combate ao narcotráfico também teve como resultado a criminalização de um produto — a coca —, o que causou um impacto social considerável sobre uma ampla faixa da população de baixa renda na região.

Em todo o caso, o impacto do crescimento do tráfico de drogas na região significou em muitos países o fortalecimento dos grupos armados que passaram a controlar espaços urbanos e rurais, gerando um quadro desestabilizador que desafia a capacidade do Estado de assegurar sua função básica de monopolizar o uso dos instrumentos de violência.

---

[5]Esta seção se apóia em Luiz Eduardo Soares e Nizar Messari, "Crime organizado, drogas, corrupção pública — observações comparativas sobre Argentina, Brasil, Chile, Colômbia, Guatemala, México e Venezuela".

O DESAFIO LATINO-AMERICANO

Tabela comparativa	Colômbia	Guatemala	Venezuela	Argentina	Chile	México	Brasil
Crime organizado com drogas	SIM	NÃO	NÃO	NÃO	NÃO	SIM	SIM
Corrupção pública	SIM	SIM	SIM	SIM	NÃO	SIM	SIM
Monopólio dos meios de coerção pelo Estado	NÃO	NÃO	NÃO	NÃO	SIM	NÃO	NÃO
Privatização societária dos meios de coerção	SIM	SIM	NÃO	NÃO	NÃO	SIM	SIM (é o caso das milícias que são formadas por policiais)
Politização ou partidarização das nomeações para os cargos do Estado, ou sua captura político-corporativa-ideológica (confundindo-se governo com Estado)	NÃO	NÃO	SIM	SIM	NÃO	SIM	NÃO e SIM
Privatização dos meios de coerção induzida pelo Estado	SIM	NÃO	SIM	NÃO	NÃO	NÃO	NÃO

PROBLEMAS E PROMESSAS

Segurança pública é um *major issue* na percepção social	SIM	SIM	SIM	SIM	SIM	SIM	SIM
Segurança pública é um *major issue* segundo o nível alcançado pelos dados criminais	SIM	SIM	SIM	NÃO	NÃO	SIM	SIM
Há redutos de soberania ou perda de controle territorial por parte do Estado?	SIM	SIM	SIM	NÃO	NÃO	SIM	SIM
Os redutos se associam à dinâmica das drogas?	SIM	SIM/NÃO	NÃO	–	–	SIM/ NÃO	SIM
A tendência nacional em curso mostra ampliação do controle democrático, estabilização ou agravamento	AMPLIA-ÇÃO DO CONTRO-LE DEMO-CRÁTICO	ESTABILI-ZAÇÃO DO PANORAMA ATUAL	AGRAVA-MENTO DO PANORAMA ATUAL	AMPLIA-ÇÃO DO CONTRO-LE DEMO-CRÁTICO	AMPLIA-ÇÃO DO CONTRO-LE DEMO-CRÁTICO	ESTA-BILIZA-ÇÃO DO PANO-RAMA ATUAL	AGRA-VA-MEN-TO

Como se observa, do ponto de vista da violência e das drogas não se pode falar de tendências regionais e gerais. Se algumas questões, como a corrupção, a violência policial e a sensação de segurança, são comuns a todos os países, outras, como a credibilidade da instituição policial e os níveis de homicídio, variam muito de um país a outro. Finalmente, a questão das drogas, de seu tráfico e de seu consumo impacta de maneiras muito diversas as sociedades e o ambiente político nos países estudados. Em relação a isso, podem-se distinguir dois grupos: por um lado, o Brasil, a Colômbia e o México, países em que o narcotráfico tem um impacto considerável — no primeiro, principalmente no âmbito social, ao passo que nos outros dois, também na área política; enquanto nos outros quatro países estudados (Guatemala, Venezuela, Argentina, Chile) a questão das drogas não tem nem o mesmo impacto nem as mesmas conseqüências. Mas mesmo nesse ponto os países analisados divergem, já que a Colômbia parece estar solucionando seu dilema de segurança e superando a importância central que o narcotráfico detinha naquele país, ao passo que no México a importância dos traficantes de drogas e o desafio que eles representam para a sociedade e para o sistema político cresceram sensivelmente.

Nos últimos quinze anos, o México se transformou em uma plataforma de exportação de drogas para os Estados Unidos, apesar de não ser produtor. Poderosos grupos de narcotraficantes se instalaram no país e trouxeram um alto nível de insegurança e de incerteza. A sofisticação das armas usadas por esses grupos — que supera muitas vezes em termos de tecnologia e de potência as armas das polícias mexicana e norte-americana —, assim como sua ousadia, tem sido fonte de preocupação e de insegurança tanto no México como nos Estados Unidos. Os assassinatos espetaculares ou chocantes, inclusive decapitação das vítimas, assim como a tortura praticada pelos narcotraficantes, representam outro traço de crueldade que esses grupos desenvolveram. Mas, enquanto os índices de corrupção da polícia mexicana e de seu aparato de combate às drogas eram elevados e indicavam falta de efetividade da polícia contra as drogas, o Poder Executivo, nos Estados Unidos, continuava apoiando o México, declarando que, de fato, seu vizinho do sul colaborava no combate às drogas.

PROBLEMAS E PROMESSAS

O *crime organizado e a perversão da coesão social*

A organização do crime alcançou níveis tais na região, que é preciso reconhecer o paradoxo, e o desafio, maiúsculo, que enfrentam as sociedades latino-americanas. Qualquer que seja sua evidente carga negativa, a violência não é necessariamente o inverso da coesão ou seu impedimento. Pode ser sua condição de possibilidade ou seu modo peculiar — e paradoxal — de existência, embora não democrático. O tráfico de drogas e armas nas favelas brasileiras, por exemplo, além de fonte econômica para tiranias locais, também constitui redes cooperativas em um mercado ilegal e arranjos sociais provedores de identidades e pertencimento a jovens socialmente invisíveis, cuja auto-estima está deprimida por diversas formas perversas e convergentes de rechaço e exclusão. Com certeza, trata-se de formas de coesão social essencialmente problemáticas ou pervertidas em suas significações sociais. Mas, mesmo assim, talvez não seja demais pensar em uma perspectiva da coesão mais focada em processos, relativizante e contextualizada. Talvez valesse a pena pensá-la como um *continuum*, em relação ao qual nem sempre será fácil identificar pontos de fixação e fronteiras claras.

Um exemplo empírico pode ajudar a visualizar essa questão: uma comunidade acossada pela violência de um bando criminal de jovens pode se armar ou apoiar um grupo que se disponha a "fazer justiça com as próprias mãos" — fenômeno recorrente, principalmente no Brasil e na Guatemala, mas que está presente sob outras formas na Colômbia, no México e na Venezuela. A violência é a motivação para a organização da sociedade local e a linguagem e a matéria de sua mobilização. Estamos diante de um caso em que a coesão deriva da violência e se estrutura como violência. O Estado está distante; a democracia, fora de foco; a legitimidade, em farrapos. A "coesão na democracia", nesse caso, não existe, pois ela se organiza contra a sociedade e a democracia.

Mas o interessante a destacar é que, não obstante esses redutos de uma coesão-sem-adesão-à-institucionalidade-democrática, a democracia existe nas sociedades referidas, do ponto de vista institucional. Além do mais, esses redutos não são ilhas desgarradas. Há elos que os relacionam ao Estado e à legalidade. Matadores ou linchadores organizados, grupos de extermínio e justiceiros, milicianos e protagonistas da segurança privada informal pagam impostos, votam, arrecadam, exigem, freqüentam igrejas, são consumidores e respeitam regras em muitas esferas de suas vidas. Não é estranho que sejam conhecidos e até mesmo aprovados por comunidades, por segmentos de comunidades ou pela maioria da opinião pública. Além disso, a idéia de redutos ou de vazios isolados de soberania é empalidecida e relativizada quando olhamos na direção oposta — para as instituições e seus agentes.

Tomemos os antagonistas naturais dos crimes letais perpetrados pelos atores sociais que matam, coletiva ou individualmente, policiais, promotores, defensores e juízes. Examinemos o caso do Brasil. Enfoquemos, em especial, o estado do Rio de Janeiro. Entre 2003 e 2006 (inclusive), as polícias militar e civil mataram 4.329 pessoas nesse estado. Estima-se que mais de 65% dessas mortes não aconteceram em enfrentamentos — isto é, em ações legais contra reações armadas de suspeitos — e apresentam claros sinais de execução. Estamos falando, portanto, de mais de 2.800 mortes provocadas ilegalmente por ações policiais — sabe-se que as unidades de combate da polícia militar, no estado do Rio de Janeiro, deixaram de aceitar a rendição em meados dos anos 1990: compreende-se a magnitude desses números.

Sendo assim, os policiais rivalizam com matadores, se misturam a eles, ocupam seus lugares, assumem exatamente tal identidade. Não por acaso, são justamente os policiais os que atuam nos grupos de extermínio e os que se organizam em milícias. Quando atuam como funcionários públicos? Quando o fazem a título privado? Como estabelecer limites claros? Zonas de sombra cobrem todo esse campo, estendendo-se sobre os referidos redutos, constituindo-os (pela supressão da soberania do Estado, nesses territórios em que *são* e *fazem* a Lei, subtraindo-os da vigência do Direito e da Constituição) e negando-os, pois quando intervêm como agentes do Estado, as armas usadas, o tempo de intervenção, o reconhecimento popular de que são policiais os que assim atuam, e a impunidade que os preserva — graças à cumplicidade de outros tantos agentes do Estado, inclusive promotores e juízes (que seguem a onda popular, contra o Estado Democrático de Direito), tudo isso debilita as instituições.

A presença e a ausência do Estado devem pois ser relativizadas em seus significados e em suas implicações, tanto quanto os enclaves de soberania e a oposição entre Estado e violência, instituições e crimes. Entendemos a "coesão social na democracia", conforme afirmamos na introdução geral, como uma noção que possui uma indubitável dimensão normativa, o que nos leva a reconhecer a existência de formas problemáticas de coesão social presentes no mundo real, atravessado por contradições e inconsistências. O desafio é mais urgente: o crime organizado, ao corroer a legitimidade das instituições e ao gerar modos formais pervertidos de luta contra ela, acelera o descrédito dessas.

Crime organizado e patrimonialização do Estado

O crime organizado e o tráfico de drogas implicam um risco de "re-patrimonialização" perversa do Estado na América Latina. Ainda mais que o aspecto legal dessa atividade não faz senão aumentar os perigos evidentes acarretados pelo ingresso da "economia da droga" na "política". Esse processo de "re-patrimonialização" se apóia, além disso, em uma herança, sob todas as luzes negativa, baseada na convivência de uma (às vezes) precária convicção democrática e do exercício de sua institucionalização com o patrimonialismo retrógrado e opressivo que reproduz e aprofunda desigualdades matriciais, obstruindo o desenvolvimento e a expansão da cidadania (da eqüidade tanto quanto da liberdade).

Essa perturbadora mescla transforma ambos os termos da equação, ou seja, transforma tanto as instituições democráticas como o patrimonialismo: as primeiras passam a experimentar o dilema posto pela distância ou ainda pela contradição entre a forma e o conteúdo prático, privando as classes subalternas do acesso à Justiça e restringindo seu controle da representação; o segundo se redefine como tosco assalto predatório ao Estado, cidadela do público, por excelência. A corrupção pública, nesse caso, leva os arranjos patrimonialistas a se emaranhar nas redes clandestinas que constituem o que se concorda em denominar crime organizado. O tráfico de drogas reativa assim, sobre novas bases e em um novo contexto internacional, alguns dos males mais endêmicos dos Estados na região.

Observe-se que não pretendemos sugerir que os Estados, na América Latina, foram tomados pelo crime organizado ou que o patrimonialismo seja sinônimo de crime organizado. O que afirmamos é que, na medida em que muitas sociedades da região se tornaram mais complexas e as instituições democráticas se consolidaram — uma vez que esse processo encontrou condições razoáveis para prosperar, em meio a tombos, retrocessos e limites —, essas não foram no entanto capazes de garantir controles externos, ampla participação, transparência e redução da impunidade para criminosos de "colarinho branco", o que fez com que o patrimonialismo tradicional, que politizava negativamente a economia[6] e bloqueava o mercado, se metamorfoseasse, se enganchasse em dinâmicas criminais modernas e passasse a se manifestar sob a forma de crime organizado, do qual a corrupção pública representa só um exemplo possível.

Quando o patrimonialismo se degrada em crime organizado, a corrosão da legitimidade das instituições políticas pode conduzir ao ceticismo, à apatia, à autonomia crescente do corpo político, ao afastamento de segmentos burocrático-administrativos, isolando cada vez mais o Estado e a representação política daquilo que poderia ser chamado a base efetiva da vontade popular republicana. Ao longo desse processo, a representação política e os processos decisórios do Estado se tornaram cativos de interesses privados que inviabilizaram reformas historicamente necessárias, do ponto de vista do interesse público, da gestão racional e dos avanços democráticos.

Concluindo, pode se dizer que: (1) o patrimonialismo e o capitalismo moderno convivem e se redefinem mutuamente na América Latina; (2) a perda de lugar estratégico — em função dos fatores que tornam mais complexas as sociedades, a economia e a vida política, e que atuam sobre as instituições — degrada o patrimonialismo em crime organizado; (3) a economia política das drogas potencializa esse processo ali onde se impõe e exerce influência; (4) o panorama descrito gera uma oportunidade, a despeito de seus imensos riscos civilizacionais: no referido contexto,

---

[6] A politização negativa da economia se realizava privatizando o público, por meio da instauração ou da manutenção da estrutura institucional que legitimava privilégios e mediante procedimentos estandardizados que preservavam e aprofundavam desigualdades.

pode estimular uma revitalização da democracia, de tal forma que a luta por sua reafirmação envolva a construção da ordem (segurança e legitimidade) com um acesso menos desigual à justiça.

4. AS AMEAÇAS DA CORRUPÇÃO[7]

Há uma percepção generalizada de que existe muita corrupção na América Latina, que afeta a vida política, a vida econômica, as instituições públicas e as privadas e, em geral, a coesão social nos países da região. De fato, uma das características fundamentais de um sistema social coeso é a legitimidade de suas instituições políticas, que se fundamenta no respeito aos que possuem uma autoridade delegada pela sociedade. É essa legitimidade que permite que as autoridades públicas cumpram seus mandatos com eficiência e com o mínimo de coerção. Quando a legitimidade não existe, a autoridade somente pode ser exercida, seja pelo autoritarismo e pela violência, seja pelo uso da corrupção, por meio da cooptação de aliados e eleitores e, mais freqüentemente, por uma combinação das duas coisas.

Os regimes autoritários favorecem a corrupção pelas limitações que impõem à expressão da opinião pública, pela perda de autonomia do Judiciário e pelo uso discricionário do poder. Os sistemas políticos corruptos, por sua parte, têm sempre uma tendência ao autoritarismo, enquanto estratégia que lhes permite ocultar a apropriação privada de recursos públicos que costumam fazer. Na América Latina, até os anos 1980, prevaleceram os regimes autoritários, em geral associados a níveis muito altos de corrupção. Com a democratização, a partir dos anos 1990, a corrupção endêmica se transformou, em muitos casos, em regimes políticos "cleptocráticos", que desmoralizam as instituições democráticas e favorecem o surgimento de novas formas de autoritarismo.

Sem dúvida pode se argumentar que a corrupção é um fenômeno universal, o que é correto. A diferença específica não é tanto o nível de

---

[7]Esta seção se apóia em Simon Schwartzman, "Corrupção e coesão social na América Latina".

corrupção de cada país, embora seja relevante, mas o nível de impunidade. É nesse ponto que na América Latina, comparada pelo menos com a Europa e com os Estados Unidos, o fenômeno da corrupção apresenta sua diferença específica, pela quase total impunidade daqueles que, mesmo encontrados em flagrante delito, não só não são castigados, mas também muitas vezes insistem em manter sua função pública. Essa impunidade generalizada, mais que a corrupção em si mesma, é o que provoca a revolta e a indignação dos cidadãos e que tem levado a explosões de protestos.

Corrupção econômica e desenvolvimento

A corrupção afeta a coesão social de diferentes maneiras, mas seu principal efeito é a desmoralização das instituições democráticas e os sentimentos de identificação dos cidadãos com o sistema político. Tecnicamente a corrupção econômica impede a competição saudável dos preços e a qualidade dos produtos e serviços, limitando dessa maneira o crescimento da economia e a distribuição de seus benefícios para a sociedade. Contudo isso não impediu que sociedades extremamente corruptas, entre as quais a China ocupa um lugar exemplar, alcancem altos índices de crescimento. Entretanto, em sociedades democráticas, a corrupção do setor público em seus diversos níveis impede o desenvolvimento e o fortalecimento de uma administração profissional e de qualidade, estimula a seleção negativa dos dirigentes políticos e gera um sentimento de frustração e de revolta diante dos impostos, cujo uso se vê desvirtuado.

Na abordagem econômica mais simples, a pergunta é se a existência de práticas corruptas em determinado país facilita ou dificulta a atividade econômica e, assim, a criação de riqueza e o desenvolvimento econômico. Nathanael Leff, escrevendo nos anos 1960, argumentava que, na ausência de um marco legal bem constituído nos países menos desenvolvidos, o pagamento de suborno a determinadas autoridades para conseguir contratos e autorizações era um comportamento racional por parte das empresas que contribuía para tornar a atividade econômica mais fluida. O suborno era visto, assim, como um "lubrificante" das transações

PROBLEMAS E PROMESSAS

econômicas, uma taxa como outra qualquer, a ser contabilizada nos custos normais de transação das empresas. A essa teoria da corrupção como lubrificante se contrapõe a visão defendida, entre outros, por Rose-Ackerman, da corrupção como "arena": apesar de poder facilitar a realização de negócios específicos, a corrupção reduz a transparência dos mercados, impede a competição por eficiência e resultados e termina gerando ineficiências para a economia e a sociedade como um todo. Em todo o caso, existe hoje um forte consenso entre os economistas de que a corrupção tem um impacto negativo importante sobre a economia dos países afetados (Mauro, 1997), embora não seja um fator necessariamente decisivo.

Existem muitas explicações para isso. Quando os governantes tomam decisões em função dos pagamentos privados que recebem, nem sempre são as empresas mais eficientes e competentes as que aceitam investir no país, e, quando o fazem, cobram um prêmio extraordinário pela incerteza a que estarão submetidas, seja na forma de isenções de impostos, monopólios, preços administrados, seja outros. Muitas firmas preferem não investir nessas condições, e outras privilegiam investimentos especulativos, de curto prazo, em detrimento de projetos de longa duração e maturação. Se o suborno das autoridades é prática normal, os impostos deixam de ser arrecadados e os serviços públicos beneficiam somente os que têm como pagar por fora pelo que necessitam, prejudicando investimentos públicos de interesse geral, como em educação, saúde e infra-estrutura.

A corrupção nunca foi privativa dos países pobres, e a literatura especializada está também repleta de exemplos de corrupção nos países desenvolvidos (Rose-Ackerman, 1999). A questão é importante. O tema da corrupção sempre vem associado a valores e a juízos morais e à percepção de que os países mais pobres, ou suas elites, são mais corruptos do que os países mais desenvolvidos. Essa percepção tem impacto tanto sobre investimentos privados quanto sobre políticas de cooperação e de ajuda internacional de instituições nacionais e internacionais, e levou a uma discussão interminável e não concludente sobre se os países são vítimas ou, ao contrário, responsáveis pela própria pobreza e subdesenvolvimento.

A constatação de que a corrupção não é exclusiva dos países mais pobres ajuda a reduzir a arrogância moral de muitos dos participantes dessa discussão e expõe a questão da corrupção no terreno mais neutro das análises sociológicas, políticas e econômicas. Mas, sobretudo, e na medida em que por definição é difícil saber com certeza o grau de generalização da corrupção, essa exceção tem por função, reconhecendo a sua importância na região, integrá-la em um panorama de interpretação no que se refere a seus efeitos reais.

Corrupção política e democracia

A corrupção especificamente política ocorre quando "as regras do jogo" dos processos eleitorais e do funcionamento das instituições governamentais são violadas, seja nos processos eleitorais (como, por exemplo, no financiamento ilegal de campanhas, na fraude eleitoral direta), seja nos processos legislativos, judiciais, seja na ação do Executivo (por tramas na compra de votos, por maquinação entre o Executivo e o Poder Judiciário, por influência de *lobbies* e de grupos de interesse no processo legislativo e nas ações do Executivo etc.). Esse tipo de corrupção depende, em parte, da cultura ética de cada sociedade, mas depende também da maneira que as instituições políticas estão conformadas; e depende ainda da transparência dos processos políticos e da ação governamental, assim como da força da opinião pública e da imprensa independente.

Se o processo eleitoral depende fortemente da arrecadação de recursos privados de campanha pelos candidatos, as confabulações entre estes e os grupos financeiros e empresariais são quase inevitáveis, trazendo benefícios bastante tangíveis para os financiadores, como ocorre no Brasil (Claesses, Feijen e Laeven, 2006); se a ação do Executivo depende de negociações permanentes com o Congresso para a aprovação de leis, a negociação por cargos, votos e liberação de fundos se torna também quase inevitável. Nessas áreas, os limites entre o que é comportamento legítimo e corrupto são difíceis de definir.

A corrupção política, ainda que em alguns momentos possa facilitar a participação e o acesso de grupos e setores marginalizados ao poder po-

PROBLEMAS E PROMESSAS

lítico (como foram os casos clássicos das "máquinas políticas" de Nova York e Chicago), também contribui para a desmoralização das instituições e o desenvolvimento de uma separação crescente entre os "códigos míticos" das leis e práticas operativas da vida cotidiana.

Com efeito, uma maneira de conceber a democracia é considerá-la um sistema que formaliza, regula e legitima o exercício do poder, que protege as minorias e garante os direitos de participação de todos os setores da sociedade nas disputas eleitorais. Essa concepção não supõe que os dirigentes políticos sejam, literalmente, mandatários da vontade popular e reconhece que eles muitas vezes são oriundos de setores da sociedade que não são acessíveis para a grande maioria da população. Mas os sistemas partidários e eleitorais, quando funcionam bem, consagram o princípio de representatividade, legitimando dessa forma o exercício do poder; e operam como mecanismos de administração e negociação de conflitos e disputas, que não adquirem o caráter destrutivo que têm em sociedades em que o sistema democrático não funciona nem tem legitimidade. Para que a democracia tenha essa função, ela precisa ter regras claras e formais de funcionamento, que sejam acatadas e respeitadas pela grande maioria da população. Tão importantes como a legalidade formal dos processos políticos e eleitorais são a legitimidade e o reconhecimento que o sistema político recebe da sociedade.

A ausência de confiança dos cidadãos no sistema político gera diversas atitudes de crise. Em muitos países da América Latina, a deterioração da ordem democrática tradicional serviu de justificativa para o estabelecimento de regimes populistas e plebiscitários que podem mostrar-se eficientes, em um primeiro momento, na distribuição de recurso e benefícios sociais, mas que terminam diferenciando-se pouco de regimes mais tipicamente cleptocráticos, como foram os governos Collor no Brasil e Fujimori no Peru.

Essa deterioração também justifica a tendência crescente para a busca de "ação direta" por parte de movimentos sociais de diferentes tipos, que, em nome dos direitos humanos, procuram construir ou reconstruir fortes identidades raciais, culturais e regionais na população, não reconhecem a legitimidade das instituições democráticas existentes e não crêem na necessidade de aperfeiçoá-las. Outra manifestação dessa mesma tendência é o recurso periódico ao plebiscito como forma de passar por cima dos procedimentos regulares do Poder Legislativo, assim como a valorização de diferentes modalidades de "democracia direta". Independentemente das boas ou más intenções das pessoas envolvidas nesses movimentos, eles contribuem para acentuar a crise política contemporânea (Schwartzman, 2004: 161-180).

Na América Latina, a desigualdade social e a insatisfação com os políticos profissionais alimentam, portanto, o apoio a políticos (que se apresentam como) não políticos, salvadores da pátria que vão governar para o bem do povo. Mesmo quando são eleitos em pleitos democráticos, o poder, transformado em espaço a ser conquistado por indivíduos e grupos políticos para apoderar-se da pilhagem dos recursos públicos, continua sendo uma característica de muitas das democracias do continente (o que aumenta enormemente a disposição ao continuísmo no poder, ainda que seja sacrificando as instituições).

A corrupção, claramente, não é a causa principal de todos os problemas de subdesenvolvimento, de desigualdade e de debilidade das instituições, embora esteja associada e possa contribuir para isso. Com o enfraquecimento das instituições, abre-se o caminho para a busca de identidades comunitárias fáceis de perceber e de aderir, e que não dependem de longos processos de formação e de socialização. A religião, a raça, a tribo e a gangue, muitas vezes de forma combinada, outras em separado, permitem que esses tipos de identidade, muitas vezes cristalizadas ou por líderes carismáticos que personificam essas comunidades ou por lógicas de clã, acentuem o fracasso da ordem pública.

Corrupção, normas e coesão social

Muitas análises econômicas e políticas costumam considerar a corrupção uma forma de comportamento racional como qualquer outro, desprovido de conteúdo moral. Em parte, trata-se de um artifício metodológico — deixar de lado os valores do analista por um momento, para entender a lógica de interesses que estimula os indivíduos e as organizações ao comportamento corrupto. Mas sabemos que, em algumas sociedades, as pessoas se comportam de acordo com princípios éticos que não permitem, ou pelo menos limitam, a adoção de comportamentos considerados corruptos, enquanto em outras sociedades isso não acontece, ou acontece muito menos. Luis Moreno Ocampo (2000), tomando como exemplo a Argentina, fala da existência de "regras míticas" de comportamento ético que não deveriam ser violadas, mas que convivem sem maiores dificuldades com "códigos operacionais" corruptos que são os que de fato funcionam. A coexistência dessa dualidade de normas e de práticas não é trivial, porque, devido a regras míticas, os comportamentos operacionais necessitam ocorrer de forma discreta, levando a um tipo de comportamento cínico em áreas como, por exemplo, a cópia dos estudantes nas escolas, ou a evasão de impostos, ou os contratos de trabalho "informais". Esses comportamentos, muitas vezes, levam a um aumento do rigor das regras formais, cuja conseqüência geralmente é a sofisticação crescente das práticas informais. Essa dualidade normativa se explicaria, segundo ele, pela inconsistência entre diferentes sistemas normativos sob os quais as pessoas vivem, o que levaria ao predomínio dos códigos operacionais.

De modo mais geral, como as sociedades criam normas éticas a que as pessoas muitas vezes obedecem? Em que condições essas normas prevalecem? Em que condições perdem sentido e significado? Existem duas metáforas para responder a essas perguntas: uma a partir das instituições existentes, outra a partir da interação entre os indivíduos. Uma e outra se encontram, muitas vezes, vinculadas. Tanto para o vínculo pessoal como para o funcionamento da sociedade, podemos entender que sociedades organizadas para o bem comum e a obtenção de benefícios de longo prazo necessitam de comportamentos éticos, em que as pessoas possam confiar umas nas outras; enquanto em sociedades voltadas para a busca de resultados imediatos e de curto prazo prevalecem os comportamentos predatórios. Ao mesmo tempo é difícil, em certas situações quase impossível, ter comportamentos éticos quando as instituições responsáveis pela manutenção da ordem social (polícia), das normas (Judiciário) e do comércio (inspetores da Fazenda) podem impor formas de propina ou chantagem que levam o cidadão a participar do sistema de corrupção. Isso

por sua vez é facilitado por um sistema de leis tão (formalmente) seve-
ras que é suficiente que o agente público indique sua disposição de aplicar a lei para que o cidadão entenda que é mais conveniente chegar a
um acordo. Essa constante incerteza diante da lei e de seus oficiais gera
um "individualismo à América Latina", que podemos denominar de
hiper-reflexivo ou individualismo exacerbado, pois o indivíduo não tem
parâmetros definidos de como se conduzir nas situações em que enfrenta
os representantes da lei ou suas normas (transgride-as, corrompe o representante da lei, confia que tem os recursos — contatos, materiais —
para sair impune, segue a norma?). Assim, o individualismo na América
Latina em lugar de ser expressão da aceitação do sistema legal é em boa
medida o resultado do desvio e da transgressão dessa norma (Sorj,
2005a).

Talvez aqui resida o nó da questão: como mudar as regras do jogo no
qual o cidadão e os funcionários públicos tecem redes de interesses comuns, a partir de uma ordem jurídica hipertrofiada, associada a altos níveis de desigualdade?[8] Como quebrar a unidade de interesses, em particular
entre as classes médias e altas, que permitem constantes pactos de micro-
corrupção? O olhar se dirige em direção à justiça.

5. A QUESTÃO JUDICIAL[9]

No passado recente, os poderes judiciais latino-americanos não eram considerados relevantes pelos cientistas sociais para o entendimento do funcionamento político da região. Após as transições democráticas, seja por
exigências do próprio processo de transição, seja por exigências do processo de reforma econômica, as instituições judiciais adquiriram relevância política e institucional para as elites econômicas da região, para os
organismos financeiros internacionais, assim como para importantes se-

---

[8]Para um exercício de aplicação da análise econômica ao sistema legal, em contextos de
corrupção generalizada e de grande desigualdade social, ver Pablo Sorj (2005).
[9]Esta seção se baseia em Catalina Smulovitz e Daniela Urribarri, "Poderes judiciales en América Latina. Entre la administración de aspiraciones y la administración del derecho".

tores da cidadania. Essa convergência incomum de atores teve duas conseqüências. A primeira: colocou os problemas associados a seu funcionamento e desempenho em um lugar relevante na agenda política, abrindo espaço para reformas judiciais centradas na qualidade e no tipo de serviços que presta o sistema. A segunda: a centralidade que adquiriu a questão judicial deu lugar à emergência de um processo de "judicialização" de conflitos caracterizado pela maior intervenção das cortes e dos juízes na revisão de políticas públicas, e pela maior utilização dos procedimentos judiciais ordinários para a petição e para a resolução de demandas sociais e políticas.

Essas duas realidades, a primeira relacionada com a atualização das capacidades institucionais do poder judicial para realizar suas funções, e a segunda, com a descoberta da justiça por parte dos atores sociais, marcaram a trajetória do poder judicial e das discussões acadêmicas a esse respeito nos anos recentes.

As reformas do Judiciário

As análises e as ações daqueles que enfatizam os aspectos burocráticos do problema focalizaram o estudo e a implementação de medidas dirigidas à melhoria da capacidade dos poderes judiciários de dar respostas eficientes e imparciais às demandas que lhe apresentam. Essa perspectiva se concentrou em questões relacionadas com os procedimentos que poderiam agilizar as decisões, garantir sua independência e reduzir os umbrais de acesso ao sistema. Para atender a esses problemas, a quase totalidade dos países latino-americanos implementou, nos últimos vinte anos, reformas judiciais que incluíram medidas como a modificação dos procedimentos para selecionar autoridades judiciais, a expansão de suas atribuições administrativas, o impulso da oralidade, a promoção da representação legal pública e a ampliação do número de atores autorizados a iniciar causas.

Instituições do Sistema Judiciário e data de criação

	Argentina[a]	Bolívia	Brasil[a]	Chile	Guatemala	México[a]
Poder Judiciário	1853	1826	1824	1823	1825	1824
Ministério Público	1994	s/d	1993	1999	1992	1993
Defensoria Pública	1994	2003	1994	2001	1997	s/d
Defensor do Povo	1994	1997			1985[b]	1999[c]
Conselho Judicial	1994	1994	s/d		s/d	1994
Ministério da Justiça	s/d	[d]	s/d	s/d		
Escola Judicial	2002	1994	s/d	1994	1992	1994

[a]Os dados correspondem ao sistema federal.
[b]Na Guatemala seu equivalente funcional é o "Procurador de los Derechos Humanos".
[c]No México seu equivalente funcional é a "Comisión Nacional de los Derechos Humanos".
[d]Na Bolívia é o "Viceministerio de Justicia y Derechos Humanos".
s/d: sem dados.
Fontes: Elaboração própria com base em páginas na web dos organismos Base de Datos Políticos de las Américas — Georgetown University e Organización de Estados Americanos, Reporte de Justicia de las Américas 2004-2005 — CEJA, e Pásara (2004c), *apud* Smulowitz, *op. cit.*

Como se observa no quadro anterior, em todos os países estudados a administração da justiça foi criada como Poder diferenciado dentro do Estado no momento em que esses se organizaram constitucionalmente. No entanto, na década de 90, no marco dos processos de reforma judiciais, algumas das funções que originariamente dependiam do Poder Judiciário adquiriram independência e diferenciação administrativa. Nos países da região a implementação dessas reformas enfrentou dificuldades relacionadas, entre outras, com a insuficiência e a qualidade dos dados que guiaram os diagnósticos e com a falta de consideração dos obstáculos políticos que elas despertavam nos atores judiciais e nos políticos locais. No entanto, e apesar desses problemas, as reformas deram lugar a mudanças significativas na organização, nos recursos e no desempenho dos poderes judiciários. Nesses anos, foram criadas instituições como o Ministério Público, os sistemas de Defesa Pública, os Conselhos Judiciais e as Escolas Judiciais; também foram modificados a organização interna e os sistemas de seleção e de remoção de juízes, e aumentou o número e o tipo de populações com acesso ao sistema judiciário.

Mas a amplitude dessas reformas deve ser posta em relação com os atores que participam do sistema judiciário — em primeiro lugar, os advogados. O quadro a seguir informa a quantidade de advogados existente em cada um dos países considerados. O dado é relevante, pois habitualmente a litigiosidade do sistema e as facilidades de acesso se relacionam com a oferta de advogados. O quadro mostra assim que a quantidade de advogados é muito diferente. O Brasil e a Argentina se encontram em primeiro lugar e possuem em torno de 300 advogados para cada 100 mil habitantes, enquanto que a Bolívia e a Guatemala contam com menos de 100 advogados para cada 100 mil habitantes. A suposta relação entre a quantidade de advogados e o número de litígios parece verificar-se nesses países.

Quantidade de juízes, fiscais, defensores e advogados para cada 100 mil habitantes

	Argentina	Bolívia	Brasil	Chile	Guatemala	México
Juízes	11,2	9,5	7,6	5	6	s/d
Fiscais	0,8	4,5	s/d	4,2	6,9	s/d
Defensores	0,6	0,8	1,9	1,5	1,1	0,6
Advogados	312	77	279	124	68	196

Fontes: Os dados correspondem ao último ano disponível para cada caso (2003-2005). A informação sobre a quantidade de juízes provém dos "Unidos por la Justicia", para a Argentina, do "Supremo Tribunal Federal", para o Brasil, e do "Reporte Justicia de las Américas" de CEJA, para o resto dos países. Os dados de fiscais e defensores para todos os países correspondem ao "Reporte Justicia de las Américas" — CEJA. A informação sobre a quantidade de advogados pertence à *Revista Sistemas Judiciales*, nº 9, 2005, *apud* Smulowitz, *op. cit.*

Já que para essa perspectiva os problemas do Poder Judiciário são essencialmente ligados a uma burocracia pública com dificuldades para transformar *imputs* em *outputs*, não é de estranhar que as análises sobre o seu funcionamento e as ações públicas para remediar essas dificuldades tenham se concentrado nas mudanças administrativas que poderiam melhorar seu desempenho (sobretudo medidas que tendem a diminuir o congestionamento judicial e o atraso na resolução de causas como, por exemplo, o abandono do sistema inquisitivo e sua substituição por um sistema acusatório ou semi-acusatório) ou mesmo nas reformas que propiciaram medidas que tendem a facilitar a representação legal pública.

Cabe notar no entanto que, mesmo quando se registraram progressos, as avaliações e as opiniões acerca do seu funcionamento continuam não satisfazendo as expectativas. Não só a enorme morosidade dos processos, mas também a falta de acesso dos setores pobres ao sistema judiciário e a impunidade associada à influência dos poderes político e econômico nas decisões judiciais continuam sendo características dominantes na maioria dos países do continente.

Tempo médio de duração dos processos

	Argentina	Bolívia	Brasil	Chile	Guatemala	México
Penal	1,5 a 2 anos	9 a 12 meses	s/d	3 a 7 meses*	1,5 ano	s/d
Civil	2 a 3 anos	s/d	s/d	509 dias	s/d	s/d

*As médias por delito são: roubos: 127 dias; violação: 171 dias; deferimentos: 193 dias; indeferimentos: 108 dias.
Fontes: Os dados da Argentina e do Chile provêm do "Reporte de Justicia de las Américas", 2004-2005, CEJA; enquanto os da Bolívia e da Guatemala são de Marchissio (2004), *apud* Smulowitz, *op. cit.*

Vale salientar: os resultados obtidos por estas reformas não parecem estar satisfazendo as expectativas. As pesquisas de opinião continuam mostrando que a insatisfação da população com o desempenho do Judiciário permanece alta. A opinião pública considera que o sistema não é justo, que se caracteriza pela existência de demoras custosas, por decisões politicamente motivadas e pela sua distância dos interesses dos cidadãos comuns. A justiça é percebida como pouco confiável, corrupta, lenta, custosa e trata de forma desigual ricos e pobres. Mesmo quando, como assinala Pásara (2004a), essas percepções estejam carregadas de preconceitos, os dados sobre o que as pessoas pensam a respeito da justiça não podem ser considerados levianamente, e em todo o caso vale a pena perguntar sobre a origem de semelhante percepção. Segundo o estudo do Latinobarómetro para 2006, a avaliação do Poder Judiciário na região é muito deficitária: a média de aprovação de seu de desempenho na América Latina é de 38%. Entre os países considerados neste estudo, só no Brasil mais da metade da população aprova o seu desempenho (53%), enquanto, no outro extremo, na Argentina a aprovação é de apenas 29%. O estudo também mostra que 66% dos habitantes da região consideram que o Poder Judiciário os discrimina por serem pobres.

Em síntese, as análises dos processos de reforma assinalam diversas fontes de problemas na implementação delas (Pásara, 2004b): (a) a insuficiência e a qualidade dos dados que guiaram os diagnósticos das reformas levaram-nas a se concentrar em problemas que não tinham a gravidade que inicialmente lhes destinava uma leitura parcial dos problemas e a agenda de temas proposta pela assistência internacional; (b) enquanto os diagnósticos tenderam a atribuir os problemas existentes à normativa legal vigente, as reformas e os reformadores não consideraram os obstáculos e as resistências políticas que o processo podia despertar nos atores judiciais e políticos locais relevantes. Esse viés impediu o desenvolvimento e a formação de estratégias e coalizões capazes de apoiar a implementação das reformas.

O Judiciário como espaço da política

A leitura dos que analisam o Poder Judiciário como um espaço alternativo para o desenvolvimento de conflitos políticos e o uso de suas instituições como um recurso estratégico de ação política é muito diferente. Embora não desconheçam a relevância dos aspectos burocráticos de seu funcionamento, suas observações destacam que o traço que caracteriza o Poder Judiciário nos últimos tempos é a sua constituição como um espaço para a realização de aspirações compensatórias e sociais de diversos atores. Para essa perspectiva a novidade que os poderes judiciários da região apresentam se relaciona com o uso instrumental e o experimental que os atores políticos e sociais assim como os indivíduos fazem desse cenário particular. Os atores transferem para a arena judicial demandas e aspirações substantivas que não podem realizar nas contendas políticas. Nesse espaço as demandas se transformam em reclamações de direitos, os juízes se tornam parte das disputas políticas e o direito se converte em discurso e linguagem dos conflitos. Tudo isso repercute em um importante incremento dos litígios judiciais na região.

Taxa de litígios para cada 100 mil habitantes
(Quantidade de causas para cada 100 mil habitantes)

Ano	Argentina	Bolívia	Brasil	Chile	Guatemala	México
2004	10.225	2.740	8.568	12.305	2.151	s/d

Fontes: para Argentina, Bolívia, Brasil e Chile: "Unidos por la Justicia", 2006, "Información e Justicia". Para a Guatemala: "Reporte de Justicia de las Américas", CEJA, *apud* Smulowitz, *op. cit.*

Nessa perspectiva, portanto, a origem e os problemas que a "judicialização" das aspirações apresenta não se resolvem a partir de uma administração mais eficiente das instituições judiciárias. Além do mais, essa crescente "judicialização" de conflitos dá lugar a diversas e a novas interrogações. Se as avaliações de especialistas e as pesquisas de opinião acerca do desempenho do Judiciário continuam negativas, por que o número de casos atendidos não pára de crescer? Isso significa que o desempenho é menos deficitário do que as avaliações sugerem? Significa que para uma parte significativa da cidadania a ação judicial se transformou em um instrumento adicional da luta política?

A concentração das avaliações de eficiência em indicadores de demora e de congestão impede a observação de outros usos que os cidadãos poderiam fazer das instituições judiciais. Por exemplo, se o início de uma ação judicial é na realidade parte de um processo mais amplo de negociação de um conflito, então o que, nas estatísticas com escassa desagregação, aparece como demora e congestão poderia revelar que a resolução de disputas políticas se transferiu para a arena judicial.

Dados recentes referentes a casos apresentados em cortes civis, que levam em consideração quando os casos morosos se tornaram inativos, estão dando lugar a essa outra leitura (Hammergren, 2002: 26). A inati-

PROBLEMAS E PROMESSAS

vidade precoce de uma significativa proporção de demandas poderia indicar que grande parte está sendo resolvida extrajudicialmente. Essa situação convida-nos a pensar que para os atores políticos e sociais a ação judicial é um dos instrumentos de negociação, e o Poder Judiciário, um dos cenários disponíveis para resolver disputas, mas não o único. Se esse é o caso, e se os atores usam o início de causas como uma ferramenta estratégica, então a demora e a congestão crescentes, mais do que a ineficiência no funcionamento, poderiam revelar um uso diferente da instituição judicial e reafirmar a existência de um processo de "judicialização" de conflitos.

Mas essa estratégia é mais ambivalente do que parece à primeira vista. Com efeito, se os atores supõem que a resposta judicial vai demorar, os incentivos para utilizar o sistema como um mecanismo para regular e arbitrar conflitos decresce, e os atores têm menos possibilidades de que seus conflitos sejam resolvidos com base no direito. Isso não só aumenta as dificuldades de acesso, mas também afeta a eqüidade social dos resultados. De fato, a demora tanto aumenta os obstáculos de acesso quanto desestimula o uso dos serviços de justiça por parte daqueles que não estão em condições de esperar um tempo prolongado por seus resultados. Por outro lado, a demora acentua a iniqüidade social, já que obriga aos que não podem esperar os resultados do trâmite judicial a resolver seus conflitos no contexto de relações binárias em que as diferenças de poder entre as partes decidem o conflito. Portanto, e para além do fato da questão da eficiência judiciária ser um problema em si mesmo, não é possível desconhecer a relação que ela tem com a maior ou a menor iniqüidade dos resultados do sistema e com a maior ou a menor propensão para sua utilização.

Que conseqüência tem a irrupção dessas novas formas de intervenção? Por um lado, resultou na incorporação do direito como um instrumento estratégico adicional na hora de fazer política. Para alguns autores essa "judicialização" está permitindo que os cidadãos usem os poderes coativos do Estado para perseguir seus próprios interesses e portanto deve ser considerada uma forma de participação dos cidadãos na democracia. Mas, por outro lado, a "judicialização" permite a atores minoritários in-

193

tervir e incidir sobre questões públicas sem necessidade de obterem maiorias contundentes. Portanto, embora esse tipo de intervenção esteja dando lugar à incorporação de temas e atores que de outra forma ficariam excluídos da discussão pública, cabe advertir que ela também pode produzir resultados antidemocráticos.

Justiça e coesão social

De que maneira essas duas visões da questão judicial se relacionam com o problema da coesão social? Para a perspectiva administrativa, se o desempenho judicial melhora, as dificuldades de acesso serão reduzidas e, conseqüentemente, alguns dos fatores que conspiram contra a coesão social tenderão a desaparecer. Para a outra perspectiva, e para além do fato de que a atuação das instituições judiciais possa melhorar, a coesão social depende, entre outras coisas, do uso inovador que os atores façam do espaço judicial para reclamar e exigir sua integração na comunidade política mais ampla. Em conseqüência, e para além das questões associadas à renovação administrativa, para essa última perspectiva é necessário criar condições (redução dos umbrais de acesso, criação de estruturas de apoio e ajuda legal) que facilitem o uso dessa arena para modificar a distribuição e a proteção de direitos no cenário político.

Mas, além desse diagnóstico, é necessário destacar até que ponto a "judicialização" da vida social é parte de uma tentativa ambivalente através da qual os indivíduos estabelecem novos vínculos de confiança com as instituições. Em relação à questão judicial, como não ressaltar ao mesmo tempo a profunda desconfiança que expressam as opiniões públicas e todas as promessas que, no entanto, esse recurso renovado por parte dos atores aos tribunais contém? A desigualdade diante da justiça é uma das manifestações mais dramáticas e perigosas para a coesão social. Sua presença corrói não somente a legitimidade das instituições públicas, mas também afeta, muito mais profundamente inclusive, o sentido mesmo da vida em comum. A percepção de um sistema judiciário injusto (e já não somente ineficaz) engendra sentimentos opostos que levam, facilmente, ao niilismo político. Experiências desse tipo são ainda mais dramáticas

PROBLEMAS E PROMESSAS

quando acontecem em uma região marcada, como vimos neste capítulo, por importantes problemas de violência, crime organizado e corrupção. O resultado, todos sabem, é uma mescla de sentimentos de indignação, de cinismo e de apatia.

Mas ressaltemos a novidade do processo. Se a lei é pouco e mal aplicada, o recurso ao sistema judiciário aumenta. Se os grupos dominantes ainda desfrutam uma impunidade descarada, alguns de seus atos, no entanto, como certos assuntos de corrupção, e sobretudo a violação dos direitos humanos, começam a ser punidos. Para alguns, e com razão, o processo é ainda muito tímido e muito lento. Mas a promessa é real, embora, ao mesmo tempo, não seja possível esperar que somente o Judiciário seja capaz de regenerar as instituições do Estado, inclusive porque a sobrecarga colocada nele termina repercutindo em sua politização e na vontade do Executivo e do Legislativo de domesticá-lo.

Mas, em vista disso, e apesar da imagem secular que nesse domínio os latino-americanos veiculam sobre si mesmos em termos de uma cultura da transgressão que seria particularmente forte no continente, como não assinalar que nas últimas décadas os casos de publicidade da corrupção (não julgada) se generalizam em outras latitudes, enquanto se incrementa na América Latina, muito em função da ação da imprensa, o repúdio a eles? E no que se refere à violação dos direitos humanos, se o balanço é em muitos países fraco, como desconhecer, no entanto, que o esforço e a consciência cidadã foram sem dúvida maiores do que em muitas outras regiões do mundo? Não se trata, com certeza, de negar a severidade dos entraves e a gravidade dos problemas. Mas não se deve tampouco negar a virtualidade da promessa.

6. CONCLUSÕES

O balanço deste último capítulo é sem dúvida contrastado. Em primeiro lugar, como destacamos, a América Latina é o teatro no início do século XXI de uma expansão real de atos delituosos e sobretudo criminais, como o demonstra a violência urbana armada ou o surgimento de um crime organizado que, sob o abrigo de redes internacionais, coloca severamente em xeque a institucionalidade legal dos países da região. Em alguns deles, inclusive, a violência e o crime são um pesadelo cotidiano ao qual os indivíduos, dadas as insuficiências do Estado, devem fazer frente em função de seus diferenciais de iniciativa. Também nesse âmbito, portanto, os indivíduos, ao cuidarem de sua própria segurança, devem sanar as insuficiências das instituições (que também são muitas vezes parte do problema, devido à porosidade que existe entre a ilegalidade e a legalidade no meio dos mesmos atores estatais encarregados de fazer respeitar a ordem).

Em segundo lugar, os fenômenos de corrupção entre os políticos, os altos funcionários e a polícia, agregados à ineficiência do sistema judiciário, ocupam um lugar central na percepção pública. Seja porque realmente aumentaram, seja porque o jornalismo investigativo e os novos meios de comunicação são mais eficientes, seja porque as pessoas são mais sensíveis a esses fenômenos, a "corrupção" ocupa um lugar central na dinâmica política.

Um e outro corroem a confiança que os indivíduos têm nas instituições gerando cinismo e frustração. Igualmente freiam os processos de individualização igualitária, pois todos são potencialmente dependentes de um favor ou "solução" que, mais cedo ou mais tarde, um amigo ou um conhecido em um posto-chave ajudará a dar "um jeitinho". Mas nesse âmbito uma novidade se insinua. A sensibilidade da opinião pública, e essencialmente da classe média, ante a impunidade aumenta. No momento, é verdade, essa atitude tende a expressar-se de maneira ambivalente: ao mesmo tempo que se vive de forma fatalista e com amargura a permanência secular do não-respeito às regras na região, constantemente surgem ações — de modo geral explosões coletivas e individuais, que buscam limitar a impunidade.

Essas duas realidades por contraditórias que sejam, a expansão de um crime organizado cada vez mais violento e a ainda incipiente sensibilidade diante de certas formas de abuso e de corrupção, são, uma e outra, o fruto da revolução democrática que vive o continente. A igualdade simbólica dos cidadãos, quando desprovida de esperança ou de recursos, conduz a atitudes predatórias e criminais, e, ao mesmo tempo, de destruição social ou de autodestruição. Mas essa mesma igualdade simbólica dos cidadãos é o que os impulsiona, em certas ocasiões, a exigir o respeito da lei e, em caso de necessidade, a buscar sua defesa através do direito. A primeira conspira contra a coesão social (pois dá forma, como vimos, a manifestações pervertidas de microcoesão em grupos criminais). A segunda sustenta a coesão social (pois transmite um suplemento de confiança nas instituições). O primado, ao final, de uma ou outra dessas sinergias dependerá da natureza do jogo democrático que se afirmará na região nos anos por vir.

CAPÍTULO IV Estado, nação e política(s)
na aurora do século XXI

1. INTRODUÇÃO: ESTADO E SOCIEDADE, UMA RELAÇÃO PRISMÁTICA

A distância entre o Estado e grande parte da sociedade deu lugar a interpretações opostas sobre o papel de ambos na história da América Latina. Para alguns, o Estado era o veículo da ordem e do progresso perante sociedades amorfas e fragmentadas por interesses particularistas. Para outros, pelo contrário, o Estado era a fonte de patrimonialismo e de bloqueio do desenvolvimento autônomo da sociedade e do espaço público.

Toda oposição se constrói sobre altas taxas de simplificação, e as diversas interpretações do passado se referem a sociedades rurais e elitistas, muito distantes das sociedades urbanas e das massas contemporâneas. Uma análise mais cuidadosa da história dos diversos países da América Latina nos indicaria que as duas interpretações mencionadas se sustentam em facetas e em momentos históricos. O Estado na América Latina se caracterizou por sua unidade, continuidade e estabilidade organizacional de longa duração, durante as quais sofreu constantes processos de modernização e promoveu dinâmicas modernizadoras na economia. Essa estabilidade do sistema de Estados da região foi única no mundo e permitiu a consolidação de máquinas estatais que asseguraram a unidade territorial e identitária.

Na prática, nem o Estado nem a sociedade exerceram papel unívoco de atraso ou de progresso, mesmo porque com o passar do tempo as interdependências e impactos cruzados foram aumentando. Ainda assim, talvez não seja errado afirmar que se o Estado em muitos países está passando por processos de modernização (pelo menos em certos setores), no momento atual, no entanto, se encontra atrasado diante da modernização acelerada da sociedade e das exigências de infra-estruturas e sistemas de regulamentação que ela exige. O Estado, em certas áreas, chega mesmo a mostrar sinais de colapso. Este colapso se expressou na hiperinflação dos anos 1980, ou seja, na incapacidade de o Estado cumprir uma de suas missões básicas: assegurar o valor da moeda e por extensão de todos os bens (salários, propriedade). No momento atual esse colapso se expressa, como vimos em capítulos anteriores, na dificuldade crescente de assegurar a propriedade, a segurança e sobretudo a vida (direitos humanos básicos) diante da crescente violência criminal, freqüentemente associada à própria polícia.

Assim, não é estranho que, submetido a múltiplas e às vezes novas pressões sociais e econômicas, o aparato estatal se mostre muitas vezes incapaz de fazer frente a elas, o que questiona os diferentes regimes de Estado de bem-estar que, mesmo de forma incipiente, se conhece na região. Uma crise ou inadequação que favorece, como veremos, a expansão de movimentos e líderes neopopulistas ou autoritários.

Mas a essa primeira forma de pressão sobre os Estados, de alguma maneira tradicional, se somam outras duas. A primeira é o aparecimento de um conjunto de novas demandas institucionais, em geral pilotadas por grupos étnicos ou por minorias, que colocam em xeque, em certos países, antigas equações organizadas em torno dos Estados-nação. Os processos de formação dos Estados nacionais estiveram associados na região tanto a um esforço positivo de construção de uma narrativa fundada no sentimento de comunidade dos cidadãos, quanto, de forma concomitante, da destruição, da repressão, da ressignificação ou da expulsão no âmbito privado das identidades coletivas precedentes ou competidoras. Essa construção foi um longo processo, no qual a escola, os heróis e as datas nacionais, os intelectuais e, em particular na América Latina, os meios de comunicação de massa tiveram um papel central. Esse conjunto díspar de fatores não desapareceu, mas as antigas narrativas nacionais são submetidas a pressões institucionais inéditas por parte de novos atores.

Mas talvez em nenhum outro âmbito se desenhe melhor a nova articulação que deve ser estabelecida entre o Estado e a sociedade do que na esfera do fenômeno do consumo. Em relação a este, a conclusão que se impõe, como detalharemos, é que tanto a demonização do mercado quanto a do Estado como mecanismos para assegurar o acesso a bens públicos e a uma renda mínima, incluindo a regulamentação das relações de trabalho, dificultam a compreensão do momento que vive a América Latina. O desafio atual é fazer confluir o papel do mercado como principal criador de riqueza e de políticas sociais capazes de modificar a distribuição de renda, sem alienar os setores médios. É necessário colocar em pauta, por exemplo, um debate equilibrado sobre como flexibilizar, sem abolir, os direitos trabalhistas, ao mesmo tempo que se integra o setor informal na economia regulada pelo Estado. As políticas sociais e as diversas possibilidades de assegurar o acesso aos bens públicos, incluindo as formas de regular as concessões de serviços públicos e de controle das práticas oligopólicas dos serviços públicos administrados pelo setor privado, não podem ser elaboradas por tecnocratas de costas para o público. Mas tudo isso exige que seja questionada a idéia de que o papel do Estado é simplesmente compensar as falhas do mercado de trabalho, como se fosse possível existir um mercado de trabalho sem regulamentação estatal. Ao mesmo tempo, o papel do Estado deve ser profundamente revisto, elaborando formas de controle interno e de participação cidadã nas instituições públicas para limitar o patrimonialismo e assegurar a supervisão democrática do poder público e das políticas sociais.

Todos os pontos abordados mostram, cada um a sua maneira, uma mesma tendência central. A propósito dos grandes princípios da integração da sociedade, do Estado e da Nação, também não assistimos a uma oposição entre "indivíduos" e "grupos". Como nos casos precedentes, o que se afirma é um conjunto de novas expectativas que, portado por atores dotados de novas margens de ação, produz uma transformação de peso. Os indivíduos, como veremos, afirmam, mesmo quando essas demandas se expressam de forma perigosa, um anseio por um maior reconhecimento cidadão, seja em termos de políticas públicas, de integração simbólica, seja de acesso ao consumo. Em todo o caso, para a coesão social na democracia, as dimensões socioeconômicas são tão importantes quanto as necessidades simbólicas e participativas. Uma exigência que explica o plano deste capítulo que abordará sucessivamente as mudanças e continuidades observáveis no Estado, os problemas particulares de redefinição das fronteiras do público e do privado no consumo, antes de focalizar as tendências populistas e a mutação simbólica da nação.

2. O ESTADO: CONTINUIDADES E DESAFIOS

O Estado foi e é o grande ator das sociedades latino-americanas. Em todo o caso, seu papel, desde o advento da independência, foi fundamental para a coesão social, tanto no que concerne às dimensões simbólicas ou nacionais quanto no que diz respeito à integração econômica e administrativa do território. Para compreender a situação atual é portanto indispensável recordar, em um primeiro momento, as grandes pautas históricas de sua formação, antes de desembocar no estudo dos desafios aos quais o submete o atual processo de globalização.

O longo percurso do Estado na América Latina[1]

Ao se observar a trajetória dos países americanos, desde sua formação até hoje, chamam a atenção a continuidade e a relativa estabilidade do quadro estatal que se configurou no século XIX. Apesar das freqüentes redefinições de fronteiras, com transferência de faixas territoriais de um Estado para outro, as fragmentações provocadas por conflitos internacionais, guerras civis, levantes indígenas ou lutas regionais não resultaram na extinção de soberanias já constituídas, nem na emergência de novas entidades, salvo poucas exceções. Entre os fatores que contribuíram para a continuidade dos países latino-americanos no sistema internacional cabe apontar o tempo de existência da ordem estatal na região. Com efeito, desde épocas pré-colombianas e ao longo dos três séculos que durou o período colonial, a dominação estatal foi um fenômeno constante tanto na área mesoamericana como na região andina. No caso de grandes gru-

---

[1]Esta seção se apóia em Antonio Mitre, "Estado, modernización y movimientos étnicos en América Latina".

ESTADO, NAÇÃO E POLÍTICA(S) NA AURORA DO SÉCULO XXI

pos étnicos, como quéchuas e aymaras, que há quase duzentos anos se encontram divididos entre mais de uma soberania, as políticas emanadas dos distintos governos nacionais, seja o Peru, a Bolívia, o Chile, o Equador, seja a Argentina, exerceram uma influência centrípeta sobre essas comunidades, fazendo com que o Estado passasse a ser, paulatinamente, um horizonte iniludível de sua vida social e uma referência, não importa se precária, de sua identidade coletiva.

Acoplado a essa trajetória subjaz um fenômeno igualmente longevo que é o reverso da coesão estatal e o motivo de sua sobrevivência: a existência de um pacto tácito que contempla, por parte das comunidades submetidas, o reconhecimento do direito que o Estado tem de cobrar tributo e exigir prestação de serviços e, do lado estatal, a disposição de assegurar a conservação e a reprodução das comunidades sem intervir diretamente em sua organização interna, nem na constituição de suas autoridades. A própria configuração do poder oligárquico sustentou essa separação durante boa parte do século XIX. Ligadas por laços de parentesco e estendidas por redes familiares, as oligarquias latino-americanas se identificavam muito mais com o mundo exterior do que com as realidades de seus países. Essa orientação centrífuga é mais intensa onde a estrutura de castas, herdada da colônia, afunda o fosso social e impede, por um lado, que os membros das comunidades indígenas participem da vida nacional e, por outro, que os grupos governantes exerçam domínio político sobre as "repúblicas de índios". Em suma, o Estado, como uma realidade constante no tempo e distante, ou até ausente, no espaço social, é a chave para entender a natureza da dominação política nos países de colonização antiga.

A diminuição do número de guerras interestatais durante os séculos XIX e XX foi outra tendência que contribuiu para confirmar o mapa político da América Latina. Na configuração dessa trajetória, cumpriu um papel decisivo o surgimento da hegemonia dos Estados Unidos depois da Primeira Guerra Mundial, que, além de se constituir em força amortizadora do impacto provocado pelos conflitos extracontinentais, atuou como um poder moderador nas contendas regionais, sem menosprezar as reiteradas incursões e invasões perpetradas no que considerava ser sua área de influência. Também teve resultado benéfico o fato de que os nacionalismos latino-americanos se constituíram tardiamente, não em oposição a situações de dominação estrangeira ou de conflitos com outros Estados, mas fundamentalmente como alavanca do processo de industrialização ou de projetos de desenvolvimento. Quando essa fase se consolida, fazia tempo que o "inimigo imaginado", do qual todo discurso nacionalista lança mão, já havia encarnado, para toda a América, a figura do Império — os Estados Unidos —, enquanto, para a República do Norte, o império foi, primeiro a Inglaterra, depois a Alemanha, e, mais tarde, a União Soviética. Desse modo, o candente antiimperialismo ao sul do rio Bravo funcionou, paradoxalmente, como um antídoto eficaz contra o nacionalismo agressivo e, sob as condições da "Pax americana", gerou conseqüências relativamente menos catastróficas do ponto de vista bélico.

Na mesma linha, há que se mencionar o cultivo, por ser parte importante da intelectualidade latino-americana, de uma vocação pacifista que, generosa, atravessa os dois séculos de existência republicana e cuja expressão mais enfática plasmou a obra de Juan Bautista Alberti, *El crimen de la guerra*. Tampouco houve país latino-americano algum que, na sua trajetória histórica, exercesse domínio e exploração colonial sobre populações e territórios fora de sua jurisdição política.

Em contraste com essa disposição para a convivência externa relativamente pacífica, observa-se uma aguda incapacidade dos Estados latino-americanos para inibir a violência dentro de suas próprias fronteiras. Embora durante as últimas décadas tenha se produzido uma mudança de signo nas manifestações de violência, esta deixou de ser (como vimos) predominantemente política para encarnar-se em uma diversidade de formas agrupadas sob a expressão *insegurança cidadã*. O fio condutor entre ambas as fases é a crônica incapacidade do Estado de controlar todo o território sob sua jurisdição, ocupando-o institucionalmente e fazendo valer o governo da lei. O surgimento de territórios livres ou liberados — um fenômeno intermitente na trajetória da maior parte dos países da região — é a manifestação mais aguda do vazio estatal, aprofundado diariamente pela infinidade de violações da lei que perpetram impunemente os membros da sociedade. Em suma, os Estados se mostram mais soberanos fora do que dentro do próprio território.

A partir do que foi dito, infere-se que a sustentação dos Estados latino-americanos no sistema internacional não parece depender dos fatores responsáveis por sua maior ou menor coesão doméstica. Com efeito, desde as lutas pela Independência, a conexão externa foi de capital importância na constituição e na trajetória dos Estados. Dado que a concentração de poder exigisse acesso às armas e ao dinheiro de fora, o vínculo de dependência se constituiu, para os forjadores de Estados, em uma fonte de autonomia ante as bases sociais e os recursos locais, sempre insuficientes. O endividamento, além de uma operação financeira, representou assim o reconhecimento tácito de uma soberania em mãos de uma "coerção capitalizada".

Nessa mesma linha de análise, se nos concentramos nas correlações existentes entre abertura econômica, expansão burocrática e consolidação estatal, observa se a vantagem comparativa que significou, na fase formativa dos Estados, dispor de uma camada burocrática capaz de lidar com o ambiente externo. Esse fator, além de marcar o desenvolvimento econômico dos Estados nascentes, pode explicar, em boa medida, as diferenças que logo cristalizariam os respectivos itinerários. As teses que afirmavam que o Estado, na periferia do sistema capitalista, seria o elo mais débil da dominação estrangeira socializaram várias gerações de intelectuais na idéia de que existiria uma relação inversa entre o nível de exposição das economias periféricas ao mercado internacional e o grau de autonomia política, com conseqüências deletérias para a própria construção estatal. O estudo de vários processos históricos mostra que, sob certas condições, acontece o contrário: a abertura econômica e a exposição a influências do capitalismo internacional podem aumentar a capacidade reguladora do Estado e estimular a modernização de seu aparato burocrático. Da mesma maneira, experiências de reorganização estatal, promovidas por iniciativa de potências hegemônicas, costumam fortalecer a autonomia dos Estados da periferia, aumentando sua capacidade burocrática para controlar os interesses particulares, sejam domésticos sejam internacionais, que os colonizam.

Entre os fatores que contribuem para a produção desse resultado está o fato de que, salvo situações de crise, a estrutura da interação entre Estados induz o comportamento cooperativo, uma vez que contempla, necessariamente, um horizonte muito mais estável e duradouro do que aquele que orienta o cálculo de agentes e de grupos privados. Desse ponto de vista, observa-se que, nas últimas décadas do século XX, se produziu o trânsito de uma pauta de relações marcada pelo trato direto entre os Estados para outra caracterizada pela interferência de múltiplos sujeitos ativados, como mencionamos, por um nutrido conjunto de agências internacionais, que funcionam dentro de um quadro de referências normativas pouco sensível às instituições e aos valores associados ao princípio de soberania. A surpreendente atividade que, no cenário internacional, empreendem hoje os Estados, sobretudo de países frágeis, parece refletir, independentemente das orientações ideológicas e das motivações geopolíticas que a inspiram, a necessidade de restaurar, na convivência com seus pares, a soberania diminuída pelo vendaval de influências e de pressões desreguladoras. A peça importante dessa estratégia é a ampliação da infra-estrutura burocrática vinculada ao acionamento externo dos Estados, tarefa que, além de exigir menores investimentos de tempo e de dinheiro do que a expansão da matriz doméstica, costuma ser um expediente eficaz para produzir rendimentos políticos em curto prazo.

A partir dessa perspectiva, a recente onda de nacionalizações na região adquire um novo sentido, especialmente em países menos desenvolvidos onde a venda de setores estatais representou não somente a privatização de uma esfera econômica, mas também a extinção de uma coluna central da plataforma burocrática e da capacidade reguladora do Estado. Na frente interna, a formação do sistema industrial durante a fase nacional-populista cumpriu um papel notável na consolidação da autonomia estatal. A expansão da máquina burocrática, propiciada pela industrialização, permitiu a ampliação da plataforma legal e institucional dos Estados, conferindo-lhes densidade nacional. Por isso, em países onde o processo de industrialização foi pouco intenso ou simplesmente não decolou, a estrutura burocrática se atrofiou, e o Estado, mais vulnerável

ESTADO, NAÇÃO E POLÍTICA(S) NA AURORA DO SÉCULO XXI

à ação predatória de interesses privados, careceu da base social capaz de sustentá-lo nacionalmente.

Atualmente, a comparação dos níveis de modernização social e de desenvolvimento industrial alcançados pelos países da região coloca em evidência a tensão deflagrada pela intensificação das demandas — um fenômeno generalizado e exacerbado pelo efeito-demonstração que propicia a modernidade globalizada — e a desigual capacidade dos sistemas estatais para processá-la. Esse quadro se mostra mais complexo em regiões predominantemente indígenas, onde o pacto nacional-popular, embora tenha incorporado a população rural às instituições do Estado através de partidos, de sindicatos e de federações camponesas, não interferiu na organização interna das comunidades.

O Estado na encruzilhada da globalização[2]

É sobre o pano de fundo dessas comunidades históricas que se deve entender uma boa parte dos desafios que os Estados de bem-estar conhecem hoje na região. Em todo o caso, no contexto da globalização atual, muitas lutas políticas públicas têm cada vez maior dificuldade para inverter as grandes linhas da globalização ou fazer frente a amplos desafios supranacionais. É quase um lugar-comum dizer que, com o redimensionamento dos territórios, os problemas de escala global-regional e de escala local adquirem uma nova relevância, já que os processos de globalização desgastam a capacidade política dos Estados, enquanto as redes transnacionais questionam o espaço tradicional da política: o marco nacional (definido pelos conceitos de território e de soberania) é cada vez mais débil.

Surgem, assim, fenômenos "macros" tão complexos quanto diversos nos âmbitos econômico, financeiro, político ou cultural. Cada um deles deve ser reconhecido, no entanto, em sua especificidade, mas sem esquecer que são, ao mesmo tempo, convergentes e envolvem muitos outros

---

[2]Esta seção se apóia em Luis Alberto Quevedo, "Identidades, jóvenes y sociabilidad — una vuelta sobre el lazo social en democracia".

processos. Enquanto a soberania política de nossos países, inevitavelmente, opera ainda dentro de determinados limites espaciais, os mercados e os espaços públicos se alargam até o ponto de não serem mais localizáveis. Na medida em que "espaço e territorialidade já não servem para simbolizar o limite da sociedade" (Bolz, 2006), a política tende — ao menos parcialmente — a perder o controle dos processos econômicos e comunicacionais. Uma das conseqüências é que o Estado-nação deixa de ser "o depositário natural do povo" (Bauman, 2005), o que por sua vez solapa seu papel histórico como instância de unificação.

No entanto, na região, as limitações do Estado na era da globalização (e a necessária colocação em prática de novos modos de intervenção pública) não se traduziram em uma diminuição das expectativas dos cidadãos em relação ao Estado. Pelo contrário. É ao Estado, hoje como ontem, que se dirige o essencial das demandas de proteção (ainda mais que os grandes atores da economia globalizada aparecem como distantes e opacos). Em todo o caso, as tendências desreguladoras do mercado que se fizeram presentes na região — e foram muito virulentas — durante os anos 1990 mostraram muitas vezes sua falta de eficácia para transformar as velhas instituições públicas.

Se os resultados dessas políticas de reformas estruturais são muito diferentes conforme os países, em muitos lados se puseram em evidência seus efeitos negativos no nível social mais primário e reticular. Diante desses fracassos, muitos Estados latino-americanos voltaram a ser solicitados e exigidos como responsáveis por assegurar a coesão social, sobretudo quando apareceu o fantasma da "dissolução" (dito de maneira forte). Com efeito, em última análise não se recorreu nem ao mercado nem às organizações da sociedade civil para buscar coesão, mas se exigiu do Estado a recuperação de uma de suas funções mais clássicas. Isso não quer dizer (como vimos e veremos) que a sociedade civil não desenvolveu estratégias de identidade, de sobrevivência, de vínculos comunitários e de solidariedade econômica para subsistir. Mas a tarefa forte foi esperada do lado das políticas públicas, isto é, políticas econômicas redistributivas, políticas sociais compensatórias e regresso a projetos nacionais. Com o vento a favor, que supõe a recuperação do crescimento econômico nos últimos anos, muitos países da região começaram a dar passos nesse sentido.

No entanto, o "retorno ao Estado", justamente na década de reformas pró-mercado, tem um caráter ambíguo: por um lado, a relação da sociedade com o Estado está marcada pela desconfiança em relação aos representantes, e, por outro lado, uma importante parte dessa mesma sociedade o visualiza como o intermediário privilegiado para reconhecer-se a si mesma enquanto ordem coletiva. A decifração do sentido que assume em cada um de nossos países a co-presença da "crise de representatividade" e das "demandas de comunidade (ou coletividade)" pode ser uma das chaves interpretativas para a análise, tanto do "giro populista" que se está dando em alguns países da região, como do caráter que está assumindo uma conflituosidade social que produz subjetividades "impacientes", que se articulam como "comunidades de indignação" (Inneratity, 2006). Na verdade, o que se desenha parece ser a busca de uma relação mais direta entre os indivíduos e o Estado, à medida que — como vimos em um capítulo anterior — os corpos intermediários (sindicatos, partidos) se debilitam.

Desafios do Estado de bem-estar na América Latina[3]

É um erro, no entanto, supor que esse processo seja similar em todos os países latino-americanos. Na verdade, os efeitos desses desafios para a coesão social se diferenciam fortemente em função dos modelos de Estados de bem-estar em vigor. Baseados no trabalho de Filgueira (1988), é-nos possível interpretar algumas dessas disparidades, em função sobretudo da tipologia proposta pelo autor em três categorias: universalismo estratificado, sistemas duais e sistemas excludentes.

O "universalismo estratificado" alude a uma combinação de ampla cobertura de prestação de serviços sociais, com fortes diferenciais com

---

[3]Esta seção se apóia em Ruben Katzman e Luis Cesar de Queiros Ribeiro, "Metrópoles e sociabilidade: reflexões sobre os impactos das transformações socioterritoriais das grandes cidades na coesão social dos países da América Latina".

relação à variedade dos benefícios, aos limites de acesso (como idade de aposentadoria ou para requerimento de financiamento habitacional) e à qualidade dos serviços. A conformação de sistemas desse tipo segue, pois, as linhas de modelos dos regimes de bem-estar corporativos da Europa continental. Os países da região que apresentam essas características são tipicamente a Argentina, a Costa Rica, o Chile e o Uruguai, mesmo quando o perfil que está assumindo o regime de bem-estar chileno pareça estar se inclinando para um modelo mais liberal do tipo anglo-saxão.[4]

O Brasil e o México são tomados como exemplo por Filgueira de "sistemas duais". Embora a população residente nas principais áreas urbanas desses países tenha acesso a um sistema de bem-estar próximo ao que tipificamos anteriormente como universalismo estratificado, o resto da população tem muito pouca cobertura dos serviços sociais. Nesses casos, a diferença está em que politicamente "o controle e a incorporação dos setores populares repousou em uma combinação de formas clientelistas e patrimonialistas nas zonas de menor desenvolvimento econômico e social e formas de corporativismo vertical nas áreas mais desenvolvidas" (Filgueira, 1988).

A categoria de "regimes excludentes" que, com exceção do Panamá, para Filgueira inclui o resto das sociedades latino-americanas, se caracteriza historicamente pela presença de elites que

> se apropriam do aparato estatal e que, apoiadas na exportação de bens primários em economias de enclave, utilizam a capacidade fiscal desses Estados para extrair rendas, sem prover a contrapartida de bens coletivos, sejam eles sob a forma de infra-estrutura, de regulamentação, sejam de serviços sociais. Os sistemas de proteção social e de seguro desse tipo consistem em sua maior parte em políticas elitistas que agregam privilégios adicionais para a população em situação já privilegiada. Tipicamente, profissionais, um número muito reduzido de trabalhadores formais e os funcionários públicos são favorecidos nesse modelo. A maior parte da população representada no setor informal, a agricultura e a mão-de-obra

---

[4]Sobre a definição e as características predominantes desses distintos regimes de bem-estar, ver Esping Andersen (1999).

ESTADO, NAÇÃO E POLÍTICA(S) NA AURORA DO SÉCULO XXI

secundária se encontra excluída (...) Consistentemente com esse panorama, os indicadores sociais nesse tipo de país apresentam sistematicamente os piores algarismos assim como os diferenciais mais altos em regiões com distintos graus de desenvolvimento (Filgueira, 1998).

É razoável esperar que as sociedades com matrizes socioculturais mais igualitárias (universalismo estratificado) reajam diante das tendências de perda de coesão social que suscitam as novas modalidades de acumulação, em formas parecidas com as dos países mais desenvolvidos. Em todo o caso, a classificação anterior, por sumária que seja, permite em parte dar conta da variedade de itinerários políticos atualmente em ação na região.

A maioria dos países que conseguiu potencializar suas indústrias no passado pôde montar sistemas de bem-estar social que, mesmo incompletos, beneficiaram segmentos importantes da população urbana. Portanto, é razoável esperar que esses segmentos tenham incorporado essas conquistas como marco de referência de suas reivindicações, além de tê-las como parâmetros a partir dos quais avaliam as vantagens e desvantagens das situações que passaram a enfrentar com o funcionamento das novas modalidades de acumulação. Pelo contrário, entre os regimes excludentes, os efeitos de segmentação das novas modalidades de crescimento provavelmente encontrarão menores resistências, beneficiando-se e reforçando as profundas fragmentações já existentes em suas metrópoles. O problema de isolamento dos pobres urbanos nesses últimos países é mais grave e mais antigo do que nos primeiros, e possivelmente em muitos casos, ainda que esteja sendo afetado pela quebra dos modelos tradicionais de dominação, com suas relações complexas de reciprocidades hierárquicas e de obrigações morais.[5] Talvez por essa razão, nos paí-

---

[5]Esta é a argumentação de alguns trabalhos sobre o Brasil que buscaram encontrar os fundamentos da violência urbana na decomposição do sistema híbrido de reciprocidade formado historicamente como produto da modernização conservadora ou seletiva, sem que seja substituído por regras fundadas nos direitos de cidadania. Ver a esse respeito Soares (1997) e Velho (1996). Para uma interpretação que confronta a hipótese de crise do sistema híbrido de reciprocidade, ver Souza (2003).

ses de matriz excludente, a relevância da taxa de isolamento que as novas modalidades de crescimento agregam para a situação dos pobres urbanos é ofuscada pelo fato de que esses países ainda não resolveram o problema fundamental de como universalizar os direitos sociais. Por essa razão, essas sociedades mantêm latente o processamento e a resolução das tensões sociais básicas, que irrompem em forma de conflitos e violências de tempos em tempos, e que refletem a existência de uma negociação difícil, iniciada e nunca concluída, entre projetos alternativos e conflituosos de construção da nacionalidade.

Portanto, é necessário ter uma visão equânime do processo contemporâneo. A uma leitura que durante décadas insistiu em um processo linear e contínuo de outorga de novos direitos se opôs, às vezes, uma interpretação que ressaltou o desmantelamento progressivo do Estado de bem-estar nas últimas décadas. Análise errônea sob todos os ângulos. Nos últimos anos, o que se tem presenciado é um processo complexo, no qual a deterioração e o desgaste prático de certos direitos se superpõem à concessão de novos e importantes direitos e oportunidades. Apesar das diferenças nacionais, nenhuma leitura unilateral permite dar conta da situação atual. Em todo o caso, essas limitações não são alheias, como veremos na continuação, à diversidade de transformações induzidas pela expansão do consumo na região.

3. CONSUMO: BENS INDIVIDUAIS E COLETIVOS[6]

Os mercados não são entidades predeterminadas, eles surgem, assumem as mais variadas formas e são constantemente transformados pela ação dos atores sociais e políticos.[7] Ao mesmo tempo, uma vez estabelecidos e cristalizados institucionalmente, eles geram uma dinâmica que se impõe aos atores sociais como fenômenos "naturais". Mas, por sua vez, essas

---

[6]Esta seção se apóia em Bernardo Sorj, "Capitalismo, consumo y democracia: procesos de mercantilización/desmercantilización en América Latina".
[7]Como indicam uma ampla bibliografia, iniciada pelo livro pioneiro de Polanyi (1944), e os trabalhos contemporâneos sobre sociologia econômica, como Granovetter, Swedberg (1992).

instituições não são imutáveis, e em boa medida a história das sociedades capitalistas é a do desdobramento das lutas sociais, políticas e culturais em torno da mercatilização/desmercantilização das relações sociais e do conteúdo privado/social da propriedade, seja das relações de trabalho, seja do que é produzido e de como é distribuído.

Essa afirmação não supõe, como o demonstra em particular a história latino-americana, que todas as lutas contra a mercantilização sejam inerentemente progressivas ou, inversamente, que uma maior mercantilização seja necessariamente um fenômeno regressivo. Muitas posições antimercantis, como veremos, estão associadas a visões romântico-reacionárias ou à defesa de interesses corporativos ou de grupos que se beneficiam de rendas e monopólios estatais. Por sua vez, uma maior liberdade mercantil pode significar mais produção, renda e melhor distribuição da riqueza social. Da mesma maneira, o consumo pode ser tanto uma fonte de liberdade e auto-expressão como de alienação e marca de desigualdade social.

Mercado e antimercado na América Latina

Em geral na América Latina o "comerciante" e o "comércio" foram tradicionalmente associados com o estrangeiro ("judeu", "galego", "turco", "árabe", "chinês"), com pessoas que não se ajustavam aos códigos locais de relações clientelistas, e que foram estereotipadas como ambiciosas e gananciosas. A idéia de que o comércio não tem alma foi levada a sua apoteose na obra de José Enrique Rodó, para quem a América Latina se orientaria por valores espirituais e estéticos, e os Estados Unidos, o símbolo do mundo mercantil, estaria dominado por valores mercantis e quantitativos.

A América Latina não está sozinha nas suas dificuldades em aceitar o mercado. O mercado, como brilhantemente assinalaram Marx e Engels no *Manifesto comunista*, desorganiza os valores e os sistemas tradicionais de dominação, de solidariedade e os estilos de vida. A dificuldade em aceitar as relações mercantis, é importante recordar, não é portanto monopólio latino-americano. Em boa parte das sociedades européias, as influências variadas dos pensamentos católico, socialista e romântico se orientam no sentido de uma desconfiança em relação ao comércio e à figura do comerciante. Talvez os Estados Unidos, e em menor medida o Reino Unido, sejam as únicas sociedades onde predomina uma visão altamente positiva do mercado e dos valores a ele associados, como ganância, competição, mérito, riqueza, êxito, consumo individual e ambição.

Nos Estados Unidos, o mercado e os valores que lhe são associados são fundamentais na construção das identidades e das narrativas individuais, e são promovidos pelo discurso político e aceitos como legítimos pela sociedade. Na Europa, apesar da crescente presença do mercado no discurso político, o Estado nacional aparece como depositário dos valores comuns e como objeto principal da ação política, e o consumo ostensivo é menos aparente. No entanto, na prática essas diferenças, embora reais, não desenham modelos efetivamente opostos. Os valores mercantis e o consumismo penetraram profundamente em todas as sociedades européias[8] e nas últimas décadas foram inclusive assumidos no discurso da maioria dos partidos políticos. Por sua vez, temas de solidariedade e de oposição às formas extremas de desigualdade sempre estiveram presentes na sociedade e nas disputas políticas dos Estados Unidos.[9]

Nos diversos países da América Latina contemporânea, a partir das reformas estruturais das últimas décadas, formou-se contra o "mercado" (um conceito definido em contraposição ao Estado protetor) uma ampla aliança, em que se mesclam os mais diversos elementos: componentes da tradição católica antimercantil; resquícios do socialismo revolucionário que associam o acesso dos setores populares ao consumo de massa com alienação; um nacionalismo que identifica mercado com globalização e esta com o poder dos Estados Unidos; grupos que se sentem prejudicados pelas privatizações, muitas vezes amalgamados a agendas de movimentos sociais que questionam diversos aspectos da mercantilização das relações sociais.

---

[8]Embora, em certos casos, como na França, o individualismo, a meritocracia e a competição aconteçam no interior da carreira do Estado.

[9]Inclusive o Sherman Antitrust Act, aprovado pelo congresso dos Estados Unidos, foi criado como um mecanismo de proteção ante o poder econômico e não para assegurar a eficiência econômica.

ESTADO, NAÇÃO E POLÍTICA(S) NA AURORA DO SÉCULO XXI

Essa ampla, complexa e, em geral, ideologicamente confusa mescla de fatores e atores criou um forte sentimento antimercado, que em certos casos é mobilizado por discursos políticos com importantes componentes autoritários, nacionalistas e estatizantes. Em todo o caso, a aliança de grupos antimercado tem características paradoxais, pois une os setores mais díspares, desde os grupos mais pobres, que vivem o mercado em sua forma mais crua e direta devendo diariamente desenvolver novas estratégias de sobrevivência, a setores de classe média, que perderam benefícios do Estado, e ONGs que veiculam um discurso antiglobalização e antimercado (embora sejam produtos da mesma globalização).

Historicamente, não foi sempre assim. Os partidos socialistas da região no início do século XX defendiam a livre importação como forma de assegurar aos trabalhadores urbanos produtos mais baratos. Foi a passagem para a substituição de exportações que criou uma aliança entre sindicatos e empresários que, apoiados pelos partidos comunistas, deslocaram o foco do consumo para o emprego. Essa síntese levou às vezes a uma simbiose perversa, através da qual empresários (incluindo empresas públicas) produziam, em nome do nacionalismo, mercadorias caras e de baixa qualidade. Não foi por acaso que a abertura econômica e as privatizações foram bem recebidas, em particular pelos setores das classes alta e média mais sensíveis à qualidade e à diversidade dos produtos por sua exposição aos produtos estrangeiros.

O drama político dos setores pró-mercado, constituídos pelos setores médios mais modernos e cosmopolitas da sociedade, é que se encontram relativamente isolados, pois não conseguem elaborar uma mensagem favorável às privatizações e à abertura de mercados capaz de captar a imaginação de setores mais amplos da população. A oposição às privatizações continua sendo amplamente majoritária em todos os países do continente, do rio Bravo à Terra do Fogo. Parte da explicação se encontra sem dúvida na economia, pois as reformas estruturais não significaram nenhuma mudança na desigualdade social. Outra parte da explicação se encontra possivelmente no fato de que o grupo pró-mercado é formado por uma nova elite (empresários, economistas, administradores de empresas, advogados) que mobiliza um discurso centrado na eficiência e na integração no sistema internacional, e pouco sensível às condições locais e aos contextos político e cultural. Finalmente, devem ser incluídos os setores que foram diretamente prejudicados e o setor da antiga esquerda, que soube mobilizar a simbologia da soberania nacional associando-a às empresas públicas.

A polarização ideológica dificulta enormemente o desenvolvimento de novos discursos políticos e intelectuais aptos a realizar um balanço equilibrado e a elaborar propostas para o futuro, a pensar sobre como avançar nos processos de mercantilização/desmercantilização capazes de consolidar a democracia com eqüidade e crescimento.

Apesar do que foi dito anteriormente, a proteção do consumidor passou a ser objeto crescente de uma ampla gama de organismos públicos, que autorizam a liberação de remédios, supervisionam a higiene dos serviços de alimentação, a adequação dos produtos a suas especificações técnicas e a implementação dos direitos dos consumidores. Nas últimas duas décadas, em muitos países da América Latina foram promulgadas legislações específicas de defesa dos direitos do consumidor, com um êxito que chega a ser surpreendente. Essas legislações, apoiadas por organizações da sociedade civil, passaram a ter um impacto importante nas próprias empresas e no desenvolvimento de uma atitude proativa dos consumidores.[10]

Consumo individual e dinâmica política

Na América Latina, a sociedade de consumo de massas que se consolidou nas últimas décadas teve efeitos contraditórios em termos da democratização das relações sociais e da coesão social. O consumo de massas, a publicidade e a cultura consumista praticamente destruíram as barreiras simbólicas entre as classes sociais, anteriormente encapsuladas em sistemas relativamente fechados de estéticas, gostos e formas de consumo. Essa transformação sem dúvida tem aspectos positivos no sentido de uni-

---

[10]Para o caso brasileiro, cf. Sorj (2000: capítulo III).

ESTADO, NAÇÃO E POLÍTICA(S) NA AURORA DO SÉCULO XXI

versalizar expectativas de acesso a bens que antes estavam fora do horizonte de boa parte da população, mas também, como veremos, produz insatisfação e frustração.

A antiga cultura de consumo estratificada socialmente tinha tanto componentes de resignação como de aceitação solidária do destino do grupo e de formas de fruição e de entretenimento particulares. A revolução de expectativas produzida pela cultura de consumo de massas gera valores igualitários, mas também anomia social, na medida em que boa parte das aspirações de consumo não se realiza e muitas dificilmente se realizarão. Ao mesmo tempo pode-se argumentar inclusive que a valorização extrema do acesso a bens de consumo gera aspirações individuais que valorizam ou tornam mais aceitáveis a desigualdade, já que todos consideram autêntico o desejo de consumir mais, legitimando as formas de consumo de luxo, que passam a ser o horizonte de aspiração comum.

O acesso a bens de consumo se dá, em particular entre os setores mais pobres, através de estratégias familiares, em que cada membro da família contribui — geralmente usando sistemas de crédito — para a compra dos bens (geladeiras, televisão, DVD, áudio, computador, carro). A generalização desses bens de consumo entre os setores populares da América Latina foi enorme, muitas vezes ajudada pelo setor informal, que distribui produtos de vestuário (que imita os modelos das grandes marcas), do contrabando — em particular de produtos asiáticos — e de reproduções ilegais de produtos audiovisuais, o que permite que as classes populares tenham acesso a produtos e a modas das classes média e alta. Mas se o rádio, a televisão, a geladeira, o aparelho de som e, de forma crescente, o telefone celular passaram a estar ao alcance de grande parte da população, outros bens, como o carro, a televisão a cabo, o computador e a internet, sem mencionar viagens ao exterior, continuam sendo usufruto de uma minoria.

Bens de consumo, por classes sociais (% que tem)

Classe	Alta e Média	Alta	Média-Baixa
Tv a cabo	8,6	62,4	39,2
Telefone fixo	87,3	77,5	62,5
Telefone celular	90,4	81,1	66,6
Acesso à internet	61,5	33,3	15,8
Carro	67,9	45,3	25,3
Moto	27,5	9,4	7,7
Lavadora automática	83,0	71,1	55,0
Arma de fogo	15,5	8,2	4,9
Total de pessoas	8,4	43,3	47,5

Fonte: Ecossocial, 2007 (populações urbanas).

A universalização do acesso aos meios de comunicação reforça por sua vez a sociedade de consumo, unificando o universo simbólico da população que acede à mesma quantidade básica de propaganda e de informação (embora, obviamente a capacidade de elaborar essa informação seja muito diferente de acordo com o grau de instrução), homogeneíza portanto o repertório cultural, os valores e a estética dos diversos grupos sociais que observam em boa medida os mesmos programas de televisão, afeta as formas de comunicação política e unifica o espaço nacional. A chamada linha branca, em particular a geladeira, favorece igualmente o acesso aos novos produtos de consumo alimentar que são distribuídos por cadeias de supermercados que se expandem em todos os bairros.

Os novos objetos de consumo afetam tanto o estilo como as condições de vida e de trabalho. O telefone celular facilita, por exemplo, a logística do contingente de trabalhadores informais na área de serviços (da mesma maneira que passou a ser utilizado de forma muito eficiente pelo crime organizado), mas possibilita também o contato dos pais, em particular das mães, com seus filhos durante o horário de trabalho.

ESTADO, NAÇÃO E POLÍTICA(S) NA AURORA DO SÉCULO XXI

Como vimos no primeiro capítulo, o telefone celular se expandiu enormemente, chegando a parte considerável dos setores pobres, permitindo um acesso à telefonia que o telefone fixo nunca havia conseguido, enquanto a expansão da internet continua sendo basicamente uma área quase exclusiva das classes médias. Mais próximo nesse ponto dos Estados Unidos do que da Europa, o acesso a bens de consumo é vivido na América Latina como símbolo de cidadania, oferecendo um sentimento de integração na sociedade, de participar "como iguais" por aceder ao consumo de bens materiais e, em particular, simbólicos, pois os meios de comunicação, especialmente a televisão, como assinalamos, geram um espaço comum de participação em um mesmo universo de informação e de cultura.

Assim, se o mercado como mecanismo de geração de emprego e renda continua apresentando limitações importantes, ele foi extremamente bem-sucedido na redução dos preços de certos bens e na expansão dos sistemas de comercialização e de crédito. Essa expansão do consumo não significa que se gerou um estado de satisfação. Pelo contrário, como a sociedade de consumo produz incessantemente novos produtos e o desejo de consumi-los, a insatisfação é constante, principalmente entre os jovens, para os quais o acesso a bens de consumo é parte de sua auto-afirmação social. Ao mesmo tempo, a dinâmica de expansão de expectativas de consumo e as frustrações que ela gera não produzem demandas coletivas, já que elas são vividas como um "problema individual".

Especifiquemos esse último ponto. O consumo transmite um sentimento de propriedade que difere do laço cidadão assegurado pelo pertencimento a um coletivo político. O consumidor-cidadão aparece sendo, ao mesmo tempo, mais diferenciado e mais estandardizado que o cidadão-político. Mais diferenciado, porque o consumo constrói uma gama infinita de posições e de distinções, notoriamente diversa da cidadania política (que, além do mais, e só de maneira mais ou menos transitória, estabelece "cidadãos de segunda classe"). Mas esse pertencimento é também mais estandardizado, pois o consumo implica o ingresso em um mundo comum fortemente homogêneo, certamente não nos bens consumidos, mas nas expectativas de consumo (e isso ao contrário do universo do cidadão-político que se constrói, ao menos normativamente, em torno de uma capacidade crítica de juízo).

O consumo acentua, pois, fortemente a individualização dos atores sociais (graças à incrível diferenciação qualitativa na gama de produtos), e isso apesar de repousar sobre expectativas comuns. O resultado é uma aceitação implícita da desigualdade, na medida em que as margens de consumo individual aumentam. Isso talvez seja uma das principais consequências políticas do consumo. Diferentemente, portanto, do que às vezes se afirma, o consumo próprio à sociedade de massas não foi um fator de desindividualização; pelo contrário, a partir de uma perspectiva histórica, a sociedade de massas e o consumo foram os principais fatores de expansão de um processo de individualização até o momento circunscrito a certas elites (Millefiorini, 2005). Mas o fato de que o consumo — ao contrário dos direitos — passe por uma gama diversificada e desigual de produtos, dá origem a um sentimento de pertencimento marcado desde o início por uma tolerância estrutural em relação às diferenças e desigualdades. O importante é participar do consumo, prática e simbolicamente, uma atitude bem exemplificada pela corrida ao crédito, que se percebe entre os setores de mais baixa renda (e os novos riscos de desequilíbrios individuais ou familiares que isso acarreta).

Bens públicos e democracia

Na América Latina a expansão das relações mercantis sofreu as marcas coloniais, nas quais um Estado rentista e distribuidor de prebendas criou uma elite acostumada a privilégios, a relações hierárquicas e a sistemas de produção baseados na escravidão ou nas relações servis. Posteriormente, com a expansão da industrialização, o Estado continuou sendo uma fonte de rendas e privilégios para empresários contratantes do setor público, mancomunados com políticos. Parte dos recursos públicos associados a políticas sociais favoreceu fundamentalmente os setores médios e os funcionários do setor público, embora as lutas trabalhistas tenham permitido o acesso dos setores organizados da classe trabalhadora a vários bens sociais.

ESTADO, NAÇÃO E POLÍTICA(S) NA AURORA DO SÉCULO XXI

Como mencionamos, em boa parte da história latino-americana dominou o modelo regressivo ou de muito baixo impacto distributivo, além de o Estado possuir, até poucas décadas atrás, uma baixa capacidade fiscal. As classes média e alta se apropriavam dos recursos públicos através de um sistema educativo gratuito, especialmente o médio e o universitário, aos quais acediam essencialmente pessoas provenientes de famílias com maior capital cultural; através de infra-estruturas que serviam mal aos bairros pobres e não alcançavam muitas regiões rurais; e através de sistemas de pensões que privilegiavam os funcionários públicos.

Nas últimas décadas essa situação começou a modificar-se, aumentando a capacidade extrativa do Estado (no Brasil, ela se aproxima à dos países desenvolvidos com uma base muito menor de contribuintes ao imposto de renda), e algumas políticas sociais passaram a focalizar os setores mais pobres, embora ainda em certas áreas de políticas públicas, principalmente pensões e educação superior, sejam os setores médio e alto os mais favorecidos pelos recursos públicos. Os indicadores sociais mostram uma importante expansão dos serviços públicos básicos, como eletricidade, água encanada e esgoto, para amplos setores urbanos e uma maior penetração de serviços sociais e de eletricidade no meio rural (CEPAL, 2007c).

A educação básica, mesmo que até agora não esteja totalmente universalizada em alguns países, se expandiu enormemente, mas a qualidade ainda é baixa. Nesse processo os setores médios transferiram muitas vezes seus filhos para escolas privadas, nas quais a qualidade é maior. O ensino superior também se expandiu, mas em vários países as universidades públicas ainda favorecem as classes médias e altas, enquanto a população mais pobre tem acesso em geral a universidades pagas, muitas vezes de qualidade duvidosa. Os sistemas de aposentadorias foram modificados em muitos países, mas em geral as classes médias, em particular do setor público, continuam sendo as mais favorecidas. De todas as formas, a expansão de pensões para setores anteriormente excluídos, como no caso do Brasil, onde se criou uma pensão universal incluindo os setores rurais que não contribuíram, e políticas de *cash transfer* significaram uma importante melhora para as famílias mais pobres.

Em geral, as últimas décadas melhoraram os índices de qualidade de vida associados à expansão das políticas sociais: os índices de mortalidade caíram, a expectativa de vida e de alfabetização aumentou. Uma análise sistemática por país indicaria importantes diferenças e flutuações negativas ou violentas associadas a situações de crises econômicas enfrentadas por vários deles no passado recente, mas, mesmo assim, na maioria dos países da América Latina os recursos para educação e saúde se mantiveram estáveis. E como no geral o Estado expandiu sua capacidade de arrecadação, isso significou aumentos absolutos no gasto público nesses setores. No entanto, como indica Nora Lustig[11], a capacidade distributiva é ainda muito deficiente na América Latina, pois enquanto a Europa reduz o índice Gini em 15 pontos (5% pelo impacto dos impostos e 10% pelas transferências públicas), na América Latina o impacto igualador é ínfimo.

À medida que se procura avançar em políticas sociais progressivas, aparecem novos desafios políticos e sociais. Com efeito, as políticas que favorecem o maior acesso dos setores populares ao sistema educativo fundamental e médio e aos serviços de saúde fazem com que os setores médios e altos se orientem para as escolas privadas e para os sistemas de saúde que oferecem serviços de melhor qualidade. No caso da educação, isso faz com que se reproduza a desigualdade social, que já é alimentada pelo diferencial de recursos culturais fornecidos pelos lares pobres e ricos. Um segundo efeito negativo é que, na medida em que os setores médios se distanciam dos serviços públicos, eles também perdem o interesse por zelar e pressionar pela qualidade desses serviços, enquanto a pressão impositiva é vista como uma desapropriação ou uma "injustiça", já que não sentem que são beneficiados pelos serviços públicos.

---

[11]"El mercado, el Estado y la desigualdad en América Latina", texto apresentado no seminário "Cohesión social, mobilidad social y políticas públicas en América Latina", en Antigua, Guatemala, 13 e 14 de julho, 2007.

Percepções dos serviços públicos (populações urbanas)

	Argentina	Brasil	Chile	Colômbia	Guatemala	México	Peru	total
Transporte público	25,8%	22,4%	37,8%	9,6%	17,1%	19,8%	21%	22%
Polícia	34,7%	39,4%	24,3%	17,3%	41,3%	41,4%	37,1%	33,7%
Serviços de saúde	23,1%	42,9%	21,4%	14,3%	15,4%	18,2%	21,7%	23,2%
Escolas públicas de educação fundamental	17,6%	35%	16,1%	8,8%	10,3%	9,7%	18,6%	17,2%
Escolas públicas de ensino médio	17,4%	32,8%	14,4%	9%	12%	9,6%	16,8%	16,5%

Fonte: Ecossocial, 2007.

Nesse ponto, o risco de uma reviravolta fiscal — ativa ou passiva — das classes médias latino-americanas não pode ser inteiramente descartado. Se a política pela qual se desmercantiliza unicamente um número muito reduzido de bens e serviços, e sobretudo se estes se destinam exclusivamente aos setores mais pobres, é acentuada, o risco de que se ingresse em uma espiral de três tempos é alto:

— Um serviço público destinado quase exclusivamente aos mais pobres termina por deteriorar-se rapidamente (saúde, educação). O resultado, mesmo que não apareça como logicamente inevitável, é em geral sociologicamente irreparável.

— Uma situação desse tipo gera uma forte frustração entre as classes médias, que se vêem reduzidas a uma função de suporte financeiro dos serviços que elas não usufruem.

— Por último, o fato de que as classes médias financiem serviços que elas não utilizam, e que ainda por cima esses serviços sejam de má qualidade, pode gerar uma atitude crítica global em relação a eles (o que pode ter como conseqüência um suplemento de deterioração desses serviços ou sua eliminação).

Falar de uma cidadania através dos direitos do consumidor na América Latina, como fizeram alguns (Sorj, 2000), talvez seja um excesso, mas a afirmação tem sem dúvida o mérito de assinalar até que ponto o acesso a bens de consumo constitui uma experiência central de participação social na região. O consumo é um signo de pertencimento, e, apesar da diferenciação e da desigualdade sobre as quais repousa, transmite um sentimento real de inclusão.

Nas sociedades modernas, há um duplo sistema de estratificação social constantemente imbricado, como uma dupla hélice, um no outro: o primeiro é produzido pelas relações de mercado; o segundo, pelas regulamentações públicas. Um e outro são inseparáveis (não há mercado sem Estado institucionalizante, e não há Estado viável sem mercado eficiente). Em todos os lados, com variantes nacionais imensas, as relações sociais são sempre o resultado da imbricação desses dois eixos e do conjunto de relações de poder assimétricas (em função das fontes de poder econômico ou dos pactos políticos) entre grupos sociais. É essa articulação que dá todo o sentido à divisão entre bens e serviços mercantilizados por um lado e bens e serviços desmercantilizados por outro. Na realidade, trata-se de um dos principais conflitos **das** sociedades capitalistas: O que deve permanecer no âmbito das relações de mercado? Quais são os bens que devem ser desmercantilizados sob a forma de bens sociais?

Debate maior no qual a especificidade da América Latina é indubitavelmente a causa da dupla e forte limitação que existe tanto no acesso ao consumo de bens mercantilizados como de bens desmercantilizados. Mas, acima de tudo, porque na América Latina (mas a análise deve nesse ponto diferençar os bens — saúde, educação, transporte — e períodos ou países) os bens desmercantilizados favoreceram, durante muito tempo, principalmente as camadas médias, enquanto, pelo contrário, o acesso ao consumo de bens mercantilizados, muitas vezes por meio da abertura de importações e maior concorrência, significou — em doses desiguais — o acesso a bens de qualidade e mais baratos tanto para as camadas médias como para muitos setores populares.

Em todo o caso, esse debate, e seu papel na coesão social, é uma matéria pendente na região. Como em tantos outros lugares, na América

Latina deverá encontrar-se, em termos pragmáticos, um equilíbrio entre um setor privado (bens mercantilizados), um setor de concessões públicas fortemente regulado pelo Estado (bens intermediários entre as duas lógicas) e um serviço público (prestações em princípio verdadeiramente desmercantilizadas). Em função do tipo de Estado de bem-estar e da tradição nacional, as equações institucionais serão muito distintas. Mas até o momento, e apesar da importância política do consumo em nossas sociedades, a problemática não foi debatida ainda com suficiente clareza.

4. NOVOS DISCURSOS POLÍTICOS E DEMOCRACIA: RETORNO DO POPULISMO?

Na década passada, discutia-se a problemática da renovação do populismo nos casos de Carlos Menem na Argentina, Alberto Fujimori no Peru e Abdala Bucaram no Equador. Com a chegada de Hugo Chávez ao poder em 1999 e o desenvolvimento de sua chamada "revolução bolivariana", essa discussão foi retomada, e inclusive ampliada, já que diversos analistas consideram que há uma expansão de um novo populismo a que se somaram os atuais governos de Evo Morales na Bolívia e de Rafael Correa no Equador. Chegou-se a assinalar que existe um "modelo venezuelano" que está sendo exportado para diferentes países da América Latina e do Caribe.

A trajetória do governo Hugo Chávez[12]

Ao tomar o poder pela primeira vez em 1999, Hugo Chávez iniciou uma série de mudanças nos sistemas político e econômico do país. Começa assim a chamada revolução bolivariana que, na atualidade, depois de oito anos e meio no poder, avança o projeto do socialismo do século XXI. A ascensão de Chávez está associada a um contexto que se caracterizava pela "conjunção de quatro fatores: a extrema rigidez ins-

---

[12]Esta seção se apóia em Francine Jácome, "Renovación/resurgimiento del populismo? El caso de Venezuela y sus impactos regionales".

titucional do bipartidarismo que não dava lugar à participação dos novos atores sociais e que excluía por lei determinados partidos (a esquerda); a baixa redistribuição econômica; a débil capacidade de governo; e o crescimento, a diversificação e a mobilização das organizações sociais" (Ramírez, 2006: 39-40).

Pode dizer-se, em linhas gerais, que, até o presente, o chamado projeto "chavista" transitou por três grandes etapas. Uma primeira, entre 1999 e meados de 2004, orientada para o desenvolvimento da revolução bolivariana, fundamentada em uma série de mudanças políticas que na prática resultaram em uma maior concentração do poder em mãos do presidente, incluindo sua maior influência nos assuntos dos outros poderes, das Forças Armadas e da indústria petrolífera. A polarização e a conflituosidade política também se aprofundaram.

Com seu triunfo no *referendum* revocatório presidencial de agosto de 2004, produz-se uma radicalização que buscou um maior controle sobre a economia e sobre os diversos mecanismos de participação cidadã. Essa segunda etapa se prolongou até dezembro de 2006, quando foi eleito pela terceira vez para um novo período presidencial de seis anos.

Sua reeleição, com 62,48% dos votos, abre um novo e terceiro período que se iniciou com sua declaração da implantação no país do socialismo do século XXI, através do que foi denominado: os cinco motores da revolução. Também foi proposto que as forças que apóiam o governo passem a conformar um partido único. Nesse sentido, se anteriormente diversos analistas consideraram que havia elementos importantes para poder afirmar a existência de componentes do discurso populista neste projeto, agora parecem se aprofundar os indícios do desenvolvimento na Venezuela de um projeto que, embora continue reunindo muitas das características do populismo e mais especificamente do populismo-autoritário, apresenta também, cada vez mais, elementos que "saem" do modelo nacional-popular e marcam uma transição para um regime mais abertamente autoritário. Isso o aproxima de certos traços do castrismo, como o faz também seu esforço ativo e explícito de exportar o modelo, investindo recursos financeiros em outros países da região para apoiar grupos políticos, empresas ou governos e emitindo juízos sobre a situação política e os acontecimentos em outras nações. Nisso o governo Chávez difere dos governos populistas tradicionais que mantiveram o princípio de respeito à soberania nacional e à não-intromissão nos assuntos dos países vizinhos, que foi um dos fundamentos da convivência pacífica da região no século XX (um princípio construído inclusive como uma proteção contra o intervencionismo dos Estados Unidos).

Na primeira etapa, como primeiro passo da revolução bolivariana, foi instalada uma Assembléia Nacional Constituinte que elaborou a Constituição de 1999,[13] e, durante essa etapa e a segunda fase, diversas modificações da nova constituição que permitiram estabelecer uma nova institucionalidade, articulando diretamente a relação entre o líder e o povo, foram colocadas em prática (Ramírez, 2006). Essas reformas também levaram ao enfraquecimento das elites e dos partidos políticos, dos sindicatos tradicionais e ao predomínio do Estado sobre a sociedade civil.

Nessas primeiras etapas, as mudanças políticas foram privilegiadas, já que no âmbito econômico se desenvolveu uma política fiscal e monetária ortodoxa, o pagamento da dívida externa, o incremento da participação de capital transnacional e o fortalecimento da importação para satisfazer o mercado interno. Graças aos altos preços do petróleo a partir de 2003-2004, produziu-se uma expansão do gasto público e uma reorientação da riqueza através das chamadas "missões" que chegaram aos setores marginais. No entanto, muitos criticam o fato de que as políticas sociais sejam executadas com grande arbitrariedade do poder presidencial e que o Estado exerça um controle cada vez maior sobre a política petrolífera e sobre a economia, com predomínio do gasto público sobre o incentivo ao setor produtivo. Por isso o atual governo tem uma retórica socialista e um marcado realismo em decisões políticas e econômicas (Ramírez, 2006).

Ao ser reeleito em dezembro de 2006, Hugo Chávez declarou que a maioria havia votado a favor do projeto de socialismo do século XXI. Quais são as características e conteúdos dessa nova etapa? A informação a esse respeito é escassa, mas Chávez informou que será "originário, cris-

---

[13]Para a qual não houve representação proporcional das minorias e que foi dominada quase totalmente por representantes do oficialismo.

tão, indígena e bolivariano" e que repousará sobre o poder popular, basicamente os recém-criados conselhos comunais — organizações comunitárias locais. Enfatizou ainda que será um modelo socialista novo e diferente de outras experiências que se materializaram mundialmente.

Nessa fase expõe a necessidade de respeitar, no âmbito econômico, a propriedade privada assim como a de outorgar maior importância à propriedade pública, que inclui as cooperativas e os projetos comunitários. Outro aspecto é a noção de justiça distributiva que se assenta em uma repartição mais eqüitativa da riqueza da nação. Por último, propõe o desenvolvimento de um modelo alternativo de geração de riqueza que teria seu eixo nas cooperativas, na co-gestão, na autogestão trabalhadora, assim como nas empresas de produção social, que se concentrariam em adiantar formas de desenvolvimento endógeno e de construção de capital social. O governo acredita que a Venezuela conservará uma economia capitalista durante um lapso de dois a dez anos, razão pela qual entre as propostas imediatas figura que o Estado busque incentivar as empresas privadas que estejam dispostas a trabalhar sob as condições impulsionadas pelo governo. Dessa forma, os créditos "brandos" (com condições que oferecem facilidades muito maiores que as normais), a entrega de dólares ao câmbio oficial e a exoneração de impostos estariam disponíveis somente para as empresas que aceitassem as políticas governamentais e não para as que optassem por continuar operando com um critério nitidamente mercantil. Além do mais, durante o primeiro semestre de 2007, fizeram-se alguns anúncios e desenvolveram-se algumas ações que poderiam indicar uma crescente influência do Estado nesse setor. De forma inesperada, Chávez decretou a nacionalização e a estatização de empresas nos setores das telecomunicações e da energia, argumentando que esses são setores estratégicos que devem ser administrados pelo Estado.

Na esfera política, propõe uma etapa de transição denominada democracia revolucionária. No âmbito social, outorga um papel importante às relações de poder horizontal, e, portanto, os conselhos comunais passam a constituir o eixo central. Dessa maneira privilegia a relação direta entre o Poder Executivo e as comunidades, evitando atores de intermediação como as organizações da sociedade civil e os partidos políticos. Trata-se da construção do "poder popular", e alguns porta-vozes do oficialismo afirmaram que esse tipo de organização substituirá os governos regionais e locais.

Um novo modelo para a América Latina?

Nesse contexto, surgem duas interrogações fundamentais: (1) O atual processo venezuelano é uma renovação/surgimento do populismo? (2) Existe um "modelo venezuelano" que está sendo incorporado por outros governos da região? Em relação à primeira pergunta, desde 1999 vem se desenvolvendo uma corrente hegemônica na Venezuela denominada de "chavismo", que foi classificada como revolucionária, socialista, bonapartista, totalitária, populista, populista militar, entre outras. Como detalharemos, esse leque de definições contrapostas deve ser compreendido no tempo: o governo de Chávez, em suas três grandes etapas, apresenta perfis bem distintos. No que se refere à segunda pergunta, se efetivamente existem particularidades comuns de um discurso populista de esquerda em três casos (a Venezuela, a Bolívia e o Equador), isso não significa necessariamente, como veremos, que exista um "modelo" venezuelano que esteja sendo implementado nos outros dois países.

Em relação aos traços populistas do caso venezuelano é necessário precisar duas questões. A primeira: sob todos os ângulos, o atual processo é um híbrido que contém elementos importantes de um discurso populista mas, como responde a uma realidade nacional e internacional diferente, não se podem encontrar nele todas as características do populismo clássico. Na verdade, em torno desse debate existem diferentes posturas que têm sua raiz na mesma conceitualização do populismo, que gerou distintas perspectivas e interpretações sobre os processos atuais.

Uma primeira interpretação sustenta que não existe um novo populismo e que o que ocorre na Venezuela e em outros países da região não pode ser classificado como populista, já que não reúne as características tradicionais como no caso, por exemplo, de Juan Domingo Perón ou Getúlio Vargas. Entre esses traços distintivos do populismo "clássico" se destacam a busca de inclusão de setores que tradicionalmente haviam sido marginalizados da sociedade, o caráter corporativista dos movimentos, a polarização entre oligarquia e povo, o rechaço das elites e dos partidos políticos tradicionais, o nacionalismo e o antiimperialismo, assim como o surgimento de um líder salvador. No âmbito econômico, políticas de substituição de importações, de nacionalizações e uma participação importante do Estado na economia.

Entretanto, existe outra perspectiva que se fundamenta no argumento de que se produziram novas formas de populismo — o chamado neopopulismo — que têm não necessariamente todas as características do populismo tradicional. Desse ponto de vista, ultimamente se está em presença de processos que são populistas, mas que mostram novos conteúdos, já que se adequaram às realidades nacionais e históricas atuais. Nesse sentido, também se assinala que existe uma diversidade entre o discurso político populista e as estratégias econômicas que se colocam em prática: não necessariamente são iguais. Um dos argumentos básicos é que podem existir processos populistas que executem políticas econômicas muito diversas, como seriam, por um lado, os casos de Fujimori e Menem, e, por outro, o caso de Chávez.

Nos anos recentes, a discussão em torno do populismo se viu enriquecida pela relação com as considerações sobre a nova esquerda na América Latina e no Caribe. Dessa forma, surge uma corrente que foi denominada de esquerda populista, em contraposição a uma nova esquerda democrática ou reformista. Acredita-se que a primeira se fundamenta nos postulados de meados do século passado, que não conseguiu incorporar ao seu pensamento e à sua prática as mudanças produzidas nos âmbitos global e regional, especialmente depois da queda do muro de Berlim. A segunda, por sua vez, tenta responder aos tempos atuais e procura desenvolver políticas de justiça e de inclusão social, nos termos da democracia, assim como de economias produtivas, que permitam responder cada vez mais de forma eficiente e eficaz às necessidades da cidadania.

Diante desse debate, pode-se dizer em resumo que, entre 1999 e 2006, existem vários aspectos que indicam que na Venezuela se avança em um processo com características populistas (entre as quais pode-se assinalar:

ESTADO, NAÇÃO E POLÍTICA(S) NA AURORA DO SÉCULO XXI

liderança messiânica/concentração de poder; polarização social e política; oligarquia-povo; nacionalismo/retórica antiimperialista; rechaço da institucionalidade vigente/desmantelamento de instituições democráticas; elevados índices de inflação; controle estatal da economia; redistribuição clientelar; incremento da corrupção; e controle dos meios de comunicação). Mas, tratando-se de um processo em desenvolvimento, vão surgindo novos conteúdos e práticas que modificam suas condições fundamentais e dificultam ainda mais sua caracterização. Em cima disso, seria possível postular que no momento atual esse processo se encontra em uma fase de transição e que a reeleição de Hugo Chávez e seus anúncios, em janeiro de 2007, sobre o início da construção do chamado "socialismo do século XXI" podem significar uma virada para um regime que aprofundará o autoritarismo, o caudilhismo e o militarismo. E que, ao final, poderia também sair da tradicional matriz populista latino-americana.

Em tal sentido, e para responder a segunda pergunta, é importante para os que postulam uma exportação do suposto modelo venezuelano levar em consideração que tanto o Equador quanto a Bolívia têm especificidades que provavelmente não permitirão o desenvolvimento de um processo igual ao da Venezuela. Ainda que os três tenham na atualidade um discurso que mostra a presença de diversas características do populismo de esquerda, as diferentes realidades influirão sobre seu desenvolvimento. Por exemplo, a Assembléia Constituinte boliviana teve enormes dificuldades em elaborar uma nova carta magna. A presença de setores de oposição torna previsível que a nova constituição, para ser viável, será resultado de diálogos e de negociações entre os diferentes setores políticos e sociais. Da mesma forma, os regionalismos assim como o peso dos movimentos indígenas e camponeses são fatores que diferenciam a Bolívia e o Equador do caso venezuelano.

Diante da opinião generalizada de que o modelo venezuelano está se convertendo em um exemplo a ser seguido em vários países, e da eminente fragmentação ou polarização da região, é importante retomar as exposições de Manuel Garreton (2006) a esse respeito. Em primeiro lugar, ele assinala que é preciso diferençar claramente entre a existência ou não de modelos "exportáveis", por um lado, e as lideranças de alguns presidentes, por outro. Em segundo lugar, é indispensável também examinar quais são os modelos que realmente podem resolver os problemas internos dos diferentes países assim como as alianças que se podem estabelecer diante da globalização. Nesse sentido, ele destaca ainda a necessidade de se pensar em um novo modelo de desenvolvimento diante do "projeto neoliberal", que tem pendente a definição de diversas estratégias ante os processos de desenvolvimento, a superação das desigualdades, a inserção na globalização e a transformação produtiva.

O importante para uma visão geral da América Latina é levar em consideração que blocos de países que procuram influenciar o concerto internacional só podem ser construídos a partir de políticas coerentes de Estado com um projeto de longo prazo, independentemente do líder político no poder. Na realidade, atualmente existem somente dois países que poderiam se constituir como eixos de um bloco: o México, na América Central, e o Caribe e o Brasil, na América do Sul. Ambos podem desempenhar um papel importante no futuro, se o primeiro conseguir sair de sua relação de dependência com os Estados Unidos e se o segundo assumir abertamente sua liderança. Na região andina, assim como no caso venezuelano, é preciso ainda um longo período de refundação da relação entre o Estado e a sociedade.

Dificilmente o governo de Chávez, apesar da sua agressiva política exterior, poderá assumir esse papel de liderança. Petkoff argumenta que "a instrumentalização do ressentimento social, a intimidação desnecessária da classe média, a ineficiência administrativa, o conflito permanente, a segregação política e a social de seus opositores e a corrupção crescente, questionam a viabilidade do chavismo como projeto de transformação profunda" (2005a; 126). Como adverte Lozano (2005), o fato de constituir uma maioria não significa que exista uma governabilidade democrática. Na Bolívia, no Equador e na Venezuela, a estabilidade política corre cada vez mais risco, levando a situações nas quais se poderia prever a curto ou a médio prazo a possibilidade de conflitos violentos pela continuidade de propostas que conduzem ao aprofundamento da polarização e a conflituosidades política e étnica.

ESTADO, NAÇÃO E POLÍTICA(S) NA AURORA DO SÉCULO XXI

Mas para além dos debates em relação à natureza política do governo Chávez ou suas possibilidades de exportação na região, é preciso destacar o que esses movimentos indicam para a coesão social. Como se sabe, a prática populista oferece uma resposta retórica às demandas de inclusão social e tende a criar uma situação de polarização e a debilitar a institucionalidade democrática, fortalecendo o líder que promete uma futura redenção. Essa chamada renovação ou ressurgimento do populismo mostrou que os diversos processos desenvolvidos na América Latina e no Caribe durante as últimas décadas tiveram sérias falhas em alcançar o que identificamos como "coesão social na democracia". Enquanto persistir essa brecha, é previsível que se continue produzindo a aceitação ou o apoio a projetos com importantes traços populistas que, com o tempo, tendem a vir a ser regimes que terminam por se sustentar em lideranças autoritárias e personalistas que, apesar de suas promessas, não levam na realidade a uma inclusão e coesão social efetivas e sustentáveis.

Crise de representação, populismo e democracia[14]

Aprofundemos o ponto anterior. O impacto final do populismo é a criação de uma unidade em torno de um pólo, "o povo", que fala com uma só voz, a do "líder", ao mesmo tempo que se situa em uma relação de forte e irreconciliável antagonismo com o restante das expressões políticas, o pólo do "antipovo". O resultado é conhecido: a colocação em andamento de uma dialética de denegação recíproca entre ambos os pólos que debita e, ao final, cancela as negociações e as trocas que são próprias de uma ordem pluralista-democrática.

Visto como a expressão de uma lógica de ação que redefine o espaço político em termos de exclusão/inclusão, amigo/inimigo, o populismo é um fenômeno estritamente político. Como tal é, portanto, compatível com as mais diversas ideologias — direita, esquerda, reacionária, progressista — e com os mais diversos programas econômicos, do estatismo distribucionista ao neoliberalismo. Por sua vez, enquanto fenômeno políti-

---

[14]Esta seção se apóia em Juan Carlos Torre, "Populismo y democracia".

O DESAFIO LATINO-AMERICANO

co, o populismo deveria ser distinguido de traços que, ainda que façam parte de sua natureza, não o definem por si só. Pensemos na personalização do poder e nos comportamentos antiinstitucionais. Estes são traços que podem estar presentes independentemente do populismo.

Assim, nos tempos da comunicação de massas quem ocupa o topo do governo tem assegurada uma grande visibilidade pública: isso converteu o Executivo em púlpito a partir do qual se interpela em primeira pessoa a população em seu conjunto. Além do mais, governar "acima" dos partidos e das legislaturas, apelando para procedimentos que estão no limite da legalidade, é uma prática "decisionista" esperável de todos os governos embarcados em grandes reformas do *status quo,* em particular em contextos democráticos não consolidados. As mutações da esfera pública e as políticas de reforma dão lugar, portanto, a manifestações tanto na forma como no exercício dos poderes públicos que estão longe de ser intrínsecas ao fenômeno do populismo. Em resumo, o populismo, embora seja inseparável dele, é mais que um estilo político.

Para capturar o que o populismo tem de característico como fenômeno político é bom recordar o que nos diz a literatura sociológica sobre suas origens. A esse respeito, existe consenso em assinalar que as origens do populismo estão em uma crise de representação na democracia, quer dizer, no aprofundamento da brecha que, por definição, separa os representantes dos representados devido à dificuldade manifesta dos partidos para fazer tal mediação de forma efetiva. As causas dessa dificuldade podem ser várias; podemos enumerar algumas tendo como marco de referência, entre outros, a experiência atual, que acabamos de evocar, da Venezuela. No inventário de causas figuram os problemas de adaptação das organizações partidárias aos desafios apresentados pela mudança das regras do jogo da economia, e que se traduzem em respostas insatisfatórias às demandas sociais. Também está o descrédito que gera a tendência à entropia dos partidos com uma trajetória prolongada, que os leva a enfraquecer seus vínculos com os eleitores e a colocar em primeiro plano sua própria sobrevivência, por meio do uso e do abuso dos recursos estatais. Outra causa enraíza-se na existência de importantes setores pobres da população localizados na periferia do sistema político, com participação nula ou escassa.

ESTADO, NAÇÃO E POLÍTICA(S) NA AURORA DO SÉCULO XXI

Dito isso, é preciso acrescentar que a crise de representação política é uma condição necessária mas não uma condição suficiente do populismo. Para completar o quadro da situação é preciso introduzir um outro fator: uma "crise nas alturas" através da qual emerge e ganha destaque uma liderança que se apresenta eficazmente como uma liderança alternativa e alheia à classe política existente. É aquele que, definitivamente, explora as virtualidades da crise de representação. E o faz articulando as demandas insatisfeitas, o ressentimento político, os sentimentos de marginalização, com um discurso que as unifica e apela ao resgate da soberania popular expropriada pelo *establishment* partidário, para mobilizá-la contra um inimigo cujo perfil concreto, embora varie conforme o momento histórico — "a oligarquia", "a plutocracia", "os estrangeiros" —, sempre remete àqueles que são construídos como responsáveis pelo mal-estar social e pelo político que o povo experimenta. Em sua versão mais completa, o populismo comporta então uma operação de sutura da crise de representação por meio de uma mudança nos termos do discurso, da constituição de novas identidades e da reordenação do espaço político com a introdução de uma cisão extra-institucional.

Ao lançar um rápido olhar sobre a "revolução bolivariana" é possível identificar em suas origens as condições de possibilidade do populismo recém-evocadas. Pelo lado das causas da crise de representação temos em primeiro lugar os desajustes econômicos e sociais provocados pela virada abrupta do governo Carlos Andrés Perez em direção às reformas de mercado; suas seqüelas condicionaram, por sua vez, o sucessor na presidência, Rafael Caldera, que, eleito como crítico do "neoliberalismo", terminou associado também a políticas de ajuste escassamente populares. Temos também o eclipse do sistema político consociativo administrado durante anos pelos dois grandes partidos, AD e COPEI, e o surgimento de novas expressões políticas. Finalmente há que se destacar a situação de alienação política de vários setores da cidadania, da qual as altas taxas de abstenção eleitoral eram uma ilustração eloqüente. Entretanto, pelo lado da "crise nas alturas" temos a rebelião de jovens militares em 1992 que, não obstante seu fracasso, projetou seu chefe, Hugo Chávez, no centro da cena pública, a partir da qual se converteu no eixo de agregação de um difuso e multifacetado inconformismo, com uma forte crítica à "partidocracia" e uma retórica de exaltação nacionalista.

A reconstrução da empresa política de Chávez ilustra bem a índole dos problemas que coloca o populismo transformado em regime do ponto de vista das instituições democráticas. Assim, como especificamos, o itinerário percorrido pela "revolução bolivariana" foi o de uma progressiva concentração e de uma delegação de faculdades decisórias na figura de seu inspirador e condutor. Nessas circunstâncias, a trama de equilíbrios e de controles que distinguem a democracia como ordem constitucional experimentou uma profunda e persistente deterioração. Previsivelmente, a deterioração atingiu igualmente o pluralismo político por obra das ambições hegemônicas do novo regime e da retirada de seus opositores depois de um questionamento sem concessões. Sobre esse fundo, prevalece na vida pública um clima de crescente polarização, que transborda as arenas institucionais e se manifesta por meio da "política de praça" e do caráter faccioso das posturas políticas defendidas.

Chegados a esse ponto, no qual é possível reconhecer os sinais de identidade de um autoritarismo, acreditamos ser necessário alargar a perspectiva porque quando o fazemos o que surge é certamente um autoritarismo, mas um autoritarismo de massas. O propósito dessa especificação dos efeitos da caracterização da experiência política hoje em curso na Venezuela é repor no quadro da situação um traço que também lhe é próprio. Referimo-nos à experiência de participação que a "revolução bolivariana" ofereceu a vastos setores populares, até pouco tempo confinados na periferia do sistema político e agora devolvidos ao centro por meio de um reconhecimento de oportunidades e direitos que reforçou seu sentido de pertencimento à comunidade nacional. Esse é um aspecto que não deveria ser colocado de lado na compreensão das adesões que rodeiam e sustentam a liderança de Chávez.

Em 1956, pouco depois do fim de uma experiência política que tem muitos pontos em comum — aludimos ao regime de Perón (1946-1955) —, Gino Germani enxergou além do clima de euforia pela recuperação da democracia e sustentou:

Segundo a interpretação geralmente aceita, o apoio das classes populares se deveu à demagogia da ditadura. Uma afirmação tão genérica poderia ser aceita, mas é, no mínimo, insuficiente. Pois o que temos que perguntar em seguida é em que consistiu tal demagogia. Aqui a interpretação corrente é a que por uma questão de brevidade chamaremos de "prato de lentilhas". O ditador "deu" aos trabalhadores umas poucas vantagens materiais em troca da liberdade. Cremos que semelhante interpretação deve ser rechaçada. O ditador fez demagogia, é verdade. Mas a parte efetiva dessa demagogia não foram as vantagens materiais e sim o fato de haver dado ao povo a experiência (fictícia ou real) de que havia conseguido certos direitos e que os estava exercendo. Os trabalhadores que apoiavam a ditadura, longe de se sentir despojados da liberdade, estavam convencidos de que a haviam conquistado. Claro que aqui com a mesma palavra, liberdade, estamos nos referindo a duas coisas distintas. A liberdade que haviam perdido era uma liberdade que nunca haviam possuído realmente: a liberdade política a ser exercida sobre o plano da alta política, da política distante e abstrata. A liberdade concreta que acreditavam haver ganhado era a liberdade concreta, imediata, de afirmar seus direitos contra capatazes e patrões, de sentir-se mais donos de si mesmos.

Certamente a composição dos séquitos populares de Perón e Chávez não é a mesma (com maior predomínio dos trabalhadores formais no primeiro do que no segundo), e os resultados em matéria de direitos podem ser distintos em uma e outra experiência. Mas o que se quer destacar com a citação de Germani é a atenção para um aspecto do fenômeno populista, a valorização da auto-estima e do protagonismo nos setores populares, o reconhecimento de sua condição de cidadãos de primeira classe. O populismo, sob esse ângulo, aparece, pois, como um agente da revolução democrática em curso e do desejo crescente de horizontalidade social na região (ontem na Argentina, hoje na Venezuela).

Poder-se-á discutir, é verdade, quanto dessa valorização, quanto desse reconhecimento, é genuíno ou ilusório. Mas essa interrogação, uma vez feita, nos obriga a ser conseqüentes e colocá-la também a respeito da democracia, com vistas a estabelecer se ela está mais bem-capacitada a produzir essa valorização, esse reconhecimento, sem os excessos do autoritarismo. Em um trabalho recente, Francisco Panizza propôs que o populismo é um espelho da democracia, um espelho que mostra o que a democracia realmente é e o que não é. As tentações populistas que recorrentemente os países da América Latina conhecem parecem mostrar que nossas democracias, com suas eleições periódicas, seus partidos e suas regras institucionais, não conseguem responder às demandas de inclusão de amplos setores da população. Nessa situação, é preciso, no entanto, resistir à reação de tantos que começam por compreender as razões do populismo, para depois pedir indulgência para suas políticas. Em vez disso, é indispensável explorar de que maneira nossas democracias, sem renunciar a seus princípios, podem estender e tornar efetivos os sentimentos de pertencimento à comunidade nacional para que não seja preciso buscá-los em outro lugar.

A retórica com a qual o populismo vai ao encontro das demandas de inclusão dos setores populares costuma consistir, com efeito, no chamado à redenção futura do "povo" submetido pelas "forças do mal" e é geralmente acompanhada por um dispositivo complementar: a encenação de verdadeiras comunhões políticas, marchas e atos de massa, que recriam os rituais religiosos, produzindo entre os participantes fortes sentimentos de reconhecimento mútuo e de fraternidade. Com essa imagem presente é que se disse que o populismo é a expressão de uma nostalgia comunitária. A caracterização poderia ser aceitável se despojada de seu viés pejorativo. Quando isso acontece, vem à tona uma das vantagens do populismo sobre a democracia: sua capacidade de gerar "calor" ali onde as rotinas das regras democráticas são "frias". Se o populismo pode funcionar como um espelho da democracia, sua eventual eficácia nesse plano — o da visão de um futuro e o da experiência de participação — parece dizer que há algo que excede os mecanismos que regulam a formação e o exercício dos governos, e cuja ausência representa, em graus variáveis conforme o país, uma questão pendente para o sucesso da "coesão social na democracia" na América Latina.

O populismo está portanto associado com os períodos nos quais se constata uma acentuação da distância entre o Estado, as demandas populares e os cidadãos. Sua presença (e seus retornos históricos cíclicos) é mais provável quando se trata de (re)construir um Estado moderno em relação à subjetividade dos governados. No caso específico do populismo, é preciso constatar que ele não busca, como foi dito com excessiva rapidez, fundir o "povo" com o Estado graças ao papel do líder. O populismo se esforça também em fazer os governados sentirem o Estado como "próprio", depois de um longo período de estranhamento entre uns e outro. A legitimidade, isto é, o fato de que os cidadãos reconheçam suas autoridades, mas também de que sintam como "seu" o que "seu" Estado "faz", supõe, sempre, doses importantes de identificação imaginária. Esta identificação usa e abusa da metáfora da política como guerra, na qual a oposição é transformada em inimigo, o que resulta finalmente na polarização radical e na destruição de qualquer possibilidade de negociação.

E, no geral, o retorno dos populismos se desenvolve ao final de um processo no qual os governados se ressentem do sistema político como particularmente alheio e distante e no qual esse se encontra propício, em muitos aspectos, a uma fase de refundação. Daí a natureza de seu duplo chamado: ao mesmo tempo "democrático" (dar aos indivíduos o sentido da cidadania) e "popular" (salvaguardar uma identidade comunitária negada pelos *anciens régimes*). Um processo de identificação simbólica que é compatível, como as experiências do neopopulismo mostraram com certeza na região, com diferentes políticas econômicas e alianças sociais. Ou seja, o populismo joga nessa tensão entre um elemento democrático-plebeu-plebiscitário e um elemento popular-imaginário-autoritário (Martuccelli, Svampa, 1997). O risco é bem real de que resvale de um lado ou de outro — um duplo risco provavelmente em curso de realização na experiência venezuelana.

Mesmo assim, e apesar das ameaças constantemente presentes, é preciso ter em mente o caráter fundamentalmente ambíguo do populismo. Ao contrário dos movimentos revolucionários ou abertamente totalitários que desconhecem toda a legitimidade da democracia representativa e das eleições, o populismo — como autoritarismo plebiscitado de massas — sempre as exige. Daí que seja possível vaticinar que sua presença será bem real na região em um futuro próximo, pelo menos em muitos países. Com efeito, dadas as debilidades dos atores sociais, a que fizemos menção em capítulo anterior, e as insuficiências tradicionais do Estado na América Latina, o "retorno" do populismo estará entre as possibilidades da agenda política. Mas seu "retorno" não expressa somente uma nostalgia comunitária bem encarnada pela noção de "povo". O populismo é também — e talvez sobretudo hoje — o fruto de expectativas crescentes da parte de indivíduos que viram sua dignidade cidadã amputada por regimes que não lhes deram a adequada inclusão simbólica nem a econômica.

O populismo é ao mesmo tempo um espelho da insuficiência da democracia e uma patologia de seus limites. Mas, como outras experiências nacionais mostraram na região, o populismo, por meio do autoritarismo de massas que o constitui, foi um poderoso fator de inclusão política, e por trás dela, um paradoxal veículo da expressão de uma individualização cidadã, ao mesmo tempo que deixou marcas profundas no sistema político, que fragilizaram a democracia.

5. A NAÇÃO E O DESAFIO DAS IDENTIDADES

As insuficiências do Estado não foram só questionadas — e ampliadas — pelo retorno do populismo; talvez de maneira muito mais significativa se encontrem hoje em dia na raiz de um conjunto de processos, díspares entre si e conduzidos por diferentes atores, que colocam em questão — pela primeira vez na história da região com certa seriedade — os limites e as significações da nação. O ponto nodal, como mostraremos, está em um conjunto distinto de demandas sociais que buscam, todas elas, obter reconhecimentos jurídicos e direitos particulares.

A nação e os desafios do século XXI: uma introdução[15]

Na América Latina a construção da nação, ao mesmo tempo que reprimiu memórias de índios, de africanos e de emigrantes, criou o espaço

---

[15]Esta seção se apóia em Bernardo Sorj, "reconstrucción o reinvención de la nación: La memória colectiva y las políticas de victimisación en América Latina".

comum no qual emergiu a noção de cidadania, um espaço de iguais, independentemente de origem, classe, religião ou raça. Esse processo é naturalmente conflituoso, pois a partir da própria noção de cidadania — de membros iguais com os mesmos direitos dentro de uma comunidade nacional —, os diferentes grupos sociais buscaram construir sua versão de bem comum. A formação da(s) imagem(s) da nação é portanto um processo constante de reinvenção através da participação de cidadãos e da ação do Estado. Memórias do passado pré-colonial, colônia, oligarquia, estatismo-nacional não são fases superpostas em um *continuum* no qual cada um substitui o anterior, e sim camadas que às vezes permanecem adormecidas na memória coletiva e renascem com outras significações em novos discursos.

As novas reivindicações questionam a imagem da nação que serviu de sustentação para o discurso político e, com uma força muito maior, como uma ampla bibliografia o enfatizou, a globalização debilita a identidade e a memória nacionais, em benefício de novas identidades sub e supranacionais. Trata-se, sem dúvida, de uma análise basicamente correta, mas que ainda assim subestima os processos pelos quais a globalização recria a consciência nacional, agora no marco de uma visão mais cosmopolita. Se as nações, em particular as elites, sempre elaboraram a representação de si mesmas com referência à posição que ocupam no concerto internacional, com a globalização essa referência passou a ser a do conjunto da população.

Vivemos hoje um período de *nacionalismo reflexivo*, no qual as informações sobre outras realidades nacionais estão amplamente difundidas pelos mais diversos sistemas de comunicação audiovisual e no qual são conhecidos os mais variados índices sobre a posição relativa de cada país em matéria de desenvolvimento humano, corrupção, liberdade de imprensa, democratização, proteção do meio ambiente, etc. Essas imagens sobre a qualidade de vida no mundo exterior definem cada vez mais a autoimagem do país e suas expectativas, cujas características dependem menos de acontecimentos do passado do que da situação atual do país em relação a outras nações. Dessa maneira, a globalização transforma a imagem nacional e, de certa forma, a reforça e, por outro lado, leva a uma nova luta social por seu significado.

Diante das novas realidades e dos desafios da globalização, a nação passa por um processo de reconstrução, do qual observamos na América Latina as primeiras expressões. A globalização chega a todos os lares, mas não da mesma maneira. Para os filhos das elites e das classes médias, o mundo exterior é uma realidade palpável, vivida por meio de viagens periódicas ao exterior, da aprendizagem de línguas estrangeiras, de cursos universitários nos Estados Unidos ou na Europa e, eventualmente, de um bom emprego nesses países. Para os setores mais pobres são imagens de televisão, mundos de consumo ideal, que, no melhor dos casos, podem ser alcançados por meio da emigração ilegal. Estamos vivendo uma nova separação das classes médias e dos setores populares em relação ao valor simbólico da nação. Enquanto para as primeiras a nação seria uma referência declinante, para os setores populares em ascensão as melhores condições de vida continuam passando pelo Estado nacional. E nesse sentido as identidades étnicas são um dos recursos disponíveis, em particular quando, como vimos, os sistemas partidários e os sindicatos perderam sua efetividade para canalizar demandas sociais.

A identidade nacional que passa por um período de plena mutação é na verdade a identidade nacional do período estatal-nacional: aquela que durante o século XX, com maior ou menor êxito conforme o país, ofereceu às classes médias e aos setores populares um discurso integrador. Nessa nova fase, não são tanto as propostas alternativas de modelos de desenvolvimento o que está em jogo no espaço público, e sim a capacidade de mobilizar discursos que apelam para a sensibilidade popular por meio de identidades coletivas nas quais os vários grupos conseguem encontrar um reconhecimento simbólico. A dificuldade para uma boa parte da população de chegar a ser um indivíduo plenamente integrado na sociedade de consumo global potencializa discursos coletivos nos quais o reconhecimento se realiza através de novas formas identitárias, entre elas as de caráter religioso e/ou étnico. Ao mesmo tempo não podemos esquecer que a identidade coletiva deve ser analisada também como um recurso político que permite a certos grupos, e em particular a suas elites, negociar com o Estado para ter acesso a posições ou bens.

A reconstrução da memória nacional em curso na América Latina por sua vez não pode ser reduzida a uma simples renovação da dicotomia nacional/ estrangeiro ou economia estatal/ economia de mercado. As chamadas identidades étnicas passam por processos mais complexos do que as aparências indicam. Como vimos, as religiões originariamente associadas à população afrodescendente no Brasil são hoje sustentadas majoritariamente por brancos e mulatos, enquanto nos setores populares há uma verdadeira revolução nas crenças religiosas, em particular pelo avanço dos cultos evangélicos, que são centrais, como indicamos anteriormente, são exemplo entre a população indígena mexicana e em amplos setores urbanos pobres no Brasil.

As políticas de identidade étnica e de pluralismo jurídico foram favorecidas inicialmente por governos ligados às reformas estruturais, possivelmente por representar formas que não implicavam maiores custos de reconhecimento simbólico e por vezes implicavam uma forma de enfraquecer as lealdades de classe. Essas políticas foram realizadas sem que se levassem em consideração os possíveis custos que elas poderiam ter para a coesão nacional e para as instituições democráticas. A vítima, em princípio, é a pessoa ou o grupo social que considera ter sofrido uma injustiça. A "vitimização", como discurso político, não é a mera elaboração conceitual de uma situação objetiva. O discurso de "vitimização" é uma construção complexa, em que se define quem é culpado e suas motivações, quem é a vítima, como ela deve reconstruir sua própria história a partir dessa condição e quais são as alternativas para sair da situação em que se encontra.

Podemos distinguir dois tipos ideais de discurso de "vitimização": o alterofóbico e o autocentrado. No discurso alterofóbico, o essencial é a identificação do "culpado" e o juízo acerca dos danos por ele causados. Seu objetivo pode ser tanto a destruição do inimigo quanto a exigência de reparação pelos danos sofridos. A lógica alterofóbica se constrói a partir de uma confrontação do puro e do impuro (seja em sua versão secular, seja religiosa) na qual o contato com a parte impura deve ser evitado, combatido e, quando possível, eliminado. Na "vitimização" autocentrada, o lugar da vítima está subordinado à afirmação de valores próprios e não na desvalorização do outro, e de um projeto de reconstrução de sua humanidade, que depende sobretudo de sua capacidade para mobilizar seus próprios recursos.

O impacto dessas diferenças em termos de política democrática e no que se refere a suas conseqüências é enorme. O discurso alterofóbico transforma a política em uma guerra, na qual as pessoas se alinham em campos opostos e antagônicos e na qual quem está associado com o inimigo é por definição ilegítimo e pode ser excluído do espaço público a qualquer momento. O discurso autocentrado, sem deixar de ter um caráter agônico, enfatiza a soma das forças em torno da construção de um projeto comum, de caráter expansivo e com visão de futuro.

Na realidade, esses modelos nunca aparecem em forma pura e os discursos políticos podem transitar de um modelo a outro, ou mudar no transcurso da história. A tendência a um discurso agônico antidemocrático está geralmente associada à culpabilização de um "inimigo" por todos os males atuais e à desvalorização do discurso oposto, não em função dos argumentos mas pelas características do emissor ("burguês", "antipatriota", "branco", etc.). Essa tendência não é estranha ao nacionalismo, em particular a suas versões mais reacionárias. Tampouco a tradição comunista e revolucionária se distancia de uma política de "vitimização" alterofóbica, como é o caso de certos discursos terceiro-mundistas, em que as teorias do imperialismo tratam de culpar os países avançados por seu atraso. A "vitimização" foi e continua sendo parte da bagagem da cultura de esquerda latino-americana, embora, na tradição socialista do século XX, a solução não se encontrasse na implementação de políticas de recuperação e sim na expulsão do imperialismo e na reconstrução das sociedades. Ultimamente essa cultura de "vitimização" da esquerda foi atualizada por um discurso no qual os povos seriam as vítimas da globalização e do neoliberalismo.

Mas também existe na América Latina um discurso dessa índole entre certos grupos dirigentes, quando denunciam as atividades das ONGs internacionais, ou como os empresários que às vezes laçam mão de uma "vitimização" alterofóbica para obter proteções públicas contra a competição internacional, e outras vezes, recorrem à "vitimização" auto-

ESTADO, NAÇÃO E POLÍTICA(S) NA AURORA DO SÉCULO XXI

centrada quando reivindicam um novo espaço de ação ante o Estado patrimonialista.

Nessa nova América Latina, na qual as identidades coletivas corroem as velhas ideologias coesivas cristalizadas no século XX, o discurso da "vitimização" está sendo objeto de um processo de reapropriação no século XXI pela tradição nacional-estatista, agora com uma nova roupagem, de valorização da etnia e da raça. Mas se trata de um discurso com um potencial ambíguo, capaz tanto de aprofundar a democracia nas relações sociais quanto de destruir a identidade e a memória nacionais construídas em torno de um horizonte utópico de mestiçagem. Esse horizonte nunca foi alcançado, mas indicou um caminho e permitiu que as sociedades latino-americanas se mantivessem afastadas de conflitos interétnicos fratricidas.

Políticas étnicas e cidadania[16]

Uma das grandes novidades do período atual é que a questão indígena pode em grande medida ser tratada como uma problemática de novos direitos do cidadão. Tomaremos como referentes empíricos os casos da Bolívia, do Equador, da Colômbia e do Chile, que permitem esboçar uma visão comparativa das propostas dos grupos indígenas e as maneiras em que estão sendo processadas pelas sociedades e Estados nacionais.

A questão indígena se refere ao estatuto do cidadão dos descendentes dos nativos estabelecidos antes da conquista e que ocupam em sua maioria posições socioeconômicas mais pobres e estigmatizadas (quer dizer, no que se refere ao conjunto de direitos e de obrigações que definem sua inclusão como membros da comunidade política). A pergunta fundamental tem que ver com os conteúdos dessa cidadania: Os indígenas terão os mesmos direitos que os demais, ou terão direitos especiais como descendentes dos povos originários?

Vista dessa maneira, a questão indígena é parte de uma questão nacional que, pelo menos até agora, não tem viés irredentista. Ainda que

---

[16]Esta seção se apóia em León Zamosc, "Cidadania indígena y cohesión social".

existam grupos que se autodefinam como "nacionais" e que enfatizem sua autonomia, suas demandas se referem, em geral, ao autogoverno local ou regional dentro dos Estados existentes. Longe de apontar para o separatismo, a maioria dos movimentos indígenas procurou redefinir sua situação nos Estados nacionais nos quais se encontram. Essa procura, no entanto, não apresenta uma orientação homogênea, já que existe uma notável diversidade entre os movimentos, suas reivindicações e estratégias. É necessário então partir da premissa de que as lutas indígenas têm características próprias em cada país, refletindo a influência de fatores diversos como a geografia, as estruturas demográficas e socioeconômicas, as histórias das relações entre os povos indígenas e os Estados e as tradições políticas e culturais de cada lugar.

No entanto, é o fator demográfico que aparece como particularmente importante porque determina uma bifurcação da questão indígena. Por um lado, onde os grupos nativos são minoritários, a questão indígena se apresenta como uma problemática de sobrevivência do grupo. Por outro, nos países onde são maioria ou uma proporção significativa da população, a questão indígena aparece mais do que tudo como um assunto de igualdade efetiva de direitos de representação.

Dois casos ilustram a primeira variante. Na Colômbia, onde existem muitos grupos indígenas que no conjunto representam 2% da população, sua organização nacional definiu metas de territorialidade, de autonomia e de defesa da cultura. No início dos anos 1990, quando a classe política procurou se legitimar modernizando as instituições, anistiando os guerrilheiros e oferecendo concessões aos setores populares, o movimento indígena aproveitou a abertura para ganhar cadeiras na Assembléia Constituinte e assegurar o reconhecimento de amplos direitos culturais, de autonomia territorial e de cotas de representação nas instituições políticas. No Chile, a população Mapuche constitui, aproximadamente, 5% do total nacional. Diante da privatização de terras comunais decretada por Pinochet, os Mapuches começaram a reivindicar autonomia territorial. O conflito se radicalizou a partir de 1998, quando as organizações indígenas iniciaram uma ofensiva de ocupação de terras e de assédio às empresas florestais e mineradoras. A resposta dos governos da "Concertación"

ESTADO, NAÇÃO E POLÍTICA(S) NA AURORA DO SÉCULO XXI

foi repressiva, incluindo a aplicação de leis antiterroristas. Atualmente existe uma Coordenação Mapuche que, sem sucesso, continua pedindo reconhecimento como povo, autodeterminação e controle sobre territórios e recursos.

O que nos dizem esses casos sobre a situação das populações indígenas minoritárias? Trata-se de grupos pequenos, concentrados em lugares bem definidos e afastados, e submetidos aos embates da chegada do Estado, de colonos e de grandes empresas que querem explorar os recursos naturais de maneira intensiva. Diante da perda de controle e da devastação de seu meio ecológico, do esmagamento de sua cultura pela sociedade majoritária e até do perigo de desaparecimento, reivindicam condições que garantam sua sobrevivência, controle de territórios, autonomia para governar a si mesmos e proteção para seus estilos de vida e culturas. A resposta que receberam no Chile mostra que o reflexo instintivo do Estado é rechaçar pretensões que diminuam sua soberania, limitem sua liberdade de ação no que se refere aos recursos naturais ou questionem os conceitos hegemônicos de cidadania e de nação. O caso da Colômbia confirma que é necessário dar condições especiais para que os países latino-americanos sejam generosos com suas minorias nativas.

No caso da segunda variante, na qual os grupos indígenas aparecem como setores mais importantes da população, é necessário manter presente que sua luta por um estatuto igualitário poderia assumir duas direções. Uma delas é a alternativa "de consócios", na qual a etnia ou nacionalidade aparece como elemento primordial para organizar o Estado em torno de direitos coletivos que parcelam as funções de governo e repartem o poder entre grupos autônomos (a Bélgica, a Holanda e a Suíça são exemplos desse modelo). A outra possibilidade, baseada na igualdade a partir de direitos de cidadania individuais, é a do Estado universalista, em que a etnia se neutraliza ao não ser considerada critério para a organização política e na qual garante a livre expressão da diversidade sociocultural.

Concentrar-nos-emos sobre dois casos em que os indígenas têm um peso demográfico significativo. Na Bolívia, os quéchuas, aymaras e outros grupos pequenos são mais da metade da população nacional. A reforma agrária de 1952 os interpelou como camponeses bolivianos, dando base a uma identidade híbrida que combina identificações camponesas indígenas, e de pertencimento à nação boliviana. O que mais politizou a questão indígena nos anos 1990 foi a aliança eleitoral do MNR com um partido de intelectuais indígenas, que levou ao poder Gonzalo Sánchez de Losada e o aymara Victor Hugo Cárdenas, como vice-presidente. Esse governo implementou um programa de reformas pró-mercado e proclamou o multiculturalismo. No entanto, esse modelo desmoronou sob a pressão do protesto popular e da ascensão eleitoral do MAS.

Esse processo implicou uma reviravolta dramática no sentido da polarização do tema indígena. Inicialmente, a elite política a utilizou para ganhar apoio para seu projeto. Diante disso, a confederação camponesa CSUTCB, os cocaleiros, e seu partido, o MAS, também o incorporaram a seu discurso; mas não para reivindicar direitos especiais, e sim para reafirmar as raízes nativas da nação e as aspirações populares de acesso a uma cidadania igualitária e participativa. O êxito da fórmula foi visto nos protestos maciços e no apoio eleitoral sem precedentes a Evo Morales. Assim, a tentativa de cooptar o indígena a partir de cima levou à gestação de um projeto que estabeleceu a legitimidade do indígena como suporte identitário da nação e o mobilizou em prol de objetivos nacionalistas e populares. Nesse projeto, cujo destino se disputa hoje na Assembléia Constituinte, a resolução da questão indígena parece orientar-se para um Estado plurinacional que combinaria o princípio universalista dos direitos individuais igualitários com o reconhecimento de direitos coletivos dos grupos originários (através de um esquema de autonomias regionais e locais que incluiriam unidades territoriais indígenas).

Os nativos do Equador são entre 15 e 20% da população, principalmente quíchuas da Serra e grupos amazônicos menores. Sua confederação, a CONAIE, é única na América Latina por sua capacidade de coordenar ações contestatórias no nível nacional. Isso lhe permitiu liderar as lutas populares contra o "neoliberalismo" e ser um ator central nas quedas dos presidentes Abdala Bucaram e Jamil Mahuad. A CONAIE combinou demandas camponesas e populares com aspirações indígenas, como o plurinacionalismo, o bilingüismo, a representação no Estado e a

ESTADO, NAÇÃO E POLÍTICA(S) NA AURORA DO SECULO XXI

autonomia territorial. Seu partido Pachakutik obteve 10% das cadeiras na Assembléia Constituinte de 1997, conseguindo que a carta incluísse direitos culturais e provisões sobre a territorialidade e a participação no Estado que dão base jurídica para certo grau de autonomia. Mas em vez de pressionar pela implementação desses objetivos, o movimento indígena se dedicou a consolidar seu papel de protagonista político no país, chegando mesmo a participar do governo de Lucio Gutierrez. A virada pró-mercado desse último acabou com a aliança e debilitou bastante a CONAIE.

Mais recentemente, depois da vitória eleitoral do populista Rafael Correa, o movimento indígena recuperou algo do terreno perdido com as mobilizações por uma nova Assembléia Constituinte. Hoje o sistema político equatoriano entrou em colapso, e assistimos à conformação de um cenário completamente novo. É um momento complicado para o movimento indígena que precisa assegurar seu lugar na Constituinte e redefinir seus objetivos quanto ao seu lugar na política nacional e seus direitos na nova constituição.

Sintetizando, na Bolívia e no Equador a maioria dos indígenas é de camponeses, experimenta as identificações de classe e de etnia como parte de uma mesma identidade e tem uma longa história de integração como "cidadãos de segunda". Nesse contexto, suas demandas não se orientam para o universalismo puro nem para "a consociação". Antes se dirigem a um ponto intermediário no qual existem direitos de cidadão individual verdadeiramente igualitários e, ao mesmo tempo, direitos coletivos na forma de garantias para as diferenças culturais e prerrogativas como a autonomia para os grupos que desejem exercê-la. Se vamos mais além dos discursos e das plataformas e nos fixamos nos motivos que inspiraram as mobilizações contestatórias maciças, poderíamos dizer que em ambos os casos as demandas de territorialidade e de autonomia são menos imperativas do que nos países com populações indígenas pequenas.

Na realidade, tanto na Bolívia como no Equador as demandas de territorialidade aparecem como um elemento que é muito mais relevante para os grupos amazônicos do que para os grupos andinos maiores. O que mais mobilizou esses últimos não foram os temas étnicos no sentido estreito, mas sim os grandes temas nacionais como as políticas econômicas do Estado e o exercício do poder. É evidente que sua motivação fundamental não é a necessidade de se fecharem sobre si mesmos, de se entrincheirarem em seus territórios, de se rodearem de proteções para sobreviver como indígenas. Pelo contrário, em suas lutas buscam sair da marginalização e se envolver na política para "indigenizar" a Bolívia e o Equador; quer dizer, para conseguir que as instituições, a cultura, a distribuição do poder econômico e do político e a vida pública em geral reflitam a realidade de países nos quais a maioria ou um setor grande da população é indígena. Em última instância, o que buscam é ser incluídos dentro do Estado-nação a partir de um estatuto de igualdade cidadã efetiva.

Quais são as implicações da questão indígena para a coesão social? Como assinalamos, para que a coesão social reforce um regime democrático, as agências estatais que implementam a ordem social devem gozar de uma ampla legitimidade; uma legitimidade que não resulte da ausência de conflitos, mas sim da existência de mecanismos que os resolvam de modo que seja vista como equânime por todos os setores. Da mesma maneira, o consenso normativo deve inspirar um sentido de pertencimento no conjunto da cidadania, o que só é possível quando seus conteúdos refletem a diversidade cultural que existe na sociedade.

Levando isso em consideração, as vicissitudes da coesão social devem ser vistas como o ponto de chegada de um processo contínuo que começa com as iniciativas de atores que interagem entre si tratando de realizar seus interesses e aspirações. Essas interações, que quase sempre incluem uma boa dose de conflito, são processadas pelas instituições políticas, com resultados que muitas vezes implicam mudanças nos direitos e deveres dos cidadãos. Como as identificações das pessoas e a legitimidade das instituições dependem dos conteúdos da cidadania, tais mudanças estão destinadas a ter repercussões para a coesão social. Esse é o processo que precisa ser examinado para captar as derivações da problemática indígena na América Latina.

A partir do momento em que a questão indígena se politiza (quer dizer, quando adquire centralidade pública como algo que está em jogo nas interações políticas), o caráter de sua resolução passa a ter conseqüências importantes para a coesão social. Concretamente, a coesão social é reforçada quando a sociedade e o Estado resolvem a questão indígena com compromissos que são aceitáveis para as populações indígenas. E ao contrário, a coesão social racha quando o assunto é negado ou quando se pretende resolvê-lo sem considerar essas aspirações.

A lógica dessa tese é particularmente transparente nos países onde os nativos são uma parte importante da população nacional. Uma enorme quantidade de estudos recentes revelou que no que se refere a renda, pobreza, nutrição, educação e saúde, as condições desses indígenas são as piores. Por gerações foram submetidos à discriminação e ao racismo na vida cotidiana e às políticas de homogeneização cultural de todos os governos. Nesse contexto, a politização da questão indígena criou uma situação na qual setores da população não podem se identificar com a nação, nem se sentir pertencentes, ou considerar suas instituições legítimas. Portanto, e especialmente se levado em consideração que em geral se orientam para a igualdade e não para o separatismo, as pressões dos indígenas para redefinir sua situação devem ser interpretadas como um impulso redentor para a integração e o fortalecimento da coesão social. Um aspecto que, como vimos no primeiro capítulo, também tem incidências concretas no âmbito das relações sociais cotidianas.

O que hoje estamos vivendo em países como a Bolívia, o Equador, a Guatemala, e talvez de forma incipiente no Peru, é o processamento político dessa problemática. Nos países com grupos nativos pequenos, quem se opõe a reconhecer-lhes a territorialidade e a autonomia argumenta que, tratando-se de uma proporção mínima da população, não se justifica fazer exceções que minariam a ordem jurídica e a unidade nacional ou que, por proteger essas minorias, o Estado renuncie à prerrogativa soberana de explorar os recursos naturais para benefício de todos os cidadãos. Em seu lugar, propõem resolver as dificuldades dos indígenas através de programas assistenciais que os incorporem de maneira mais plena à sociedade nacional. Mas é precisamente o fracasso histórico dessas soluções que, somado à ameaça de extinção, motiva a insistência dos nativos na necessidade de autodeterminação. Por outra parte, o fato de que os indígenas sejam setores pequenos não implica que não impactem na coesão social, já que sua "insignificância" não é tanta nos âmbitos regionais e locais.

No Chile, os Mapuches têm peso demográfico em quatro das treze regiões do país e são maioria em um bom número de comunas, e a situação é similar em outros países que foram refratários às reivindicações de suas minorias indígenas como o México, Honduras, a Costa Rica e El Salvador. Por último, o fato de a territorialidade e a autonomia dos povos nativos terem sido reconhecidas na Colômbia, na Venezuela, no Panamá e na Nicarágua não produziu nenhum transtorno na ordem jurídica ou na identidade nacional, tampouco significou o fim da exploração dos recursos naturais.

No entanto, e apesar da importância do direito, a questão indígena não é solucionável na justiça. As condições que produzem relações de desigualdade não mudam unicamente com os avanços jurídicos, nem estes deixam de apresentar problemas específicos de integração de tradições culturais que não se constroem sobre o credo dos direitos individuais. Na realidade, se a legislação a favor das identidades étnicas pode produzir uma indubitável melhora nas situações de desigualdade que afetam esses grupos, também gera novos problemas quando, por exemplo, os direitos comunitários cristalizam estruturas de poder oligárquicas, ou quando os direitos coletivos se contrapõem aos direitos individuais. Um exemplo claro dessas tensões se dá no plano do reconhecimento do direito consuetudinário, que muitas vezes entra em choque com os princípios de igualdade da mulher e a participação igualitária nas decisões da comunidade.

Multiculturalismo e democracia: para além da retórica da diversidade[17]

A tensão que evocamos entre duas formas de direito a propósito da questão indígena, a consuetudinária e a liberal, parece ser tanta que o ponto merece uma atenção particular. Não estaríamos aqui diante de um conflito insolúvel, uma variante da "guerra de deuses" de que falava Weber, e que inevitavelmente, cedo ou tarde, questionará toda forma de coesão

---

[17]Esta seção se apóia em Juan Carlos Torre, "Populismo y democracia".

social? Para responder, vale a pena apresentar um elemento empírico fundamental e cuja importância só será evidente ao final desta seção. Partamos de uma constatação: nunca, como hoje, foram tão fortes os processos de integração na cultura dominante de todos os setores da população. Em termos simples: as novas gerações de jovens indígenas cada vez menos falam as línguas ancestrais, vestem-se de forma diferenciada ou participam dos ritos comunais. Simultaneamente, também sinal dos tempos, não renegam suas origens, e pelo contrário, encontram nelas uma fonte de afirmação e de dignidade. Em suma, participam de um longo processo de transformação de identidades estigmatizadas em identidades étnicas da qual podem se orgulhar. Regressaremos a esse ponto na conclusão, mas notemos que as novas demandas sociais, embora se expressem em termos identitários coletivos, são o fruto de uma dinâmica democratizante e de uma aspiração de dignidade reivindicada pelos indivíduos membros dessa minoria. Mais do que uma oposição simples entre lógicas "individuais" e lógicas "minoritárias", o que se assiste é a uma dialética particular entre afirmação de direitos minoritários e de aspirações democráticas individuais.

Se não prestamos atenção a esse ponto, caímos inevitavelmente em uma leitura que justapõe, sem possibilidade de solução, uma multiplicação de demandas cujo eixo está em um caso na realização de planos individuais e, no outro, no reconhecimento de comunidades particulares. Mas vejamos, em um primeiro momento, as tensões que essa aparente oposição introduz no debate político.

Sustenta-se, freqüentemente, que as democracias da América Latina são democracias pela metade: embora ofereçam liberdades políticas, não reúnem as condições *ex ante* que garantem o usufruto efetivo dessas liberdades políticas; mais concretamente, não colocam ao alcance de seus cidadãos níveis básicos de bem-estar e de proteção da lei. Em conseqüência, para amplos setores da sociedade a pobreza e a falta de defesa legal constituem obstáculos formidáveis para a sua autonomia e, por conseguinte, para a sua liberdade. Essa chave interpretativa é defeituosa porque não faz justiça à importância que tem o reconhecimento da igualdade política como expectativa social e como oportunidade política.

Em primeiro lugar, como expectativa social porque, ao iluminar a inconsistência entre a vigência normal dos direitos políticos e as carências em termos de direitos civis e sociais, funciona como incentivo para um aumento ativo das aspirações. A mobilização social se sustenta na luta pela congruência entre a realidade e o discurso. Ali onde há congruência, seja porque há um desfrute efetivo da gama de direitos cidadãos (já que nesse caso é previsível a pressão institucional e não a mobilização), seja porque a privação dos direitos do cidadão é generalizada, o que se traduz em um retraimento que pode estar pautado por explosões esporádicas de protesto, mas não por uma mobilização persistente.

Em segundo lugar, o reconhecimento da igualdade política dilata, também, a estrutura de oportunidades ao permitir o acesso a recursos que estimulam a ação coletiva. Pode-se dizer que, à vista de montantes similares de aspirações insatisfeitas, certos contextos políticos incrementam, enquanto outros diminuem, as chances de passar à ação. Os contextos políticos que aqui interessa destacar são aqueles democráticos, nos quais os direitos políticos abrem as portas a âmbitos de participação que por sua vez se transformam em plataforma para a mobilização a favor da ampliação da cidadania.

Com esses elementos, é possível interrogar em que medida e sob que condições os setores marginais podem usar seus direitos políticos como arma para lutar por seus direitos civis e sociais. Entendemos que o contexto social da promulgação das políticas multiculturais em benefício das populações indígenas constitui uma boa ilustração dessas condições propícias. Assim, um fato amplamente reconhecido parece confirmá-lo: essas políticas tiveram, como pano de fundo, a "terceira onda" de democratização que no início dos anos 1980 atingiu os países da América Latina.

Vista em perspectiva, a trajetória das reformas institucionais centradas no estatuto do cidadão das populações indígenas se desenvolveu através de várias fases. Em uma primeira fase, a redemocratização teve por efeito a relevância pública que adquiriu a situação de exclusão e de discriminação étnica das populações indígenas. Esse estado de coisas gerou uma expectativa de reconhecimento e um potencial de mobilização social.

ESTADO, NAÇÃO E POLÍTICA(S) NA AURORA DO SÉCULO XXI

Em uma segunda fase, esse potencial de mobilização se tornou efetivo graças à abertura de uma estrutura de oportunidades favoráveis, que variou conforme o país, mas que teve como denominador comum a valorização do poder de transformação da ação coletiva. No elenco de oportunidades favoráveis estiveram aquelas de índole institucional, como foi o caso das políticas pró-mercado. Esses processos, ao transferirem decisões para baixo, estimularam a ativação da capacidade de iniciativa das comunidades locais de base indígena. Também há que mencionar entre as oportunidades favoráveis as propriamente políticas, como foram as criadas pelas assembléias constitucionais levadas a cabo em diversos países: o trâmite aberto e competitivo de seus debates ofereceu a esses setores marginalizados condições mais vantajosas para gravitar e formular demandas

Finalmente, em uma terceira fase se assistiu, nos anos 1990 e no marco de fortes mobilizações, à adoção de políticas multiculturais a favor dos agora chamados, em virtude de seu novo reconhecimento, "povos originários" da América Latina. Na década de 1990, os traços "monoculturais, monoétnicos, monolíngües" dos países da América Latina começaram assim a ser modificados por políticas de cidadania multicultural. Como resultado, hoje em dia numerosos países introduziram, em distintos graus, diversos direitos coletivos para as populações indígenas: educação bilíngüe, propriedade coletiva de terras comunais, status oficial ao direito consuetudinário, formas de autogoverno territorial e de representação política diferenciada.

Mas, entre a variedade de mudanças institucionais promovidas pelas políticas multiculturais há uma que coloca em evidência as implicações problemáticas a que aludimos: a que tem por matéria a defesa e proteção dos usos e costumes das populações indígenas. Como encarar o diálogo intercultural? Para que seja produtivo, todo diálogo repousa na existência de uma zona de interseção entre as partes envolvidas. Acontece, no entanto, que é precisamente sobre a existência e o alcance dessa zona de interseção que se delineia o problema, quando de um lado se advoga a defesa da diversidade cultural e de outro se levanta a carta dos direitos de cunho liberal. Sempre se pode invocar, como se costuma fazer, a necessi-

O DESAFIO LATINO-AMERICANO

dade de combinar a diversidade e a unidade, promovendo a outorga de direitos especiais, a fim de reconhecer as demandas de comunidades por muito tempo marginalizadas, sobre o fundo comum da vigência de direitos universais para o conjunto dos membros de um Estado-nação.

Sob os auspícios deste libreto, levaram a cabo mudanças institucionais, reconhecendo um status público ao direito consuetudinário, mas esclarecendo que esse status público estava sujeito a que "fosse compatível" com as garantias ideais do sistema jurídico do país. Mas essa demanda de compatibilidade por acaso não degrada esse direito consuetudinário ao submetê-lo ao "controle de qualidade" de um marco normativo elaborado sobre princípios diferentes de cunho liberal, de fatura universal e individualista? O critério prudente que guiou a promulgação de políticas multiculturais — como a evocada "demanda de compatibilidade" — deixa aberta a porta para a intromissão dos poderes públicos na vida das comunidades, por meio de regulamentações posteriores. Pretextos não lhes faltam, como, por exemplo, as práticas punitivas das populações indígenas que legitimam o recurso a fortes castigos físicos. Diante de práticas semelhantes, em que as comunidades julgam e sancionam seus integrantes de acordo com normas que são incompatíveis com as garantias ideais das pessoas na ordem liberal, qual a conduta apropriada?

A lógica normativa que preside as políticas multiculturais oferece uma resposta acerca do que fazer. A discriminação positiva a favor de grupos marginalizados costuma vir acompanhada pela exigência de não-intromissão dos poderes públicos sobre suas práticas ancestrais. A aspiração é de que os poderes públicos coloquem pouca ou nenhuma limitação ao tratamento que as comunidades dão a seus integrantes. Na hora das opções concretas, a cláusula de compatibilidade não cessa, pois, de oferecer uma saída ao dilema que destacamos antes. E não a oferece porque qualquer interferência externa, para auxiliar os direitos das pessoas em perigo, pode ser questionada como um atentado à coesão e à identidade das pessoas dessas comunidades. De fato, a prédica multiculturalista tende a recomendar aos poderes públicos a maior acomodação possível em nome do respeito da diversidade cultural. Em suas versões mais ortodoxas, esse é um ponto de vista que exalta, por um lado, a autonomia dos grupos, porque ela resguarda seus usos e costumes e, pelo outro, percebe a defesa da autonomia das pessoas como uma nova volta de parafuso dos antigos padrões de hegemonia cultural.

É compreensível que nessas circunstâncias o diálogo intercultural tenha dificuldades para se organizar e avançar. Mas seria equivocado entender as visões culturais como "cárceres de longa duração", destinados a se reproduzir às cegas e às surdas aos desafios propostos tanto pelo meio ambiente sempre em mutação, quanto pela exposição a libretos alternativos? Em todo o caso, como não ser sensível aos riscos de deriva identitária essencialista presentes em um direito que incorpora de maneira anistórica certas práticas culturais erigindo-as em fatores intocáveis de uma tradição?

Mas ainda há outros riscos cujas conseqüências negativas não deveriam tampouco ser ignoradas. Referimo-nos aos riscos que entranham as apelações aos poderes públicos com o objetivo de se abster de postular a defesa da liberdade e da autonomia das pessoas para não frustrar o diálogo intercultural. Mais especificamente, pede-se que coloquem entre parênteses as garantias ideais de matriz liberal em zonas de território nacional com o fim de cobrir com um manto de tolerância sua freqüente violação por parte dos usos e costumes das populações indígenas. Em uma região como a América Latina, onde essas garantias ideais foram e são regularmente menosprezadas, seja por regimes autoritários, seja pelos microautoritarismos cotidianos, esses riscos não deveriam ser desvalorizados.

Prisioneira entre os direitos consuetudinários e o direito liberal, a questão do estatuto do cidadão das populações indígenas delimitaria, pois, um campo insuperável de conflito. Mas essa oposição de princípios, que reifica tanto o direito (e a identidade) consuetudinário como o direito liberal, esquece a evidência empírica com a qual começamos esta seção: a saber, que por trás das reivindicações étnicas se esconde uma afirmação de dignidade por parte de atores sociais que são cada vez mais (inclusive quando resistem a isso) integrantes da cultura nacional dominante. É menos em oposição aos direitos liberais do que em nome deles que a maior parte desses movimentos se organiza. E contra o que o essencialismo identitário deseja impor, é no seio deles, e não somente como uma intromissão a partir do exterior, onde se constatam divisões e discussões entre partidários de distintas leituras da tradição — e ao final, com certeza, e como o mostram tantas vozes indígenas femininas, defensores sem rodeios da vida individual contra os ditados de uma tradição congelada.

A "racialização" do Brasil?[18]

Toda a cultura e a mitologia nacionais se baseiam em experiências históricas e em processos políticos e sociais que as reforçam ou as transformam. A classe dominante brasileira no século XX não tratou de associar suas origens com a Europa para se distinguir do resto da população nativa ou imigrante. A relação negativa com o passado limitou a formação de uma elite "tradicional", cujo prestígio estaria baseado em "raízes profundas" e que seria a suposta encarnação da nacionalidade. Do mesmo modo, o papel econômico central de São Paulo no século XX, liderado por grupos de imigrantes, o cosmopolitismo do Rio de Janeiro, a inexistência de guerras ou de inimigos externos relevantes e as altas taxas de crescimento econômico e a mobilidade social e geográfica da população, durante grande parte do século, convergiram para eliminar ou debilitar eventuais tendências xenófobas e a romantização do passado.

A ideologia do "Brasil, país do futuro" se atualizou na década de 1950 graças ao desenvolvimento das classes médias, criadas pelo processo de industrialização e de modernização. As novas camadas sociais surgidas nesse período basearam seu avanço social em um processo de crescimento econômico com taxas poucas vezes alcançadas em outros países. Seguras da capacidade da indústria, da ciência e da tecnologia de garantir o progresso social, essas camadas não só se distanciaram da ideologia racial, mas também valorizaram e absorveram na arte expressões populares ligadas em grande medida à população negra. As novas ideologias emergentes trataram de explicar os males do Brasil fazendo referência exclu-

---

[18]Esta seção se apóia em Bernardo Sorj, "Deconstrucción o reinvención de la nación: La memória colectiva y las políticas de victmización en América Latina"; consultar também Demétrio Magnoli, "Identidades raciais, sociedade civil e política no Brasil".

sivamente aos processos econômicos e políticos, com exclusão total do tema racial. Embora na prática se mantenha vigente o ideal de "branquear" a sociedade, seu discurso de fundamentação ideológica deixou de ser legítimo e foi substituído por uma cultura brasileira que afirma a multiplicidade de suas raízes.

Atualmente, essa visão da formação de uma nova civilização tropical, orientada para o futuro e integradora de diversas tradições culturais, está sendo questionada por ONGs e por grupos de militantes que se definem como representantes do movimento negro, com forte apoio de fundações internacionais, em particular da Fundação Ford. Esses grupos defendem políticas de cotas para favorecer a população negra, que estaria concentrada majoritariamente entre as camadas mais pobres, e criticam a idéia de democracia racial como mistificação. Seu propósito é reescrever a história brasileira eliminando as referências aos complexos processos de mestiçagem, sincretismo cultural e valorização da cultura africana, que deixaram uma forte marca na história do século XX. Para esses grupos, é necessário reconstruir a memória nacional enfatizando o período escravista, o sofrimento da população negra e as vantagens que supostamente gozaram os imigrantes europeus no começo do século XX.

Trata-se de construir um novo ator histórico, afro-brasileiro, com sua memória própria de vítima da história, imitando o modelo dos Estados Unidos. Esse modelo se sustenta em uma realidade histórica que tem uma relação muito escassa com a realidade histórico-cultural brasileira. As diferenças entre a realidade dos Estados Unidos e a do Brasil são enormes. O negro norte-americano se integrou na cultura européia mediante a conversão à igreja evangélica, por meio da qual, e do relato da fuga do Egito, os negros construíram sua memória da escravidão. No Brasil não existe uma memória da escravidão, pois esta não produziu uma narrativa coletiva transmitida de geração a geração. Para os negros norte-americanos, a África é uma construção mitológica que serve de referência para afirmar suas diferenças, sem nenhum conteúdo substantivo. No Brasil, as religiões africanas se mantiveram vigentes e se adaptaram à cultura local e hoje participam delas — como já assinalamos — brasileiros de todas as origens. A própria Igreja Católica, com sua enorme capacidade sincrética, terminou absorvendo ritos de origem africana. Desse modo, a cultura brasileira absorveu abertamente componentes africanos, seja na música, na comida, na capoeira, na sociabilidade lúdica, seja nas crenças religiosas, reconhecendo assim suas raízes africanas, não como um mito de origem, mas como uma prática cotidiana.

Mas é sobretudo a miscigenação, um processo de longa duração que começou com o início da colonização, que produziu uma sociedade na qual a maioria da população possui ancestrais negros, índios e europeus. O que em outros países pode ser óbvio, como nos Estados Unidos, onde o princípio da gota de sangue define a "raça" à qual se pertence, no Brasil é a cor da pele (mas também do cabelo ou dos olhos) que organiza uma ampla nomenclatura, com dezenas de nomes que mudam de acordo com a região e na qual as fronteiras entre cada categoria não são claras. A miscigenação funcionou como o principal mecanismo de ascensão social (no sentido de aceitação social mais do que de mobilidade econômica). Mas se a expectativa de casar com alguém mais branco foi a expressão de uma ideologia racista, o seu resultado prático levou a uma efetiva mistura racial que em boa medida diluiu a oposição branco/negro.

Sem dúvida, isso não significa que não exista racismo no Brasil, tanto entre os setores dominantes quanto entre os populares, ou que se mantenha vigente uma imagem depreciativa dos negros. Mas o mito da democracia racial fez com que no Brasil não se formem grupos do tipo Ku Klux Klan, ou formas institucionalizadas de *apartheid* (inclusive durante a escravidão, mulatos ocupavam posições altas na sociedade branca, e negros libertos possuíam escravos).

Como é possível então que o Parlamento brasileiro esteja discutindo uma lei que vai na direção oposta da construção de uma identidade nacional aparentemente consolidada? Existem sem dúvida, como indicamos antes, distintos grupos de interesse (intelectuais que acreditam que na falta de uma luta de classes é bom recorrer à luta de raças, ONGs que alimentam esse discurso graças ao qual obtêm recursos e status social, pessoas no governo que pensam que o custo desse tipo de política é nulo e que o benefício político é alto), mas, por mais importante que seja sua ação, é certamente um erro reduzir a presença dessa temática unicamente à desses fatores. Na realidade, esse conjunto de demandas e de atitudes reflete um humor crescente da opinião pública que perdeu a confiança no futuro por falta de crescimento econômico e baixa mobilidade social. Em resumo, e por paradoxal que pareça, os questionamentos atuais sobre a nação brasileira não se alimentam tanto de um passado oculto como provavelmente de um futuro incerto.

Não se trata de um mero jogo de palavras. Na verdade, e para além das retóricas políticas, as discrepâncias se organizam ao redor da maneira mais eficaz de superar as desigualdades que atentam contra certos grupos sociais. Para uns, isso implica colocar em prática políticas particularistas de ação afirmativa, e para legitimá-las propor uma revisão da memória e da historia nacional. Para outros, pelo contrário, é necessário apoiar-se na memória da democracia racial, indissociavelmente projeto utópico e experiência cotidiana, para repensar hoje políticas universalistas que alcancem uma redução eficaz das desigualdades.

Em todo o caso, a "racialização" do Brasil gerou um movimento formado por intelectuais e ativistas de várias filiações partidárias que procuram bloquear a aprovação da lei. Se por um lado se reconhece a existência de preconceitos raciais e a necessidade de combatê-los, por outro se afirma que a introdução da categoria de raça como critério para políticas sociais é uma aberração, não só porque isso implica introduzir a raça (que só existe para visões racistas do mundo) como categoria classificatória, mas também porque esse recurso destruirá o longo e difícil processo de construção de uma democracia racial, que é tanto um horizonte utópico quanto uma dinâmica efetiva da sociabilidade brasileira. Se prosperarem no Brasil as políticas de ação afirmativa, pode estar em jogo a futura coesão social brasileira organizada em torno da tolerância multicultural, e a capacidade de integração da diversidade e do sincretismo.

6. CONCLUSÕES: DO REFORMISMO TECNOCRÁTICO AO REFORMISMO DEMOCRÁTICO?

Na última década, gerou-se certa polarização entre dois tipos de análise associados, implícita ou explicitamente, às experiências e modelos políticos vivenciados no continente. As reformas pró-mercado, que foram muitas vezes legitimadas e possibilitadas politicamente pela hiperinflação, estiveram em alguns países — mas não em todos — associadas ao desmantelamento do Estado e castigaram em particular os setores mais pobres da população. Na sua versão mais "civilizada", como nos governos da Concertação no Chile ou de Fernando Henrique Cardoso e de Lula no Brasil, esse modelo, que denominamos de reformista-tecnocrático, tanto enfatizou a necessidade de reformas estruturais que assegurem a responsabilidade e a transparência fiscal, a estabilidade monetária, a redução da interferência do Estado em certos mecanismos do mercado, como produziu políticas sociais norteadas por critérios de eficiência e focalizadas nos setores mais pobres da população.

O segundo, que denominaremos nacionalista-estatizante, afirma a necessidade de retorno ao nacionalismo, o papel determinante do Estado na economia, o "protagonismo" dos movimentos sociais e a participação popular direta — controlada, no entanto, dentro do possível pelo poder central —, e se constrói de forma agônica como denúncia e oposição ao "neoliberalismo" e à globalização identificada com o imperialismo dos Estados Unidos.

Embora o segundo modelo represente em muitos aspectos um retrocesso ao autoritarismo, à manipulação da mobilização popular pelo poder central, à confrontação e à asfixia da economia por um Estado que termina gastando sem sustentação na base produtiva, sua atual capacidade de atração na região indica que existem sérios problemas na visão tecnocrático-reformista. Esses problemas devem e podem ser enfrentados, para transformar o modelo reformista-tecnocrático em um aspecto capaz de expressar uma visão de futuro que mobilize o conjunto da sociedade.

Quais são as principais carências que apresenta o modelo reformista-tecnocrático, cujo principal porta-voz tem sido as agências internacionais em geral e boa parte dos economistas em particular — o que inclusive significou um "custo de legitimidade" local importante? A redução do político a políticas públicas e do social a categorias socioeconômicas abstratas, o abandono nas mãos do mercado dos problemas de emprego e as relações de trabalho e a integração do chamado setor informal impedem a construção de um projeto político com o qual os setores mais pobres podem se identificar. A visão depauperada e "economicista" da política foi acompanhada de uma diminuição do social. A sociedade passou a ser reduzida a categorias de distribuição de renda e a temas de pobreza e de desigualdade social. O interesse pela ação dos indivíduos foi reduzido à valorização do empreendedorismo, e a comunidade foi reduzida ao conceito instrumental e extremamente limitado do chamado "capital social". A reivindicação da dignidade simbólica dos pobres foi reduzida no discurso reformista-tecnocrático à categoria de setores excluídos que exigem políticas sociais compensatórias.

O reformismo-tecnocrático, em parte por uma compreensível reação ao velho nacionalismo e estatismo, empobreceu o discurso político e foi em geral insensível à dimensão da construção de um projeto nacional. Ao restringir a política ao desenvolvimento de políticas públicas e à administração eficaz dos recursos, esse modelo abandonou a problemática da nação e dos valores a ela associados, aspectos que são, no entanto, fundamentais inclusive para formar funcionários públicos identificados e comprometidos com o bem comum.

Este capítulo chama a atenção para o perigo de redução da política a meras questões administrativas ou econômicas. As sociedades modernas solicitam também a busca de sentido coletivo. Pensar a política nas sociedades contemporâneas é inseparável de um projeto capaz de produzir a distribuição eqüitativa dos benefícios materiais do sistema econômico, mas também de um sistema de valores e crenças comuns. Esse argumento não opõe, com certeza, a necessidade de políticas públicas eficazes à elaboração de um discurso político, nem uma maior sensibilidade com as exigências de integração à necessidade de reduzir a pobreza e a miséria. Ao contrário, supõe que essas dimensões devem ser integradas, se desejamos consolidar a democracia no continente. O drama atual, muitas vezes, procede justamente dessa dissociação entre uma política que se reduz, seja às meras necessidades da economia, seja às meras exigências simbólicas ou culturais. A coesão social na democracia exige a articulação de ambas as dimensões.

O DESAFIO LATINO-AMERICANO

A política democrática se constrói, e se constrói sempre, ao redor de um projeto de nação dentro do qual os indivíduos e os grupos sociais encontram valores comuns; de um Estado que propõe as regras do jogo com as quais os cidadãos se identificam e que permitem criar o sentimento de ser parte de um destino comum, e de uma comunidade nacional, produzindo sentimentos de dignidade e auto-reconhecimento.

Diante desse imperativo iniludível da coesão social, o principal déficit do reformismo-tecnocrático foi não haver investido recursos suficientes na construção de sua legitimidade simbólica. Isso exige o desenvolvimento de novas visões políticas capazes, por um lado, de conjugar uma visão de nação com valores democráticos em contato com os processos de globalização e, por outro, de reconhecer uma sociedade em que os indivíduos exigem maiores espaços de auto-realização, e também de respeito à dignidade de cada um. Em suma, trata-se de passar do reformismo tecnocrático ao reformismo democrático. Somente uma transição desse tipo dará à região um projeto político durável e sustentável.

No mundo social real, as dimensões socioeconômicas são tão importantes como as necessidades simbólicas e associativas, e a distribuição de bens públicos não pode ser dissociada da forma e do conteúdo discursivo sobre como, para quem e por que esses bens são distribuídos. E um projeto integrador desse tipo não só deve se dirigir aos que recebem esses bens, mas deve também se orientar para os setores com maior capacidade aquisitiva para poder identificar-se com um projeto de maior eqüidade social.

Em todas as sociedades boa parte desse sentimento de nação é dada por estruturas culturais de longa duração, que são atualizadas periodicamente pelos embates políticos e culturais. A América Latina não escapa a essa regra. Mas nela a fragilidade da cultura político-democrática na maioria dos países produz processos espasmódicos, instáveis e cheios de altos e baixos. As dificuldades dos Estados de bem-estar na região, os problemas associados ao consumo, as tentações populistas e a reativação de demandas identitárias são, dentro desse marco, desafios maiores para a coesão social que só poderão ser satisfeitos com o advento de um novo projeto político. Nesse sentido, não é demais recordar que o "desenvolvimentismo" foi sobretudo um projeto de progresso e de integração nacional, de valorização do trabalho, de um novo discurso cultural, para o qual foram sendo criadas, de forma *ad hoc*, as mais diversas políticas econômicas. O reformismo tecnocrático inverteu a fórmula. No futuro, só se substituirá o desenvolvimentismo com uma nova visão de nação, dentro da qual se outorgue um lugar mais pleno à expressão ampla das novas formas de individuação sustentadas em um Estado que lhes dê a devida expressão e o devido suporte.

Conclusões gerais

Os capítulos anteriores indicam que na América Latina, por um lado, atuam as mesmas tendências que atravessam as sociedades capitalistas contemporâneas, com as características dadas por sua história, pelo grau de desenvolvimento econômico e pelas estruturas sociais, e por outro lado, que a região vive também um processo específico no calor da dialética entre as expectativas e as iniciativas dos atores sociais, em um quadro de democratização generalizada das relações sociais. É no contexto dessa dupla realidade analítica que se deve entender o desafio que a coesão social apresenta hoje para as instituições e para a política.

América Latina: similaridades estruturais comparativas

Quais são as tendências que a região partilha com outras latitudes e que foram aceleradas pelo impacto do fim do comunismo, dos novos processos de globalização, das transformações nos sistemas produtivos e das novas tecnologias de informação e de comunicação? De forma resumida, podem ser definidas como *individuação*, *des-diferenciação* e *des-institucionalização*.

Se a individuação designa, em geral, o estudo dos grandes processos históricos que moldam a produção dos indivíduos, no contexto da América Latina de hoje esse processo se caracteriza por uma acentuação das singularidades individuais e por uma transferência crescente para os indivíduos, em uma cultura sem valores e referências fixas, das decisões sobre seu lugar no mundo, suas estratégias de sobrevivência e suas negociações com seu entorno social, sem regras ou sistemas normativos claramente estabelecidos *a priori*. A ampliação do campo da ação individual não significa, no entanto, que as instituições deixaram de funcionar. Pelo contrário, devido ao enfraquecimento das normas, dos valores e dos laços tradicionais de solidariedade, a regulamentação pública, as políticas sociais e as relações contratuais formalizadas passaram a ser exigidas em esferas que anteriormente eram consideradas do âmbito da vida privada, "judicializando" de forma crescente as relações sociais.

Na América essa individuação adquire características próprias que mencionamos em capítulos anteriores e às quais devemos somar as características do mercado de trabalho, em que as posições e os papéis sociais dos indivíduos são menos unívocos do que em outras sociedades. Embora não tenhamos tido oportunidade de aprofundar no livro o tema do mundo do trabalho, trata-se de uma dimensão fundamental. A pluriatividade é prática comum em muitos países da região, sobretudo nas camadas populares, mas também entre setores médios, o que faz com que ao longo de sua vida um ator tenha uma pluralidade de "ofícios" e por conseqüência uma multiplicidade de "identidades" (não é raro, por exemplo, que um trabalhador formal conheça períodos de trabalho informal, ou que um assalariado "complete" sua remuneração realizando uma segunda atividade fora de seu emprego principal). Ambos os fenômenos descrevem um entorno onde a coesão social se organiza a partir de uma maior porosidade da sociedade.

Os indivíduos se constroem socialmente, e não são obviamente as mesmas opções as que existem, por exemplo, para um pobre latino-americano quando pensa em emigrar para trabalhar de forma precária e ilegal em um país desenvolvido, e para um jovem de classe média que se pergunta se deve ou não estudar em uma universidade estrangeira e depois ficar trabalhando em uma empresa multinacional. O mesmo vale em relação aos atos ilegais, pois um delinqüente pobre tem um destino muito diferente do de um rico, o primeiro será possivelmente preso e condenado sem uma defesa adequada, enquanto o rico com seus recursos não só terá direito a um amplo apoio jurídico, mas eventualmente utilizará seu dinheiro e/ou contatos para corromper a polícia ou o Judiciário.

Por desdiferenciação dos subsistemas sociais entendemos a crescente erosão das fronteiras entre os subsistemas sociais, a interpenetração e a

CONCLUSÕES GERAIS

colonização das esferas de poder (por exemplo, a influência do poder econômico na investigação científica, a influência do Judiciário ou dos meios de comunicação nas decisões políticas, o enfraquecimento da ética própria a cada profissão ou função pública e a presença crescente na vida pública de temas anteriormente associados à vida privada). Mas a essa primeira linha de borramento das fronteiras dos subsistemas se soma, na América Latina, uma herança histórica na qual os subsistemas sociais tiveram sempre baixa densidade e autonomia, em particular porque a cultura de transgressão e de imposição dos poderes econômico e político debilitou enormemente a autonomia dos poderes públicos. O desafio latino-americano é pois duplo: construir subsistemas sociais autônomos em contextos em que uma nova cultura do capitalismo os enfraquece.

Por des-institucionalização (que pode também ser entendida como destradicionalização) entendemos o crescente desgaste dos valores constitutivos da modernidade e das ideologias dominantes no século XX (família, trabalho, pátria, progresso) e das formas de socialização e de representação a elas associadas (escolas, alistamento militar, sindicatos, partidos políticos, ideologias universais) e sua substituição por formas mais gelatinosas e fluidas de sociabilidade e solidariedade. A tradição deixa de ser um guia para a ação, e os atores precisam fundamentar suas condutas através de novos critérios que exigem doses crescentes de reflexividade. Aqui novamente os desafios na região são múltiplos, pois a penetração dos valores universalistas da modernidade, em particular através da escolarização, foi bastante deficitária, embora as diferenças entre os países tenham variado enormemente (só como exemplo, lembremos a distância entre o Uruguai e a Bolívia).

Esses três processos, por sua vez, estão interconectados. A individualização afeta e é o resultado dos processos de des-diferenciação e des-institucionalização, e o mesmo vale para os outros. Na América Latina essas tendências estão sobredeterminadas pela herança dos altos níveis de desigualdade e pobreza e de um Estado patrimonialista. A dinâmica de des-diferenciação é assim, por exemplo, particularmente afetada pela corrupção generalizada, que destrói a autonomia dos subsistemas do Estado, pelo setor informal que constrói uma economia paralela, de costas para o Estado, e pela violência que privatiza a segurança. Nos processos de des-institucionalização sobressai a crise dos sistemas partidários tradicionais e a emergência de atores coletivos com demandas fragmentadas e fragmentadoras da política. Da mesma maneira, as ditaduras ou a hiperinflação em seu momento não deixaram de influenciar os vários processos sociais e deixaram marcas que até hoje afetam a cultura política e as instituições.

Estamos enfrentando, portanto, os desafios da modernidade do século XXI a partir de uma situação anterior pouco virtuosa, e através de processos marcados pela extrema fragilidade do espaço público e pela desigualdade social. Identificar como essas tendências atuam é fundamental para pensar os enormes desafios para a consolidação democrática na região, pois os novos ventos que sopram fragilizam os esforços de construção de instituições, e trazem novas potencialidades para o desenvolvimento de uma cultura democrática.

A maior individuação implica sobretudo um aumento da autonomia e da iniciativa pessoal, o questionamento e a negociação constante das relações sociais, o que acarreta, ao mesmo tempo, o aumento da opacidade entre o mundo subjetivo individual e a sociedade. A isso se acrescenta que os grandes aglutinadores sociais do século XX perderam seu peso e que, em conseqüência, vivemos uma des-institucionalização de velhos valores que está dando lugar a novas culturas associativas e simbólicas. Hoje, os jovens, por exemplo, se reorganizam em novas formas de sociabilidade, de crenças e de solidariedade, em que o consumo, a indústria cultural e novas formas de religiosidade passam a ocupar um espaço sobre o qual temos algumas descrições etnográficas, mas que não foram ainda cabalmente integradas na análise política e sociológica.

Vivemos, além do mais, em uma época de colapso das utopias seculares. Esse colapso de visões coletivas de futuro causa uma enorme pressão sobre os indivíduos, transformados nos principais veículos de construção de sentido de suas vidas, o que reordena as formas em que se expressam as demandas coletivas. Estas, como vimos, se expressam muitas vezes na linguagem dos direitos humanos, demandas do Estado, ou "vitimização"

CONCLUSÕES GERAIS

de grupo, que se constroem em referência a uma injustiça atual ou passada. Se essas demandas e formas de "vitimização" visam a reparações e dão lugar a um reconhecimento que permite uma melhor inserção no mundo moderno, ao mesmo tempo, geram novas fontes de tensão e de fragmentação social.

América Latina: a surpresa da democracia a partir de baixo

Mas a essas tendências, comuns em muitos pontos com outras regiões do mundo, ainda é preciso somar um aspecto que, dado a sua contundência, trabalha como pano de fundo de muitas das conclusões deste informe. *A América Latina viveu — vive — uma transformação democrática sem precedentes.* A novidade radical desse processo pode ser descrita a partir de três elementos: (a) a profundidade estrutural do processo em curso; (b) sua generalização progressiva a todos os grupos sociais; (c) o fato de que o coração dessa transformação se encontre na sociedade e na cultura, mais do que no âmbito político-institucional. Retomemos rapidamente cada um desses elementos.

Em primeiro lugar, essa democratização, embora em parte coincida historicamente com o regresso às democracias nos anos 1980, se diferencia no entanto radicalmente de outros períodos, pois provavelmente pela primeira vez na história da região a democratização aparece realmente como o fruto de um conjunto variado de fatores estruturais. Através dos processos de urbanização, de globalização, de expansão do sistema educativo, dos novos sistemas de comunicação, e também por causa das reformas estruturais, as sociedades latino-americanas se individualizaram em proporções historicamente inéditas. Apesar da aparente continuidade que podem transmitir certos indicadores de desigualdade e de pobreza, as formas do tecido social, de associação e os universos simbólicos se transformaram profundamente na América Latina. Na realidade, a vida social se transformou de maneira mais profunda do que o Estado e a economia, pois a sociedade é mais porosa e dinâmica, incluindo os avanços nas relações entre os gêneros e o reconhecimento da diversidade étnica. A democratização dos universos simbólicos e de expectativas, com o ques-

273

tionamento das autoridades tradicionais, e em geral com o fortalecimento de uma crescente cultura antiautoritária, é uma das revoluções mais profundas que a América latina conheceu nas últimas décadas e que tem, como vimos, impactos decisivos em todos os níveis institucionais, desde a família e a escola até as relações com as autoridades estabelecidas. Essa transformação, regressaremos a ela em um instante, tem um enorme potencial liberador, mas também apresenta riscos para a coesão social.

Em segundo lugar, essa democratização não se limita nem à transição apenas entre regimes (dos autoritários aos democráticos), nem é unicamente perceptível em certas categorias sociais. Como vimos, em todos os âmbitos sociais e através de todos os atores sociais, se faz sentir um anseio igualitário — mesmo que a sua intensidade difira entre uns e outros. As tradicionais relações verticais cedem progressivamente o lugar a formas mais horizontais, cujo vigor e, em todo o caso, exigências são visíveis no mundo do trabalho, nas relações entre os gêneros, entre as gerações ou entre os grupos étnicos, nas interações públicas e certamente com as autoridades políticas. Aqui também, seguramente, esse processo é ao mesmo tempo um germe de promessa e uma fonte real de problemas. A antiga coesão social baseada em vínculos patrimoniais e hierárquicos foi amplamente desestabilizada sem que no momento se imponha ainda, plenamente, uma forma de coesão social exclusivamente escorada na igualdade. Mas, e notoriamente diferente de um passado ainda próximo, a transformação democrática foi maciça e generalizada. Tocqueville deixou de ser um autor estrangeiro em terras latino-americanas. Mas, como veremos, é uma versão particular que se impõe, e que chega das mãos de outra religião civil, o discurso dos direitos humanos, e outros veículos de organização social, de valores e práticas sociais (meios de comunicação de massas, expectativas de consumo individual e coletivo, transgressão da norma).

Em terceiro lugar, e contra tantos prognósticos, o verdadeiro motor desse processo democratizador não se encontra nos sistemas políticos (e na transição democrática) mas na sociedade e na cultura. É sem dúvida uma das razões que fazem com que, apesar de sua profundidade e de sua generalização, essa transformação democrática seja ainda insuficientemen-

CONCLUSÕES GERAIS

te teorizada e percebida no continente. Tradicionalmente se supôs na América Latina que as mudanças em direção à democracia deveriam vir do político, no máximo da economia, mas jamais se pensou seriamente que elas poderiam vir da cultura e da sociedade. No fundo, e como nos esforçamos sistematicamente para mostrar ao longo de todo este estudo, o que se produziu foi o contrário. A cultura e a sociedade se democratizaram, em suas exigências e em suas formas, de maneira mais profunda e robusta do que o sistema político e mesmo do que muitas instituições.

A democracia que devia chegar "de cima" se produz "a partir de baixo", sem dúvida com características, "deformações" e seqüelas de um substrato institucional pouco virtuoso. O ajuste do Estado a essa nova realidade social sofre para realizar-se e, diante dessa revolução cidadã em curso, o discurso político aparece freqüentemente como muito atrasado. Essa transformação exige, por exemplo, novas demandas fiscais que se traduzem em impostos e em uma relação mais estreita entre o gasto público e o sentimento de pertencimento dos cidadãos. O que faz com que, diga-se de passagem, a corrupção seja cada vez menos aceitável. Um conjunto de fatores que hoje gera novas e profundas frustrações; mas um conjunto de fatores que poderá, amanhã, anunciar uma nova relação cidadã.

Em todo o caso, é essa a tensão democratizadora que se encontra no coração de uma dialética entre dois processos, as expectativas e as iniciativas, que destacamos maciçamente neste estudo. Por um lado, existe hoje em dia por toda a parte na América Latina um importante incremento das expectativas dos cidadãos (em termos de relações sociais mais horizontais, de maior consumo, de participação simbólica na nação, de direitos). Por outro lado, e apesar do conjunto de deficiências institucionais que ressaltamos, é igualmente visível na região um incremento das iniciativas e das possibilidades de ação dos indivíduos. Certamente, esses suplementos de ação em relação ao passado não são uniformes (nem todos os atores os usufruem por igual) e são diversos entre si (alguns se apóiam de preferência nas capacidades individuais, outros passam por recursos coletivos, e outros combinam ambos, como vimos a propósito da emigração). Em todo o caso, a dialética obtém respostas institucionais e dá lugar a fenômenos sociais radicalmente diferentes em função dos âmbitos ou dos países abordados, ou dos atores estudados. Às vezes, seu conjunto anuncia indubitáveis progressos democratizadores; outras vezes, como negá-lo, sua separação se traduz em perigos reais e profundos. A ambivalência inerente a essa dialética faz com que geralmente seja difícil, com efeito, antecipar em que direção as mudanças terminarão por se orientar. Portanto, é somente de uma maneira muito global, e sempre sob o controle de revisões empíricas contextuais, que nos é possível desenhar três grandes equações:

— A primeira figura dessa dialética se produz quando as expectativas aumentam sem a correspondente capacidade dos atores em concretizá-las. Foi, como recordamos, uma das principais raízes históricas do populismo nos anos 1960 (quando se produziu uma sobrecarga de demandas ao sistema político); e é, como destacamos, uma das razões da expansão dos fenômenos da violência e do crime organizado na região, mesmo quando sob outras aparências enganosas, de retornos populistas ou de "vitimizações". O temor às "massas" resume, hoje como ontem, essa visão. Mas ali onde alguns impõem uma leitura global, este trabalho só reconhece a pertinência parcial desse diagnóstico.

— A segunda equação se produz quando, e quase no sentido inverso da figura precedente, o incremento de expectativas encontra um correlato ou uma saída a partir de possibilidades de ação maciçamente individuais. Ressaltemos com força: essa possibilidade foi, até muito pouco tempo, simplesmente ignorada na região, a tal ponto que primou historicamente por uma visão paternalista dos atores sociais. Do ponto de vista da coesão social na democracia, essa resposta é portadora de uma ambivalência insuperável. Se por um lado permite encontrar saídas individuais para desafios coletivos (emigração, horizontalização do laço social, novas utilizações dos recursos comunitários, criação graças à cultura de novos vínculos sociais), por outro impede, às vezes, a busca de respostas, que não podem ser coletivas ou públicas, a certos problemas. Nesse sentido, o elogio sem rodeios da iniciativa individual é uma armadilha ideológica evidente. O incremento real da iniciativa prática dos atores na América Latina lhes permite sem dúvida preencher individualmente as brechas das

CONCLUSÕES GERAIS

instituições (e isso em todos os âmbitos da vida social), mas não pode, de maneira alguma, constituir um horizonte político a longo prazo.

— Por último, a profundidade social e cultural da dialética entre o aumento das expectativas e as crescentes capacidades de ação dos atores individuais nos convida a ir mais além da constatação de uma mera resolução pessoal de problemas coletivos, e a buscar assentar sobre novas bases a articulação entre as instituições e os indivíduos. Esse é sem dúvida o círculo virtuoso que deverá servir de mapa do caminho nos próximos anos. As instituições não devem nem culpar nem incapacitar os indivíduos; devem, pelo contrário, pensar de tal forma que consigam aumentar eficazmente as iniciativas dos atores, gerando assim uma adesão de um novo tipo. O indivíduo não se opõe às instituições. O indivíduo, em sua fragilidade constitutiva, é o resultado de uma maneira de fazer sociedade. O debate político na região e a longa tradição de oposição ideológica entre coletivismo e individualismo impedem, geralmente, a percepção da articulação estreita e indispensável que existe entre a afirmação das instituições coletivas, por um lado, e a expansão da autonomia individual, por outro. Sem dúvida, e como o demonstra este texto, esse círculo virtuoso está longe de ser uma realidade plena na América Latina. Mas as premissas existem. E em alguns âmbitos, mesmo se no momento sob modalidades críticas (pensemos, por exemplo, no recurso crescente ao direito), certas manifestações já começam a ser entrevistas. No fundo, o essencial será compreender que a consolidação das instituições não poderá realizar-se em detrimento das crescentes capacidades de ação dos indivíduos, mas apoiando-se nelas e ampliando-as.

A América Latina vive hoje um problema maiúsculo de tradução institucional de suas formas de vida social. Esse ponto deverá, certamente, receber uma atenção particular nos próximos anos. Durante muito tempo, com efeito, foi uma constante na região afirmar a defasagem entre as instituições e a realidade social, entre o país legal e o país real, supondo-se, em geral, que as primeiras (sob a influência estrangeira) iam "adiante" da segunda (e dos atavismos de nossas sociedades). Ao menos em parte, hoje em dia o raciocínio é falso. Em seu conjunto, a transformação sofrida pelo laço social e pela importância crescente das demandas sociais faz com que a "sociedade" e os indivíduos tenham no momento o sentimento de estar "adiante" das instituições. Estas aparecem, ao mesmo tempo, como um canal obrigatório e indispensável para suas reivindicações e como um obstáculo permanente à tradução de suas aspirações.

O futuro da democracia será escrito associando-se e desenvolvendo-se o círculo virtuoso entre as instituições e os indivíduos. Essa associação passa pela reconstrução da autoridade, tanto entre as pessoas — entre políticos, funcionários públicos e cidadãos, e nas relações que pressupõem um diferencial de saberes ou de posições de comando —, quanto no âmbito das normas e das leis. Se esse problema se encontra no coração de todas as sociedades modernas contemporâneas, no caso da América Latina essa dificuldade é exacerbada pela perda de respeito à autoridade associada à corrupção, à cultura da transgressão e aos baixos índices de escolarização. Pensar a construção da autoridade sobre bases democráticas é um dos desafios centrais para as ciências sociais latino-americanas e para a elaboração de projetos políticos democráticos. Mas a dificuldade de enfrentar esse desafio tem origem, para uma boa parte dos intelectuais da região, na associação mecânica do tema da autoridade com o do autoritarismo ou com a "direita". Mas fugir do tema não elimina o perigo constante de que a "falta de autoridade" alimente tentações autoritárias.

Um novo desafio para o pensamento social

A dificuldade de fazer um diagnóstico consensual sobre a situação do continente no que se refere à coesão social procede, portanto, muito desse novo estado de coisas. Hoje há mais ou menos coesão social do que antes? A construção de indicadores "objetivos" tenta, como se sabe, responder a uma pergunta desse tipo, mas o faz sem expor uma questão anterior, a saber, qual é a *natureza* da coesão social. Se não se responde a essa pergunta, termina-se por supor que as séries cronológicas estão tratando do mesmo fenômeno. A tentativa de desvendar as dimensões qualitativas desse fenômeno, em nosso caso o que mudou verdadeiramente na América La-

CONCLUSÕES GERAIS

tina ao calor desse vento democrático, nos levou a privilegiar uma interpretação histórica da transformação em curso.

Acontece, no entanto, que estamos mal preparados para pensar esse desafio. Por quê? Porque de alguma forma o processo de "des-sociologização" e de des-politização do pensamento social latino-americano, em função da invasão do "economicismo", obstruiu o diálogo interdisciplinar. Entendemos pouco e mal as novas dinâmicas sociais de nosso continente, e as análises e os diagnósticos do sistema político dificilmente escapam da conclusão de que eles se encontram em "crise", sem conseguir identificar as dinâmicas e os projetos alternativos de reorganização do sistema político. O pensamento social crítico latino-americano passa por uma dificuldade de reinvenção depois da crise dos paradigmas que o sustentaram, primeiro o do vanguardismo que falava em nome do povo e, nas últimas décadas, o do desejo de ser somente a expressão dos movimentos sociais (Sorj, 1989).

A ênfase unilateral nas questões distributivas e o uso excessivo e pouco rigoroso dos conceitos de inclusão/exclusão fizeram com que se perdesse de vista o tema e as necessidades das classes médias, que constituem o eixo central para a estabilidade e a coesão social. Para dar só um exemplo, esses setores são um suporte central do funcionamento das instituições públicas, mas essa função exige um *ethos* que depende, muito, do sentimento que têm os membros das camadas médias de ser os defensores do bem comum da nação. Certamente, esse sentimento de inclusão nacional engendrou no passado mecanismos de exclusão de outros grupos sociais, sobretudo quando as classes médias, com ou sem preconceitos étnicos, se tornaram, para si mesmas (e seus interesses), a encarnação da "decência" e da "civilização". Mas como não esquecer que esse sentimento de ser parte da edificação da nação permitiu, em muitos países da América Latina, durante o período desenvolvimentista, a construção de instituições que assumiram a "mística" do serviço público. Na atualidade, pelo contrário, esse *ethos* entre as classes médias se encontra em organizações fora do Estado, e que geralmente o denunciam, associadas a agendas globais, enquanto o resto desses setores se sente cansado da política e começa a perder às vezes o sentido positivo de pertencer à nação.

Criar estratégias de desenvolvimento com eqüidade, em particular em contextos democráticos, exige, pois, pensar as relações complexas entre o Estado, a sociedade e o sistema político. A força do pensamento cepalino clássico se encontrava não em um paradigma dado de políticas econômicas, mas em seus fundamentos intelectuais, em sua sensibilidade diante das especificidades históricas e das dinâmicas sociais da região.

A desigualdade e a pobreza, por exemplo, são conglomerados estatísticos que nos dizem pouco, muito pouco, sobre a vida social, sobre os mundos associativos e sobre a construção de sentido em curso nas sociedades latino-americanas. O mesmo vale para as categorias como inclusão e exclusão social. Sem dúvida que o acesso limitado aos serviços sociais, ou as dificuldades de ingresso nas oportunidades do mercado de trabalho, é um elemento importante na construção de um sentimento de exclusão. Mas, como não destacar, esse elemento supõe uma inclusão prévia em expectativas de acesso e igualdade. E esse sentimento não procede tampouco de uma relação mecânica com índices socioeconômicos. Sentimentos de exclusão, frustração e de anomia social estão presentes em setores com melhores índices de bem-estar social (que seriam os "incluídos"). A polaridade incluídos/excluídos levou muitas vezes à eliminação das classes médias da dinâmica social, apesar de elas continuarem sendo um dos eixos fundamentais da vida política na região.

Devemos entender, portanto, os novos modos em que se estruturam os universos simbólicos e associativos na América Latina, porque as maneira em que as expectativas são elaboradas pelos atores sociais, e as estratégias individuais e coletivas para realizá-las, não se expressam de maneira mecânica ou exclusiva em termos de demandas ao sistema político. As expectativas sociais canalizadas em novos grupos associativos (sejam religiosos, sejam culturais), em aspirações e realidades vinculadas à emigração, em comunidades virtuais ou no consumo de bebidas, drogas ou música, integrando gangues e participando do crime organizado não se encaixam na dualidade simples de integrados/excluídos. Os múltiplos rostos da coesão social obrigam o pensamento social latino-americano a renovar sua imaginação teórica, retomando o esforço de seus clássicos.

CONCLUSÕES GERAIS

Reinstitucionalizar a política

Pensar a política nas sociedades modernas é antes de tudo pensar em um projeto coletivo capaz de produzir a sensação de compartilhar um sistema de valores e crenças comuns, ao mesmo tempo que cada indivíduo persegue os interesses pessoais. A política democrática não pode abandonar a idéia de construção da nação, dentro da qual os indivíduos encontram valores comuns, o sentimento de ser parte de um destino comum e de uma comunidade nacional com a qual se identificam positivamente, e encontram elementos de dignidade e auto-reconhecimento, ao mesmo tempo que reconhecem a legitimidade da diversidade de interesses e visões de mundo de grupos e indivíduos. A coesão social na democracia passa na América por instituições capazes de absorver e de expressar os conflitos como parte constitutiva e legítima da ordem social, inserindo-os assim no coração da vida social.

Como se constrói a mudança capaz de produzir instituições e políticas de qualidade, na qual a participação e o controle do cidadão não se reduzam ao voto ou a explosões periódicas de insatisfação? A luta contra a ditadura nos levou a supervalorizar a capacidade da sociedade civil, que na democracia se construiu nas demandas ao Estado e não como mecanismo de representação política capaz de elaborar visões transformadoras das relações de poder e dos sistemas de distribuição. A oposição radical entre Estado/mercado tampouco é de grande ajuda. Quando a síntese entre nação e política não se realiza em termos programáticos e por mecanismos de representação política institucionalizados e transparentes, ela se transfere para líderes circunstanciais que conseguem expressar os anseios frustrados de comunidade. A política passa a ser o resultado do surgimento de líderes capazes de catalisar essas aspirações populares, transformando os destinos de nossos países em reféns de cada eleição.

O objetivo exige apresentar no centro do debate o tema dos modelos de sociedade que o âmbito político é hoje incapaz de expressar, o que inclui pensar a reorganização dos sistemas de participação social, de representação partidária e de discursos políticos. A discussão, necessária, de políticas públicas permite alcançar diagnósticos claros e definidos sobre como maximizar recursos escassos com objetivos claramente defini-dos, enquanto o debate sobre os modelos de sociedade implica tratar, sem rodeios, áreas onde existem conflitos de interesses, visões diferentes de uma sociedade desejável e apostas diversas sobre o que é possível. A po-lítica que propõe um modelo de sociedade não é com certeza possível sem políticas públicas coerentes e viáveis (*policy*), mas o espaço de deba-te sobre o tipo de sociedade na qual se deseja viver não pode, em absolu-to, reduzir-se a uma lista de políticas públicas, por mais bem inspiradas que estas sejam. A política, sobretudo em uma região como a América Latina, não se reduz nunca à engenharia social.

Isso não significa um retorno a visões milenaristas, em que a cada elei-ção se busca reinventar a sociedade, ou a elaboração de projetos para a nação, que contenham a solução para todos os problemas. Pelo contrá-rio, trata-se de pensar a política como um processo permanente, em que se apresentam no debate público diferentes soluções para enfrentar pro-blemas específicos e, ao mesmo tempo, dentro de visões normativas que reconhecem que a sociedade está permeada por conflitos de interesses mutuamente legítimos.

Como avançar nessa direção? Não acreditamos que a oposição orto-doxo/heterodoxo, ou Estado/mercado, ajude a elaborar alternativas cria-tivas de estratégias de desenvolvimento. Como indicamos no último capítulo, é necessário renovar o modelo reformista-tecnocrático, que teve como mérito, pelo menos em algumas de suas versões, enfatizar a res-ponsabilidade e a transparência fiscal, a estabilidade monetária, a redu-ção da interferência clientelar do Estado nos mecanismos de mercado, o reconhecimento do papel do setor privado e políticas sociais orientadas por critérios de eficiência e focalizadas na direção dos setores mais po-bres da população. Mas, na falta de uma política de sentido, rapidamente esse reformismo-tecnocrático enfrentou limites evidentes.

O novo discurso político deverá interpelar não mais o "povo" ou as "massas", mas os indivíduos, dirigindo-se a eles como cidadãos responsá-veis suscetíveis a fiscalizar a ação do Estado. A reconstrução das institui-ções políticas implica sobretudo repensar as relações entre indivíduo, redes e pirâmides (isto é, núcleos duros de poder, como o Estado e as grandes empresas). A maior individuação e a multiplicação de redes fluidas não significam a desaparição dos centros de poder, mas a transformação dupla, tanto em seu seio mesmo como na relação com seu entorno. As estruturas do Estado devem ser cada vez mais permeáveis à interação e ao controle do cidadão, sob pena de aparecer como instituições obsoletas. Nesse sentido é fundamental expandir a percepção atual de que quem paga os impostos são os empregados e os empresários do setor formal. Todos os produtos consumidos são taxados, portanto, todos pagam impostos (e isso tanto mais que na maior parte dos sistemas fiscais da região os impostos de renda não representam senão uma parte menor da arrecadação fiscal). Desentranhar as classes médias e altas do sentimento que elas têm de ser as únicas financiadoras do Estado e incrementar entre as camadas populares o sentimento de seu papel no financiamento do Estado são dois aspectos indispensáveis para que se expanda a consciência cidadã com maior vontade fiscalizadora do gasto público na região. Aqui também o círculo virtuoso passará pela articulação entre as instituições coletivas e as iniciativas individuais.

Inclusão cidadã, nação e coesão social na democracia

A valorização unilateral do mercado e a apresentação de políticas sociais, como simplesmente compensadoras de suas falhas representam um empobrecimento da sociedade e das dimensões simbólicas da política e da provisão de bens e serviços públicos. Na América Latina estamos longe de (e é inclusive difícil saber se em algum momento nos identificaremos plenamente com) uma cultura individualista e valorizada do mercado capaz de aglutinar e criar por essa via um sentimento de comunidade. Não só pelas óbvias limitações que o mercado tem atualmente (e sua incapacidade de oferecer à parte importante dos cidadãos a sensação de que as oportunidades e recompensas que ele oferece são justas), mas também porque a tradição republicana e o papel do Estado-protetor (com fortes conotações paternalistas) são componentes de longa duração de nossas culturas, com a qual devemos dialogar, se queremos transformá-la.

A cultura nacional constitui um bem comum de uma sociedade. É uma riqueza intangível e incomensurável, e seu valor é atualizado, potencializado, desvalorizado ou destruído pela ação dos cidadãos e dos líderes políticos, em particular quando é transformada em nacionalismo xenófobo. Paradoxalmente os processos de globalização tornaram os cidadãos muito mais conscientes da nação onde vivem. Não só pelo impacto dos novos meios de comunicação, mas também pela atuação das instituições internacionais, orientadas por agendas cosmopolitas que, ao estabelecerem índices relativos de cada país no sistema internacional, fortaleceram a sensibilidade de cada indivíduo sobre o "valor" relativo da sociedade em que habita. Esse novo nacionalismo reflexivo pode ser tanto um fator de desvalorização da consciência nacional como um agente de mobilização e de motivação dos cidadãos.

Para avançar nessa direção, devemos elaborar (em um esforço coletivo que exige a participação de cada segmento social, do seu ângulo específico de atuação — cientistas sociais, tomadores de decisão, políticos, sociedade civil) novos discursos políticos capazes de gerar projetos nacionalistas não xenófobos, novas formas de associativismo e de participação que reforcem (ou reconstruam) o sistema institucional. A América Latina chegou politicamente à democracia muito em função da crise dos regimes autoritários. Chegou a hora de dar-lhe um conteúdo com o qual a sociedade se identifique.

Isso exige, como ponto de partida, que se compreenda melhor em qual sociedade vivemos, quais conflitos e coesão social ela gera e quais possibilidades se abrem para o discurso e para os atores políticos, que são o elo de transmissão entre a sociedade e o Estado. Não podemos esquecer que a coesão social e a democracia, como tantas vezes aconteceu no continente, não só podem dar lugar a sínteses frutíferas, mas também podem entrar novamente em colisão.

As nações latino-americanas neste início de século devem responder a agendas que se originam em boa medida nos países do Norte. Nisso não há novidade histórica, nem demérito. O objetivo é conseguir enfrentar os desafios que nos chegam, mas sem aceitar necessariamente o discurso em que estão envoltos e menos ainda aceitar as soluções específicas. Na América Latina (salvo talvez em alguns países), os temas de per-

CONCLUSÕES GERAIS

tencimento étnico como alternativa ou em confronto com a participação nacional não estão hoje realmente na mesa de discussões. O que se questiona e afeta o sentimento de dignidade e de orgulho nacional não é a identificação dos cidadãos com a nação, mas a da cidadania com as instituições políticas. Embora existam coisas a melhorar na integração das populações indígenas e na luta contra o preconceito e o racismo, os problemas de pertencimento na América Latina são diferentes daqueles que enfrentam, por exemplo, a Europa ou os Estados Unidos. Esses desafios expressam fundamentalmente fraturas sociais mais amplas que afetam, mesmo que desigualmente, o conjunto da cidadania: as enormes desigualdades, as limitadas oportunidades de um trabalho decente e as insuficiências das instituições públicas que levam muitos a emigrar, e outros a se afastar e a descrer das instituições democráticas.

Pensar estratégias de transformação social inclui, sem dúvida, elaborar políticas públicas mais eficazes e socialmente justas, mas depende sobretudo de nossa capacidade de identificar o momento histórico e as estruturas sociais de nossos países, a partir dos quais se podem construir alianças e novos discursos capazes de aglutinar novos consensos que, transformados em ação política, permitam a transformação do Estado.

Uma visão estreitamente centrada em temas de políticas públicas tende a esquecer que nas sociedades democráticas modernas são igualmente fundamentais visões/projetos de sociedade com as quais a maioria dos cidadãos pode se identificar e graças a elas sentir que a democracia é um valor central para suas vidas. Um esforço que passa cada vez menos pela geração de um novo ator coletivo com densidades política e organizacional e cada vez mais pela capacidade coletiva de forjar projetos comuns em torno de objetivos. Não haverá coesão social sem um amplo debate político sobre os projetos que aprofunde a democracia no continente, e para isso é preciso superar tanto a nostalgia por um passado sem retorno como a celebração apologética do novo.

Anexo 1

Anotações sobre o conceito de coesão social

O conceito de coesão social atualmente dominante no debate internacional foi elaborado pela União Européia[1] a partir dos anos 1990 como parte de um discurso político e possui um sentido basicamente *normativo-evocativo*, que busca definir um horizonte desejável para a sociedade. A noção de coesão social sintetiza de certa forma os valores de solidariedade e de igualdade que seriam componentes centrais do *modelo europeu*. Este se contrapõe explicitamente ao modelo anglo-saxão, visto como mais apoiado em valores individualistas e menos preocupado com as dimensões distributivas e com o papel do Estado como responsável por assegurar o bem comum.[2]

As preocupações da União Européia com a coesão social têm como fundo as transformações das últimas décadas na base produtiva, demográfica e sua inserção nos processos de globalização e seus impactos na geração de emprego/desemprego e na distribuição de riqueza e oportunidades, assim como as mudanças no Estado de bem-estar.[3] Essas transformações gerariam tensões sociais, colocando em risco a "coesão social". Em síntese, a "coesão social" européia supõe uma representação do passado imediato que, de alguma forma, se deseja preservar.

---

[1] O conceito de coesão social é definido como "the capacity of a society to ensure the welfare of all its members, minimizing and avoiding polarization. A cohesive society is a mutually supportive community of free individuals pursuing these common goals by democratic means". http://www.coe.int/T/E/social_cohesion/socila_policies/03.Strategy_for_Social_Cohesion
[2] http://216.239.51.104/search?q=cache:InbhfFfic4YJ:www.notre-europe.eu/en/axes/competition-cooperation-solidarity/works/publication/how-to-enhance-economic-and-social-cohesion-in-europe-after-2006 + definition+european+commission+social+cohesion&hl=pt-BR&ct=clnk&cd+10&gl=br
[3] Gosta Esping-Anersen *et al.*, *Why We Need a New Welfare State*, Oxford, Oxford University Press, 2002.

Na medida em que esse conceito passou a ter um lugar cada vez mais central no discurso da União Européia, iniciou-se um processo de elaboração de critérios e índices que permitiram medir a coesão social. Esses critérios, conhecidos como os indicadores de Laeken, tratam fundamentalmente de temas distributivos (emprego, renda, acesso a serviços públicos).[4] Com eles a noção de coesão social, um conceito normativo, ganhou um caráter operacional e portanto pôde se transformar em objeto de políticas públicas, que têm como meta incidir sobre esses indicadores.

Em suma, o conceito de coesão social está associado a um contexto político específico dentro do qual se evoca um estado de coisas desejável, tendo como referência uma situação anterior. Como tal a coesão social não se propõe a ser um marco interpretativo da realidade, no sentido de mobilizar uma teoria e um marco analítico da dinâmica social. Sem dúvida o conceito de coesão social é parte da tradição sociológica, ocupando um importante lugar na obra de Émile Durkheim e posteriormente retomado, embora nem sempre sob esse nome, na tradição funcionalista, mas o conceito de coesão social adotado pela União Européia não reivindica nenhuma afiliação intelectual a essa corrente. É fundamentalmente uma referência normativa associada a critérios operacionais em torno de indicadores (emprego, saúde, etc.) que são selecionados pelo debate público, pelos políticos e pelas tecnocracias.

É possível aplicar o instrumental operacional desenvolvido na União Européia à realidade latino-americana? Acreditamos que não. Nossa história e realidades sociais são muito diferentes, o que exige um esforço de tradução tanto analítico como político do conceito de coesão social para a nossa região. Uma pergunta legítima que deve ser feita é: por que introduzir no debate latino-americano um conceito que corre o risco de ser uma nova moda, que de certa forma se sobrepõe a outros conceitos normativos estabelecidos (como cidadania plena, democracia com eqüidade) ou outros que incluem indicadores relativamente similares (como, por exemplo,

---

[4]http://eur-lex.europa.eu/LexUriServ/LexUriServ.do?uri=CELEX:52002DC0551:ES:HTML. http://circa.europa.eu/Public/irc/dsis/ssd/library?I=task_force_esec/1617_april_2007/ improcementsdoc/_EN_1.0&a=d.

o Índice de Desenvolvimento Humano)? Acreditamos que o valor do tema da coesão social para a América Latina é abrir a possibilidade de apresentar no centro do debate as dinâmicas sociais e culturais, depois de décadas de hegemonia de um pensamento orientado por temas econômicos.

Isso não significa que o tema da coesão social não possa ser tratado seguindo parâmetros similares aos elaborados pela União Européia. Nesse caso, o foco central será a elaboração de políticas públicas em torno de indicadores de coesão social, relacionados com temas que já vêm sendo discutidos nas últimas décadas (crescimento, desigualdade, pobreza). No segundo caso, pelo qual optamos neste livro, o tema da coesão social pode ser visto como uma oportunidade para introduzir no debate público uma visão renovada dos rumos de nossas sociedades e novas abordagens sobre a elaboração das políticas públicas e a consolidação de nossas democracias. Ambas as perspectivas não se contrapõem; pelo contrário, podem gerar um rico diálogo sobre os caminhos da região.

Se o conceito de coesão social supõe uma maior sensibilidade e uma efetiva inclusão de temas sociais, políticos e culturais, a primeira conclusão que se deduz é que tratar do tema da coesão social exige o retorno a um diálogo interdisciplinar que considere as diferentes disciplinas das ciências sociais e seus aportes específicos. Esse retorno não pode ser realizado sem um esforço de mobilização de economistas, de sociólogos, de cientistas políticos, de antropólogos e de historiadores, para desvendar as diversas dimensões que o conceito de coesão social evoca (sociedades que valorizam a democracia, a eqüidade e que transmitem sentimento de pertencimento e de dignidade a seus cidadãos). Não se trata portanto de desenvolver uma teoria da coesão social, mas de colocar esse conceito a serviço de uma visão multidisciplinar dos processos sociais em curso da América Latina. Nesse sentido, o esforço para avançar definições e indicadores, como os realizados pela CEPAL,[5] embora representem contri-

---

[5]Ver *Cohesión social: inclusión y sentido de pertenencia en América latina y el Caribe*, CEPAL, 2007a, http://www.wclac.org/cgi-bin/getProd.asp?xml=publicacciones/xmol/4/27814.xml&xsl=/tpl/p9.xsl&base=tpl/topbottom.xsl; Ana Sojo y Andras Uthoff (orgs.), *Cohesión social en América Latina y el Caribe: una revisión perentoria de algunas de sus dimensiones*, CEPAL, 2007b. http://www.eclac.org/cgi-bin/getProd.asp?xml=/publicacciones/xml/8/28198/P28198.xml&xsl=/dds/tpl/p9f.xsl&base=/ccoperacion/tpl/top-bottom.xsl.

buições importantes, corre o risco de dar por resolvidos problemas conceituais que exigem uma maior elaboração teórica e empírica. O desafio é, particularmente, não tratar o conceito de coesão social como uma etiqueta nova para uma embalagem em que são colocados os conteúdos e metodologias de sempre e que se caracterizam por um viés fundamentalmente econômico.

As dinâmicas socioculturais nos informes das agências internacionais geralmente tendem a ser desconsideradas ou são incluídas unicamente quando têm uma funcionalidade econômica específica, como é o caso do chamado capital social, ou através de pesquisas de opinião pública. Uma das razões dessa ausência se deve a que as dinâmicas socioculturais, quando são tratadas de forma intelectualmente responsável, exigem uma sensibilidade e um reconhecimento da diversidade das histórias nacionais, dentro dos quais os valores e os universos simbólicos adquirem seu sentido específico, o que dificulta quantificações e generalizações e conseqüentemente conspira contra as análises elaboradas pelas organizações internacionais, cuja vocação é buscar soluções generalizáveis e quantificáveis, sacrificando às vezes as tramas complexas e as especificidades das histórias nacionais.

Isso não significa negar que a América Latina seja um objeto legítimo de investigação. Pelo contrário, além de processos históricos similares ou paralelos, sopram periodicamente no continente os mesmos ventos políticos e ideológicos. Ao mesmo tempo esses ventos enfrentam topografias muito variadas, de maneira que seus efeitos não podem ser generalizados. Essa sensibilidade à diversidade das sociedades nacionais deve incluir o reconhecimento de que os processos sociais afetam de modo diverso os vários grupos sociais e "geracionais". Por essa razão, embora não exclusivamente, nossa análise se concentrou nas grandes metrópoles e nos setores juvenis, pois é aí onde, na atualidade, os problemas sociais e as tendências emergentes aparecem de forma mais explícita.

Coesão social na democracia: mudança e conflito social

A análise da coesão social na América Latina deve explicitar a sua relação com a democracia. Na Europa, a democracia é uma realidade consolidada, enquanto em nossos países continua sendo acompanhada por uma certa interrogação. Por isso preferimos falar de *coesão social com democracia*, para caracterizar de forma mais precisa o desafio que enfrentamos na região. A caracterização da *coesão social com democracia* também nos permite distinguir mais claramente as dimensões analíticas e normativas desse conceito. Por quê?

Como ensina a teoria social, todas as sociedades geram alguma forma de coesão. Caso contrário, elas não existiriam. Mas os mecanismos de coesão social mudam de acordo com a história e o tipo de sociedade, e isso se expressa, nas sociedades complexas, na existência de universos de crenças e valores compartilhados, em maior ou menor grau, pelos membros da comunidade, e por sistemas de autoridade sustentados em normas e sistemas de coerção que asseguram o funcionamento da ordem estabelecida. Os mecanismos de desintegração social são igualmente múltiplos; eles podem ser o produto de exclusão, de violência anômica ou de ideologias autoritárias, cujos vetores sociais podem ser os mais variados, mas cujo resultado final é inviabilizar a confiança na capacidade e na legitimidade das instituições democráticas.

Se toda sociedade possui por definição coesão social, o que está em jogo, do ponto de vista do valor operativo do conceito, é a maior ou menor coesão social de uma sociedade em função dos objetivos determinados. No caso de nossa pesquisa, trata-se da *coesão social na democracia*, isto é, dos processos e mecanismos que podem debilitar ou fortalecer a crença nos valores e práticas democráticas como forma de resolver os conflitos sociais e avançar o bem comum.

A coesão social nos tempos modernos não pode ser dissociada da mudança e do conflito social. As sociedades modernas estão em mutação constante, o que implica que elas geram permanentemente processos de desintegração das formas de sociabilidade, abrindo lugar ao mesmo tempo para novos mecanismos de integração nos quais a participação e as demandas dos cidadãos desempenham um papel central.

Na América Latina a análise da coesão social deve portanto incluir a compreensão dos processos de mudança e conflito social, assim como de seus mecanismos de expressão e resolução. A análise da *coesão social com democracia* tem como foco central as transformações sociais em curso e os desafios que elas dirigem às instituições democráticas. Isso implica expandir o horizonte analítico e o normativo da coesão social para além das (mas sem dúvida incluindo) políticas públicas, em direção ao funcionamento dos sistemas políticos e culturais. Assim, as nações, espaço privilegiado de funcionamento do sistema político e do Estado no contexto da globalização, são o foco central da análise.

Para desenvolver esse ponto de vista, faz-se necessário apresentar em um primeiro momento o marco histórico no qual se inscreve essa possibilidade de coesão social na democracia — o que supõe prestar uma atenção particular à diversidade dos modelos políticos e às formas do conflito social.

Os modelos políticos

A maioria dos diagnósticos sobre a região — em função das limitações das instituições oficiais ou semi-oficiais que os produzem — não se relaciona de forma direta e específica com os modelos e discursos políticos dominantes na atualidade. Trata-se, no entanto, de um elemento central para compreender a realidade política do continente, pois se as condições socioeconômicas estruturais podem conduzir ao surgimento de tendências antidemocráticas, elas só se realizam através da presença de modelos políticos concretos, que são promovidos por atores precisos. Não podemos assim esquecer que, embora a pobreza e a desigualdade social sejam um substrato fundamental a partir do qual se constroem as dinâmicas políticas, o que destrói as democracias em última instância são os movimentos, as ideologias e os líderes políticos antidemocráticos — que mobilizam e polarizam a imaginação e o debate político —, e que os movimentos contra a corrupção foram o principal fator que derrubou vários presidentes da região na última década.

Como conseqüência, entendemos que não se enfrenta a coesão social somente com propostas de políticas públicas mais adequadas ou eficazes — sem dúvida centrais, e que não deixamos de mencionar neste trabalho —, mas supõe também questionarmos sobre os mecanismos de mobilização simbólica e política dos cidadãos, que são uma das condições de possibilidade (ou impossibilidade) das políticas públicas e das reformas do Estado. A análise das políticas públicas exige assim uma compreensão mais detalhada dos setores aos quais se dirigem. Os pobres, por exemplo, não são um conglomerado estatístico, são atores sociais heterogêneos, com estratégias ativas e criativas de sobrevivência, que nem sempre coincidem com os planos oficiais. O setor informal (da moradia a formas de trabalho), por exemplo, constitui algo mais que a falta de alternativas no setor formal. Ele é construído pela busca constante de nichos e possibilidades que a falta, ou a fragilidade, da regulamentação pública permite, desde construções sem plano de urbanismo até o desvio de eletricidade, água potável ou TV a cabo, desde os minicontrabandos até o tráfico de armas e de drogas ou o transporte coletivo ilegal. Por sua vez, a legalização dessas atividades nem sempre é óbvia ou desejada pelos atores que dela participam.

Em outros casos, como em políticas de *cash transfer*, pode haver um impacto negativo sobre a consolidação democrática, se essas políticas não são realizadas com os cuidados necessários. Não se trata somente do que é *delivered*, mas da forma em que é e da sua recepção pelos atores sociais. Devemos também enfrentar o desafio de que as políticas públicas têm um impacto de duração variável, e que certas políticas públicas só têm um impacto a longo prazo, ao passo que a sociedade exige respostas mais ou menos imediatas.

Coesão e conflito social

Deve-se manter tudo isso em mente, pois de alguma forma isso define a ambição última deste trabalho: aprofundar o debate sobre as possibilidades de consolidar projetos políticos democráticos no continente. A análise da coesão social exige portanto um processo de compreensão das diversas dinâmicas sociais de integração e de conflito, que nas sociedades democráticas são um componente legítimo e fundamental da construção/ transformação dos mecanismos de coesão social. Nesse sentido, não é possível nas definições a *priori* caracterizar os conteúdos específicos da coesão social. Assim, por exemplo, a definição de coesão social sendo, segundo a CEPAL, "a dialética entre os mecanismos instituídos de inclusão e de exclusão e as respostas, as percepções e as disposições da cidadania ante o modo em que eles operaram" (CEPAL, 2007a) supõe uma teoria e uma análise empírica tanto do que sejam a "cidadania" e os "mecanismos de inclusão/exclusão", como do conteúdo da *dialética*, isto é, o conjunto de mediações que relacionam o instituído com a ação instituinte dos atores sociais.

A redução da análise da coesão social à oposição incluídos/excluídos leva a uma visão unilateral da construção da coesão social, pois não considera os processos de conjunto que atravessam a sociedade. Esses processos são fundamentais para a construção da coesão social, e não se reduzem a temas de inclusão/exclusão social. Em geral se supõe uma correlação direta entre os critérios objetivos de exclusão/inclusão (comumente indicadores socioeconômicos e de escolaridade) e as dimensões subjetivas da coesão social. Sem dúvida o acesso limitado a serviços sociais, à renda e a oportunidades no mercado de trabalho costuma ser os elementos centrais na construção de sentimento de exclusão. Mas essa relação não é mecânica, e não podemos esquecer a categoria de privação relativa (por exemplo, as expectativas e os sentimentos de inclusão/exclusão de um emigrante recém-chegado da área rural não são os mesmos que os de uma geração nascida na cidade), nem supor que os sentimentos de exclusão, de frustração e de anomia social não estão presentes em setores com melhores índices de bem-estar social.

Essa suposição sobre a centralidade da "exclusão social" não corresponde à realidade histórica do continente nem à de outras regiões, onde muitos movimentos sociais que questionaram as instituições democráticas tiveram sua origem nas classes médias. Na atualidade, os sentimentos de frustração entre essas últimas, geralmente associados à corrupção generalizada e à incapacidade do Estado de proteger a vida e a propriedade, desgastaram a coesão social em torno de valores democráticos entre elas. A importância desse tema para a consolidação democrática não pode ser subestimada: como já assinalamos, foi em função das denúncias de corrupção que aconteceu a maioria das mobilizações sociais que levaram à queda ou ao *impeachment* de quase dez presidentes nos últimos anos e em muitos países o tema prioritário da maioria da população é a insegurança associada à violência.

Da mesma forma, reduzir a inclusão social a dimensões puramente econômicas não nos permite dar o devido peso, por exemplo, ao perigo que o trabalho informal representa para a consolidação das instituições democráticas. Embora às vezes o setor informal permita estratégias de sobrevivência e até, para alguns setores, renda superior à que receberiam no setor formal, sua existência fortalece uma cultura da ilegalidade e está associada geralmente a estruturas mafiosas de controle que geram relações de corrupção com os funcionários públicos responsáveis por reprimir suas atividades.

As relações entre coesão social e inclusão/exclusão são portanto complexas, como um grande número de obras de sociologia demonstrou e como nosso trabalho pretende aprofundar no caso latino-americano. Sociedades coesas em torno de valores igualitários podem fortalecer sentimentos de exclusão de indivíduos e de grupos que em outros contextos seriam considerados aceitáveis. Em suma, as dimensões objetivas e subjetivas da inclusão/exclusão são muito complexas e exigem análises teóricas e empíricas sensíveis à formação histórica dos sistemas de valores de cada sociedade.

Em geral as análises sobre coesão social, orientadas pela oposição incluídos/excluídos, consideram os mecanismos institucionais de integração (geralmente emprego e políticas sociais) o principal — talvez o único — fator de integração, aos quais contrapõe as orientações dos indivíduos. Essa visão, em geral, só considera a família (e recentemente a etnia) fator de integração, deixando de lado outras formas associativas, dentro das quais os indivíduos encontram solidariedade e sentido para suas vidas.[6] Sem deixar de reconhecer a importância das políticas sociais e o mundo do trabalho, sem dúvida centrais, procuramos identificar as dinâmicas de

---

[6]Recordemos que Émile Durkheim em todos os seus trabalhos enfatizou o papel central que esses níveis intermediários entre o indivíduo, o Estado e o mercado tinham para a estabilidade social e a construção de sentido.

novos (e velhos) universos de sentido e estratégias individuais e de solidariedade e pertencimento (entre outros: religião, partido, sindicato, música, comunidades virtuais, emigração, bairro, consumo de drogas, gangues violentas, organizações da sociedade civil e grupos de afinidade) que são mediadores centrais nas relações entre o indivíduo e o mercado/Estado, e geradores de coesão social, e que não se reduzem à dicotomia incluídos/excluídos.

Anexo 2

Lista de contribuições

Cardoso, Adalberto; Gindin, Julián (2007). "Relações de trabalho, sindicalismo e coesão social na América Latina". São Paulo: iFHC.

Cotler, Julio. Comentarios a un grupo de *papers*. São Paulo: iFHC.

Dreyfus, Pablo G.; Fernandes, Rubem Cesar (2007). "Violencia urbana armada en América Latina: otro conflicto". São Paulo: iFHC.

Jácome, Francine. "¿Renovación/resurgimiento del populismo? *El caso de Venezuela y sus impactos regionales*". São Paulo: iFHC.

Kaztman, Ruben; Ribeiro, Luiz Cesar de Queiroz (2007). "Metrópoles e sociabilidade: reflexões sobre os impactos das transformações socioterritoriais das grandes cidades na coesão social dos países da América Latina". São Paulo: iFHC.

Larreta, Enrique Rodríguez (2007). "Cohesión social, globalización y culturas de la democracia en América Latina". São Paulo: iFHC.

Magnoli, Demétrio (2007). "Identidades raciais, sociedade civil e política no Brasil". São Paulo: iFHC.

Mitre, Antonio (2007). "Estado, modernização e movimentos étnicos na América Latina". São Paulo: iFHC.

Mustapic, Ana Maria (2007). "Del malestar con los partidos a la renovación de los partidos". São Paulo: iFHC.

Oro, Ari Pedro (2007). "Religião, coesão social e sistema político na América Latina". São Paulo: iFHC.

Quevedo, Luis Alberto (2007). "Identidades, jóvenes y sociabilidad — una vuelta sobre el lazo social en democracia". São Paulo: iFHC.

Peralva, Angelina (2007). "Globalização, migrações transnacionais e identidades nacionais". São Paulo: iFHC.

Schwartzman, Simon (2007). "Coesão social, femocracia e corrupção". São Paulo: iFHC.

Smulovitz, Catalina; Urribarri, Daniela (2007). "Poderes judiciales en América Latina. Entre la administración de aspiraciones y la administración del derecho". São Paulo: iFHC.

Soares, Luiz Eduardo; Messari, Nizar (2007). "Crime organizado, drogas, corrupção pública — observações comparativas sobre Argentina, Brasil, Chile, Colômbia, Guatemala, México e Venezuela". São Paulo: iFHC.

Sorj, Bernardo (2007). "Capitalismo, consumo y democracia: Procesos de mercantilización/desmercantilización en América Latina". São Paulo: iFHC.

—— (2007). "Deconstrucción o reinvención de la Nación: La memoria colectiva y las políticas de victimización en América Latina". São Paulo: iFHC.

Szmukler, Alicia (2007). "Culturas de desigualdad, democracia y cohesión social en la región andina". São Paulo: iFHC.

Torre, Juan Carlos (2007). "Cohesión-populismo". São Paulo: iFHC.

Vaillant, Denise (2007). "Educación, socialización y formación de valores cívicos". São Paulo: iFHC.

Yúdice, George (2007). "Medios de comunicación e industrias culturales, identidades colectivas y cohesión social". São Paulo: iFHC.

Zamosc, Leon (2007). "Ciudadanía indígena y cohesión social". São Paulo: iFHC.

Bibliografia[1]

Acero Velásquez, Hugo (2006). *Situación de la violencia y delincuencia de Venezuela y concentración delincuencial en Caracas*. Caracas, disponível em http://www.comunidadesegura.org/files/active/0/diagnostico_violencia_y_delincuencia_Venezuela_y_Caracas.pdf

Anheier, Helmut; Katz, Hagai (2003). "Mapping global civil society". *In* M. Kaldor *et al.* (orgs.). *Global civil society 2003*. Yearbook 2003. The Center for the Study of Global Governance. Disponível em http://www.lse.ac.uk/Depts/global/yearbook03chapters.htm

APC, La asociación para el progreso de las comunicaciones (2005). *Monitor políticas TIC y derechos en Internet en América Latina y el Caribe*. Disponível em http://lac.derechos.apc.org/es.shtml?apc=se_1

Araujo, Katia (2006). *Estudio de la noción de derecho y vías y posibilidades para su defensa en los sectores de menores recursos*. Santiago. OXFAM.

Avila, Leonardo de la Torre (2006). *No llores, prenda, pronto volveré: migración, movilidad social, herida familiar y desarrollo*. La Paz: PIEB/IFEA.

Banco Mundial (2002). *The juicio ejecutivo mercantil in the federal district courts of Mexico: a study of the uses and users of justice and their implications for judicial reform*. Poverty Reduction and Management Unit, Latin America and the Caribbean, Report No. 22635-ME.

Bolz, Norbert. (2006). *Comunicación mundial*. Buenos Aires: Katz.

Briceño León, Roberto (2002). "La nueva violencia urbana de América Latina", *Sociologías*, n° 8, 34-51.

—— (2006). *Violence in Venezuela: Oil rent and political crisis*. Caracas: Lacso.

Buarque de Holanda, Sérgio (2006). *Raízes do Brasil*. São Paulo: Companhia das Letras.

Bauman, Zygmunt (2005). *Identidad*. Madrid: Losada.

Campero, Guillermo (2000). *Respuestas del sindicalismo ante la mundialización: el caso de Chile*. Lima: OIT.

Cardoso, Adalberto Moreira (2004). *Industrial Relations, Social Dialogue and Employment in Argentina, Brazil and Mexico*. Genebra: ILO, Employment Strategies Papers, n° 7.

---

[1] A bibliografia consolidada do conjunto dos *papers* listados no anexo e utilizados neste livro está disponível em www.plataformademocratica.org.

Cardoso, Adalberto; Gindin, Julián (2007). "Relações de trabalho, sindicalismo e coesão social na América Latina". São Paulo: iFHC.

Carranza, Marlon (2005). "Detention or death: Where the 'Pandillero' kids of El Salvador area Heading". In Dowdney, Luke. *Neither War, nor Peace: International comparisons of children and youth in organized armed violence*. Rio de Janeiro: COAV/Viva Rio/ISER/IANSA.

Castells, Manuel (1998). *La société en réseaux*. Paris: Fayard.

CEJA — Centro de Estudios de Justicia de las Américas (s/d). *Reporte de justicia de las Américas 2004-2005*. Informes correspondientes a Argentina, Bolivia, Brasil, Chile, Guatemala y México. Disponível em www.cejamericas.org

CEPAL (2007a). *Cohesión social, inclusión y sentido de pertenencia en América Latina y el Caribe*. Naciones Unidas, Santiago. Disponível em http://www.eclac.org/cgi-bin/getProd.asp?xml=/publicaciones/xml/4/27814/P27814.xml&xsl=/tpl/p9f.xsl&base=/tpl/top-bottom.xs1

—— (2007b). *Cohesión Social en América Latina y el Caribe, una revisión perentoria de algunas de sus dimensiones*, Organização de Ana Sojo e Uthoff Andras. Naciones Unidas, Santiago. Disponível em http://www.eclac.org/cgi-bin/getProd.asp?xml=/publicaciones/xml/8/28198/P28198.xml&xsl=/dds/tpl/p9f.xsl&base=/cooperacion/tpl/top-bottom.xsl

—— (2007c). *Panorama social de América Latina*. Naciones Unidas, Santiago.

Cheresky, Isidoro (ed.) (2007). *La política después de los partidos*, Buenos Aires: Prometeo.

CIA (2007), *The World Fact Book*, https://www.cia.gov/cia/publications/factbook/fields/2122.html

Claessens, Stijn; Feijen, Erik; Laeven, Luc (2006). *Political Connections and Preferential Access to Finance, The role of campaign contributions*. Washington, DC, University of Amsterdam/World Bank/CEPR.

Cook, Maria Lorena (1998). *The Politics of Labor Law Reform: Comparative perspectives on the mexican case. Paper* apresentado no Congresso Internacional da Asociación de Estudios Latinoamericanos, Chicago, Illinois, setembro.

Cruz, Miguel (2006). "El Salvador". *In La cara de la violencia urbana en América Central*. San José: Fundación Arias para la Paz y el Progreso Humano, p. 105-162.

Da Matta, Roberto (1978). *Carnavais, malandros e heróis*. Rio de Janeiro: Zahar.

De la Garza, Enrique (1990). "Reconversión industrial y cambio en el patrón de relaciones laborales en México". *In* A. Anguiano (org.). *La modernización de México*. México: UAM.

De León, Carmen Rosa; Sagone, Itziar (2006). "Guatemala". *In La Cara de la violencia urbana en América Central*. San José: Fundación Arias para la Paz y el Progreso Humano, p. 163-200.

BIBLIOGRAFIA

Dreyfus, Pablo (2002). *Border Spillover: Drug trafficking and national security in South America*. Genebra, Tese de Doutorado, Institut Universitaire de Hautes Études Internationales (IUHEI).

Dreyfus, Pablo; Fernandes, Rubem Cesar (2007). "Violencia urbana armada en América Latina: otro conflicto". São Paulo: iFHC.

Dubet, François; Martuccelli, Danilo (2000). *¿En qué sociedad vivimos?*. Buenos Aires: Losada.

Dupas, Gilberto (2001). *Economia global e exclusão social*. São Paulo: Paz e Terra.

Durkheim, Emile (1893). *De la division du travail social: étude sur l'organisation des sociétes supérieures*. Paris: F. Alcan.

——— (1995). *La división del trabajo social* I. Madrid: Akal. Disponível em http://sociologia. fsoc.uba.ar/documentos/lecturas/Durkheim_division_ trabajo1.pdf

Ecossocial (2007). http://www.ecosocialsurvey.org/inicio/index.php

Esping Andersen, Gosta (1990). *The Three Worlds of Welfare Capitalism*. New Jersey: Princeton University Press.

Esping Andersen, Gosta (1999). *Social Foundations of Post Industrial Economies*. Oxford: Oxford University Press.

Esping Andersen, Gosta *et al.* (2002). *Why We Need a New Welfare State*. Oxford: Oxford University Press.

Etchemendy, Sebastián; Collier, Ruth Berins (2007). *Down but Not Out: Union resurgence and segmented neocorporatism in Argentina* (2003-2007). Mimeo.

Fajnzylber, Pablo; Lopez, Humberto (2007). "Cerca de casa: impacto de las remesas en el desarrollo de América Latina". Banco Mundial.

Fernandes, Rubem Cesar; Nascimento, Marcelo de Sousa (2007). *Mapping the Divide, Armed Violence and Urbanization in Brazil*. Genebra: Small Arms Survey.

Filgueira, Fernando (1998). "El nuevo modelo de prestaciones sociales en América Latina: residualismo, eficiencia y ciudadanía estratificada". *Ciudad y Política*. In B. Roberts (org.). San José de Costa Rica: LACSO/SSRC.

Finkelievich, Susana; Prince, Alejandro (2007). *El (involuntario) rol social de los cibercafés*, M. S.

French, John (2004). *Drowning in Laws: Labor Law and Brazilian Political Culture*. Chapel Hill e Londres: University of North Carolina Press.

Frith, Simon (2003). "Música e identidad". *In* S. Hall e P. du Gay (orgs.). *Cuestiones de identidad cultural*. Buenos Aires: Amorrortu.

Fundación Arias (2006). "Análisis regional". *In La cara de la violencia urbana en América Central*. San José: Fundación Arias para la Paz y el Progreso Humano, p. 1-58.

García Canclini, Néstor *et al.* (1991). *Públicos de arte y política cultural: un estudio del II Festival de la ciudad de México*. México: Universidad Autónoma Metropolitana-Iztapalapa/Departamento del Distrito Federal.

Garretón, Manuel (2006). "Modelos y liderazgos en América Latina". *Nueva Sociedad*, nº 205, Buenos Aires, p. 103-113.

Gasparini, Leonardo; Cruces, Guillermo; Olivieri, Sergio; Conconi, Adriana; Sánchez, Raúl (2007). "Informe de consultoría proyecto CIEPLAN-IFHC sobre cohesión social". sección 1: *Selección de indicadores socioeconómicos para América Latina*. São Paulo: iFHC/CEDLAS/Universidad Nacional de La Plata.

Germani, Gino (1968). *Política y sociedad en una época en transición: de la sociedad tradicional a la sociedad de masas*. Buenos Aires: Paidos.

Giddens, Anthony (1990). *The Consequences of Modernity*. Cambridge: Polity Press.

Gil, Sandra Araujo (2004). "Inmigración latinoamericana a España: estado de la cuestión", *Revista Global*, nº 5.

Girola, Lídia (2005). *Anomia e individualismo*. Barcelona: Anthropos.

Granovetter, Mark; Swedberg, Richard (1992). *The Sociology of Economic Life*, Boulder: Westview Press.

Granovetter, Mark (1995). *Getting a Job: a Study of Contacts and Careers*. Chicago: University of Chicago Press.

Halbwachs, Maurice (1971). *La topographie légendaire des évangiles en Terre Sainte*. 2ª ed. Paris: PUF.

Hammergren, Linn (2002). *Uses of Empirical Research in Refocusing Judicial reforms: Lessons from five countries*. World Bank, Washington DC. Disponível em http://www1.worldbank.org/publicsector/legal/UsesOfER.pdf

Hirschman, Albert (1970). *Exit, Voice and Loyalty*. Cambridge: Harvard University Press.

Huntington, Samuel (1996). *Political Order in Changing Societies*. New Haven: Yale University Press.

Innerarity, Daniel (2006). *El nuevo espacio público*. Madri: Espasa Calpe.

Jácome, Francine (2007). "¿Renovación/resurgimiento del populismo? El caso de Venezuela y sus impactos regionales". São Paulo: iFHC.

Kaldor, Mary *et al.* (2003), *Global Civil Society 2003*. Yearbook 2003. The Center for the Study of Global Governance. Disponível em http://www.lse.ac.uk/Depts/global/yearbook03chapters.htm

Katzman, Ruben; Ribeiro, Luiz Cesar de Queiroz (2007). "Metrópoles e sociabilidade: reflexões sobre os impactos das transformações socioterritoriais das grandes cidades na coesão social dos países da América Latina". São Paulo: iFHC.

Kruse, Tom; Escobar de Pabón, Silvia (2005). "La industria manufacturera boliviana en los noventa". Serie *Avances de investigación* nº 25. La Paz: Centro de Estudios para el Desarrolo Laboral y Agrario (CEDLA).

Larreta, Enrique Rodríguez (2007). "Cohesión social, globalización y culturas de la democracia en América Latina". São Paulo: iFHC.

BIBLIOGRAFIA

Lechner, Norberto (1999). "Los condicionantes de la gobernabilidad democrática en la América Latina de fin de siglo". *In* D. Filmus (org.). *Los noventa, política, sociedad y cultura en América Latina y Argentina de fin de siglo*. Buenos Aires: FLACSO-EUDEBA.

Leff, Nathaniel (1964). "Economic development through bureaucratic corruption". *American Behavioral Scientist*, v. 8, n° 3, p. 8-14.

Lisboa, Marcos de Barros y Viegas, Mônica (2000). "Desesperança de vida: homicídio em Minas Gerais, Rio de Janeiro e São Paulo, 1981 a 1997". *Ensaios Econômicos da EPGE*, n° 383.

Lopez, Luiz (2007). *En quête d'identité*: mondialisation, figures de la féminité et conflits sociaux à la frontière Mexique Etats-Unis. Tese de Doutorado em Sociologia. Paris, CADIS/EHESS.

Lozano, Wilfredo (2005). "La izquierda latinoamericana en el poder", *Nueva Sociedad*, n° 197, Buenos Aires, p. 129-145.

Lustig, Nora (2007). "El mercado, el Estado y la desigualdad en América Latina", *paper* apresentado no Taller Cohesión Social, Movilidad Docial y Políticas públicas en América Latina, Antigua, Guatemala, julho.

Luz, Daniel (2007). *¿Es la prevención de la violencia armada una cuestión de desarrollo? El caso de El Salvador,*. San Salvador, mimeo.

Magnoli, Demetrio (2007). "Identidades raciais, sociedade civil e política no Brasil". São Paulo: iFHC.

Marchissio, Adrián (2004). *La duración del proceso penal en la República Argentina. A diez años de la implementación del juicio oral y público en el sistema federal argentino*. Fundación Konrad Adenauer e Ministerio Público Fiscal (disponível nas páginas web de ambas as instituições), fevereiro.

Marramao, Giacomo (2006). *Pasaje a Occidente: filosofía y globalización*. Buenos Aires: Katz.

Martuccelli, Danilo (2002). *Grammaires de l'individu*. Paris: Gallimard.

—— (2007). *Cambio de rumbo*. Santiago. LOM.

Martuccelli, Danilo; Svampa, Maristella (1997). *La plaza vacía*. Buenos Aires: Losada.

—— (2007). "Las asignaturas pendientes del modelo nacional-popular. El caso peruano". *In* J. González (org.). *Nación y nacionalismo en América Latina*. Buenos Aires· CLACSO.

Mauro, Paolo (1997). "The effects of corruption on growth, investment and government expenditure: a cross-country analysis". *In* K.A. Elliot (org.). *Corruption and the Global Economy*. Washington, DC: Institute for International Economics.

Merton, Robert K. (1957). *Social Theory and Social Structure*. Glencoe, Ill: Free Press.

Millefiorini, Andréa (2005). *Individualismo e società di massa*. Roma; Carocci.

Ministère des Affaires Etrangères, França, http://www.diplomatie.gouv.fr/

Mitre, Antonio (2007). "Estado, modernização e movimentos étnicos na América Latina". São Paulo: iFHC.

Montero, Lourdes (2005). "Los nuevos mundos del trabajo. El empleo asalariado en Bolívia". Serie *Documentos y Trabajo*, nº 31. La Paz: Centro de Estudios para el Desarrolo Laboral y Agrario (CEDLA).

Mustapic, Ana Maria (2007). "Del malestar con los partidos a la renovación de los partidos". São Paulo: iFHC.

Nino, Carlos (1992). *Un país al margen de la ley*. Buenos Aires: Emecé.

Nugent, Guillermo (1998). *Composición sin título*. Lima: Friedrich Ebert Stiftung.

O'Donnell, Guillermo (1984). *¿Y a mi qué me importa? Notas sobre sociabilidad y política en Argentina y Brasil*. Buenos Aires: CEDES.

Ocampo, Luis Moreno (2000). "Structural corruption and normative systems: the role of integrity pacts". *In* J. S. Tulchin e R. H. Espach (org.). *Combatting Corruption in Latin America*. Washington, DC/Baltimore: Published by Woodrow Wilson Center Press/Johns Hopkins University Press.

OIM, INEI, DIGEMIN (2006). *Peru: Estadísticas de la migración internacional de los peruanos*, 1990-2005. Lima.

OMS, Organização Mundial de Saúde (2002). *Informe mundial sobre la violencia*. Genebra: OMS.

Oro, Ari Pedro (2007). "Religião, coesão social e sistema político na América Latina". São Paulo: iFHC.

Pásara, Luis (2004a). "Lecciones ¿aprendidas o por aprender?". *In* L. Pásara (org.). *En busca de una justicia distinta*. Lima: Justicia Viva.

—— (2004b). *Reformas del sistema de justicia en América Latina: cuenta y balance*. Instituto de Investigaciones Jurídicas de la UNAM, México. Disponível em www.info.juridicas.unam.mx/inst/evacad/eventos/2004/0902/mesa11/278s.pdf

Pellegrino, Adela (2003). "La migración internacional en América latina y el Caribe". Serie *Población y Desarrollo*, nº 35. Santiago do Chile: CEPAL/BID.

Peralva, Angelina (2007). "Globalização, migrações transnacionais e identidades nacionais". São Paulo: iFHC.

Perroud, Mélanie (2006). "Dekasegi/Dekasseguis: des travailleurs brésiliens au Japon". *Diasporas, Histoire et Sociétés*, nº 9, p. 138-150.

Petkoff, Teodoro (2005). "Las dos izquierdas". *Nueva Sociedad*, nº 197. Buenos Aires, p. 114-128.

Phebo, Luciana (2005). "Impacto da arma de fogo na saúde da população no Brasil", En *Brasil: as armas e as vítimas. In* R.C. Fernandes (org.). Disponível em http://www.desarme.org/publique/media/vitimas_armas_impacto_saude.pdf

PNUD (2000). *Desarrollo humano en Bolivia*. La Paz.

BIBLIOGRAFIA

Polanyi, Karl (1994). *The Great Transformation*. Boston: Beacon Press.

Portocarrero, Gonzalo (2004). *Los rostros criollos del mal*. Lima: Red para el Desarrollo de las Ciencias Sociales en el Peru.

Putnam, Robert D. (2001). *Bowling Alone: the collapse and revival of american community*. Nova York: Touchstone.

Quevedo, Luis Alberto (2007). "Identidades, jóvenes y sociabilidad: una vuelta sobre el lazo social en democracia". São Paulo: iFHC.

Ramírez, Franklin (2006). "Mucho más que dos izquierdas". *Nueva Sociedad*, nº 205, Buenos Aires, p. 30-44.

Roberts, Kenneth (2007). *From the "End of Politics" to a new "Left Turn": the repoliticization of social exclusion in Latin America*. Paper apresentado na Conference on Globalization Diversity and Inequality in Latin America, University of Pittsburgh.

Rose-Ackerman, Susan (1999). *Corruption and government: Causes, consequences, and reform*. Cambridge: Cambridge University Press.

Rose-Ackerman, Susan; Kornai, János (orgs.) (2004). *Building a Trustworthy State in Post-Socialist Transition*. Nova York: Palgrave Macmillan.

Salas, Carlos; de la Garza, Enrique (orgs.) (2006). *La situación del trabajo en México*. Disponível em http://docencia.izt.uam.mx/egt/publicaciones/libros/actlst06/indice.htm

Sallum Jr., Brasílio (1996). *Dos generais à Nova República*. São Paulo: Hucitec.

Schwartzman, Simon (2004). *Pobreza, exclusão social e modernidade: uma introdução do mundo contemporâneo*. São Paulo: Augurim Editora.

—— (2007). "Coesão social, democracia e corrupção". São Paulo: iFHC.

Smulovitz, Catalina; Urribarri, Daniela (2007). "Poderes judiciales en América Latina: entre la administración de aspiraciones y la administración del derecho". São Paulo: iFHC.

Soares, Luiz Eduardo; Messari, Nizar (2007). "Crime organizado, drogas, corrupção pública: observações comparativas sobre Argentina, Brasil, Chile, Colômbia, Guatemala, México e Venezuela". São Paulo: iFHC.

Soares, Luiz Eduardo (1997). "A duplicidade da cultura brasileira". *In* J. Souza (org.). *O malandro e o protestante: a tese weberiana e a singularidade cultural brasileira*. Brasília: EdUnB.

Sorj, Bernardo (1989). "Crises e horizontes das ciências sociais na América Latina", *Novos Estudos CEBRAP*, nº 23.

—— (2000). *A nova sociedade brasileira*. Rio de Janeiro: Jorge Zahar.

—— (2005a). *La democracia inesperada*. Buenos Aires: Prometeo/Bononiae.

—— (2005b). "Sociedad civil y relaciones norte-sul: ONGs y dependencia". Rio de Janeiro, Centro Edelstein de Investigaciones Sociales, Working Paper 1, disponível em http://www.centroedelstein.org.br/espanol/wp1_espanol.pdf

—— (2006). "Internet, public sphere and political marketing: between the promotion of communication and moralist solipsism". Rio de Janeiro: The Edelstein Center for Social Research, Working Paper 2.7, http://www.bernardosorj.com/pdf/wp2_english.pdf

—— (2007a). "Capitalismo, consumo y democracia: Procesos de mercantilización/desmercantilización en América Latina". São Paulo: iFHC.

—— (2007b). "Deconstrucción o reinvención de la Nación: la memoria colectiva y las políticas de victimización en América Latina". São Paulo: iFHC.

Sorj, Bernardo; Guedes, Luís Eduardo (2006). *Internet y pobreza*, Montevidéu: Editora Unesco /Ediciones Trilce.

Sorj, Pablo (2005). *Economic Analysis of Widespread Corruption and Optimal Law Enforcement*. Stanford Law School, abril.

Souza, Jessé (2003). *A construção social da subcidadania: para uma sociologia política da modernidade periférica*. Rio de Janeiro: Editora da UFMG/IUPERJ.

Stiglitz, Joseph (2002). *Globalization and its Discontents*. Nova York e Londres: W. W. Norton and Company.

Szmukler, Alicia (2007). "Culturas de desigualdad, democracia y cohesión social en la Región Andina". São Paulo: iFHC.

Tönnies, Ferdinand; Loomis, Charles Price (2002). *Community and Society*. Mineola, N.Y.: Dover Publications.

Torre, Juan Carlos (2007). "Cohesión-populismo". São Paulo: iFHC.

Touraine, Alain (1988). *La parole et le sang*. Paris: Odile Jacob.

US Department of State, http://www.state.gov/g/drl/rls/irf/2001/5594.htm

Velho, Gilberto (1996). "Violência, reciprocidade e desigualdade". *In* G. Velho e M. Alvito (orgs.). *Cidadania e violência*. Rio de Janeiro: UFRJ/FGV.

Yúdice, George (2007). "Medios de comunicación e industrias culturales: identidades colectivas y cohesión social". São Paulo: iFHC.

Zapata, Francisco (1993). *Autonomía y subordinación en el sindicalismo latinoamericano*. México: Fondo de Cultura Económica.

Zamosc, Leon (2007). "Ciudadanía indígena y cohesión social". São Paulo: iFHC.

Sites na internet

http://www.venezuelanalysis.com/articles.php?artno=1151
http://www.overmundo.com.br
http://www.sindipecas.org.br
http://eur-lex.europa.eu/LexUriServ/LexUriServ.do?uri=CELEX:52002DC0551:ES:HTML

BIBLIOGRAFIA

http://circa.europa.eu/Public/irc/dsis/ssd/library?l=/task_force_esec/1617_april_2007/improvementsdoc/_EN_1.0_&a=d

http://www.camara.gov.br/sileg/integras/359794.pdf

http://www.coe.int/T/E/social_cohesion/social_policies/03.Strategy_for_Social_Cohesion/

http://216.239.51.104/search?q=cache:InbhfFfic4YJ:www.notre-europe.eu/en/axes/competition-cooperation-solidarity/works/publication/how-to-enhance-economic-and-social-cohesion-in-europe-after-2006/+definition+european+commission+social+cohesion&hl=pt-BR&ct=clnk&cd=10&gl=br

*O texto deste livro foi composto em Sabon,
desenho tipográfico de Jan Tschichold de 1964
baseado nos estudos de Claude Garamond e
Jacques Sabon no século XVI, em corpo 11/15.
Para títulos e destaques, foi utilizada a tipografia
Frutiger, desenhada por Adrian Frutiger em 1975.*

*A impressão se deu sobre papel off-white 80g/m²
pelo Sistema Cameron da Divisão Gráfica
da Distribuidora Record.*